헝그리 사회가 앵그리 사회로

헝그리 사회가 앵그리 사회로

전상인 칼럼選

발행일 초판 1쇄 발행 2020년 2월 5일

지은이 전상인
펴낸이 안병훈
펴낸곳 도서출판 기파랑
등록 2004년 12월 27일 제300-2004-204호
주소 서울시 종로구 대학로8가길 56(동숭동 1-49) 동숭빌딩 301호
전화 02)763-8996 편집부 02)3288-0077 영업마케팅부
팩스 02)763-8936
이메일 info@guiparang.com
홈페이지 www.guiparang.com

©전상인, 2020
저자의 동의없는 무단 전재, 복제 등 불가

ISBN 978-89-6523-608-5 03300

헝그리 사회가 앵그리 사회로

전상인 칼럼選

기파랑

목차

1

시대의 풍경들

아! 대한민국,
플래카드의 나라

조선일보
2013/10/21

영국의 교육전문 주간지 「타임스고등교육Times Higher Education, THE」은 2012년과 2013년, 2년 연속으로 한국의 포항공대(포스텍)를 '50년 미만 세계 100대 대학' 가운데 1위로 선정했다.[1] 또 2013년에 「뉴욕타임스」는 포스텍을 '차세대 MIT' 후보로 꼽기도 했다. 1986년에 개교한 포스텍이 단숨에 세계적 명문으로 성장한 원인은 한두 가지가 아닐 것이다. 그 가운데 반드시 하나인 듯싶은 것은 남다른 면학 분위기인데, 이는 포스텍 캠퍼스에 플래카드가 없다는 사실과 무관하지 않을 듯하다. 국내 대부분의 대학 교정에서 차고 넘치는 현수막을 유독 포스텍에서는 구경하기 어렵다. 플래카드 부재는 포스텍이 세계적 명문대학임을 입증하는 간접적 징표다.

---

1 포스텍은 2017년 「THE」 세계 소규모 대학 순위에서 3위를 차지했다.

전 세계 모든 대학을 다녀본 것은 아니지만 한국의 대학처럼 플래카드가 난무하는 곳은 없다. 우리의 경우 학술대회나 문화공연, 체육행사에서부터 각종 집회, 취업 설명회, 유학 박람회, 동아리 회원 모집, 배낭여행 등에 이르기까지 거의 모든 홍보와 광고가 현수막을 통한다. 국가고시 합격자를 일일이 열거하는 학교 측의 플래카드도 있고, 친구의 합격을 축하하는 사적 현수막도 없지 않다. 중간고사나 기말고사 무렵이면 학생회에서 시험 잘 보자는 플래카드까지 내걸 정도다.

오늘날 현수막은 대학가의 대표적 미디어가 되었다. 그 결과, 학교마다 플래카드가 건물을 가리고 가로를 범하며 하늘을 찌른다. 이들 중 많은 것들은 비지정 장소에 걸려있으며, 유효기간이 지난다고 해서 자발적으로 철거되는 경우도 거의 없다. 여기에 벽보나 포스터, 전단지까지 가세하면 우리나라의 대학 경관은 학문의 전당이라는 미명에 참으로 어울리지 않는다. 한국의 대학을 찾는 외국인 교수나 유학생들이 종종 문화충격을 받는 것도 무리가 아니다.

플래카드의 범람은 비단 대학가의 문제만이 아니다. 전국 방방곡곡에 플래카드가 흐드러져 있는 것이 우리의 현실이다. 개업, 세일, 분양, 모집 등을 알리는 내용이 가장 흔하긴 하지만 공공기관의 자화자찬이나 집단적 민원 제기를 담은 현수막도 결코 적지 않다. 똑같은 공공시설 유치를 놓고 찬성하는 것과 반대하는 것이 서로 대치하기도 하며, 교통질서를 준수하자는 것과 뺑소니 차량을 신고해 달라는 것이 나란히 걸려 있기도 하다.

떼인 빚을 찾아 준다거나 남녀 간의 비정상적 만남을 주선한다는 식의 무언가 불법적인 내용도 현수막은 사양하지 않는다. 교회나 사찰 또한 플래카드 무풍지대가 아니며, 국립공원 부근 역시 더 이상 현수막 안전지대로 보기 어렵다. 명절 때가 되면 귀향을 환송하는 플래카드와 고향 방문을 환영한다는 현수막의 물결이 도시와 농촌에서 서로 대구對句하기도 한다. 최근에는 차량에 붙어 이동하는 플래카드도 크게 늘고 있는 추세다.

명문 대학에서 그렇듯이 현수막은 애초에 명품도시와 격이 맞지 않는다. 플래카드에 뒤덮인 한국의 도시는 진珍풍경이라기보다 살殺풍경에 훨씬 가깝다. 어찌 보면 매일 잔칫날이고 운동회며 축제일 같지만, 달리 보면 매일 이삿날이고 공사판이고 피난길 같은 게 우리들의 현재 자화상이다. 걸핏하면 선진국 타령이지만 도시 일상과 도시경관에 관한 한 우리는 여전히 구호의 나라이고 표어의 나라이며, 선전의 나라이고 계몽의 나라이며, 과시의 나라이고 절규의 나라인 것이다.

도대체 왜 이 지경일까. 우선 한국 사회에서 정보의 소통이 합리적으로 선진화되지 않은 탓이 크다. 동물의 왕국 같은 경쟁 사회에서 존재감과 발언권을 키우는 데는 공공장소에 플래카드를 크게, 튀게 거는 일이 가장 손쉬울 법하다. 현수막의 남용은 걸핏하면 시민을 가르치려 들던 관官 주도 캠페인 전통의 연장일 수도 있다. 말하자면 거리의 교사 혹은 잔소리꾼으로서의 용도다. 플래카드에 대한 유별난 집착은 또한 한국적 시위 문화의 일종으로 해석될 소지가 있다. 이를테면 비非제도권 매체로서의 가치다. 덧붙여 현수막은 우리 사회의 위선적 행태를 감추는 데도 나름 적격이다. 플래카드가 표방하는 '바른 생활'과 '착한 시민' 그리고 '좋은 나라'는 사실상 대외용 전시효과를 노리는 경우가 많기 때문이다.

플래카드의 과잉은 명백한 후진국 징표다. 북한의 경우처럼 말이다. 디지털 정보화의 대세 속에서 그것은 시대역행적이기도 하다. 무엇보다 무분별한 현수막은 도시미관을 파괴하고 국토경관을 훼손한다. 마침 안전행정부는 얼마 전(2013년 3월) 옥외광고물 관련 법을 전면 개정하기로 했다. 이는 1962년에 광고물 단속법이 제정된 지 무려 반세기 만의 일인데, 차제에 플래카드의 시각적 공해도 진지하게 챙겨 보길 바란다. 현수막 정비만으로도 명품도시의 첫 단추는 끼울 수 있기 때문이다. 대학 경쟁력 강화에 부심하는 교육당국 역시 이참에 플래카드 없는 포스텍에 한번 쯤 눈길을 주기 바란다.

자폐증
사회

중앙일보
2002/09/18

"긴급한 일로 오후 5시에 학과 교수 회의를 열고 싶은데 참석 가능한지요?" 이는 동료 교수가 보내온 이메일의 내용인데, 그의 연구실은 바로 내 옆방이다. "중앙일보 자네 칼럼 잘 읽었음." 이는 내 휴대전화에 들어온 문자 메시지의 내용인데, 발신자는 30년 이상 절친하게 지내는 중학교 동창이다. 나도 옆방에 직접 건너가기보다 동료 교수에게 이메일로 답신했다. "참석 가능함"이라고. 친구에게도 전화를 거는 대신 그의 휴대전화에 문자 메시지만 남겼다. "고마우이"라고.

이런 것이 이른바 정보화 시대를 살아가는 요즘 우리들에게 한참 성행하는 커뮤니케이션 방식이다. 게다가 이를 문명의 진보라 여기는 것이 세간의 분위기다. 하지만 생각해 보자. 지구상의 수많은 생명체들 가운데 가장 수다스러운 것이 바로 사람 아니던가. 말 없는 식물이야 워낙 그렇다 치더라도 '우는 것'이 고작인 다른 동물들에 비해 인간은 울고 웃으며, 말하고 지껄이며, 떠들고 노래하는 매우 시끄러운 존재임에 틀림없다. 아마도 1년 열두 달 가운데 지구가 그나마 조용한 달은 다른 달에 비해 며칠이라도 적은 2월이리라.

그런데 최근 인간 사회에서 목소리가 급속히 줄어들고 있다. 이메일과 팩스, 그리고 호출기(삐퍼)와[2] 문자 메시지가 사람의 육성을 대체하고 있는 것이다. 물론 전통적 방식의 면대면面對面 대화가 감소하기 시작한 것은 도시화의 진전과 인쇄술의 발전을 경험한 수 세기 이전으로 거슬러 올라간다. 그러나 '탈 육성脫肉聲 De-Voicing' 사회의 출현을 결정적으로 가속화한 것은 역시 근자의 정보혁명이다. 눈부신 정보혁명 덕분에 우리는 사람을 직접 만나 이야기를 나눠야 하는 수고로부터 해방된 'e-편한 세상'에 살고 있는 것이다.

하지만 점점 걱정스러운 것이 탈 음성사회의 어두운 그늘이다. 사람과 사람 사이를 가깝게 만드는 것은 무엇보다 얼굴을 맞대고 나누는 육성 대화이기 때문이다. 목소리는 한 개인의 정체성을 담아내는 용기容器이자 그것을 드러내는 창구다. 오죽하면 성대모사라는 개그 장르가 존재할까. 그렇다면 음색音色을 구분하지 못하는 팩스, 성량聲量의 차이를 무시하는 문자 메시지, 구취口臭를 전달할 수 없는 이메일로써 과연 우리는 '따뜻한 e-세상'을 기대할 수 있을까. 게다가 사람이 살면서 꼭 필요한 뜻과 생각

---

2   요즘 젊은 세대는 무선호출기를 잘 모를 것이다. 영어 명칭은 페이저(Pager)인데 흔히 '삐삐'라고 불렸다. 1990년대 국내 이동통신업계를 풍미하다가 2000년대에 휴대전화가 보편화되면서 거의 소멸했다.

만 주고받는 것은 아니다. 커뮤니케이션에 있어서 정보가 차지하는 비중은 감정에 비해 오히려 부차적이다.

사람과 사람 사이에 면대면 육성 대화가 감소한다는 것, 그것은 인간과 인간 사이에 소외와 고립이 증가함을 뜻한다. 영국의 커뮤니케이션 학자 존 로크John Locke에 의하면 이와 같은 탈 음성시대의 궁극적인 종착역은 자폐증 사회다. 대인 교섭을 싫어하며 자기만의 세계에 틀어박히는 시대가 우리 인류문명 전체의 비극으로 다가오고 있다는 것이다. 말하지 않고 듣지 않고 이야기하지 않은 채 이해할 수 있는 정보혁명의 견인차는 물론 컴퓨터다. 만약 컴퓨터가 없다면 우리 인간은 머지않아 서로 대화하는 능력 자체를 상실할 가능성도 있다.

보급률의 측면에서 이미 안경을 능가하는 후천적 신체기관이 되어 버린 휴대전화가 혹시나 '수다스러운 인류'의 마지막 증거가 될지 모르겠다. 하지만 문자 메시지를 비롯한 추가 기능의 괄목할 만한 발전을 고려하면 이제 휴대전화를 딱히 전화라고 부르기도 쑥스러운 현실이다. 이와 함께 휴대전화는 입과 귀의 전통적 기능을 목하 심각히 퇴화시키고 있다. 왜냐하면 입과 귀의 주된 용도가 가까운 사람과의 '대화'를 위한 것으로부터, 멀리 있는 사람과의 '통화'를 위한 것으로 변하고 있기 때문이다. 대화는 사라지고 통화가 늘어나는 세상, 막상 그것은 지금 당장 바로 곁에 있는 사람을 간과하고 외면하는 결과를 초래하고 있다.

마침 이번 주말은 추석. 핏줄이 당기고 인정이 그리운 명절을 맞아 모처럼 가족끼리, 친구끼리, 이웃끼리 마주 앉아 대화의 꽃을 피워보자. 그리고 한가위 보름달을 쳐다보며 무엇 때문에 우리가 인간인지, 또한 사람은 무엇으로 사는지 다시 한번 생각해보자. 물론 이때 이메일은 잊어버려야 한다. 휴대전화도 진동으로 바꿀 것이 아니라 아예 끄도록 하고.

잠을 잊은
대한민국

동아일보
2008/03/26

얼마 전(2008년 3월), 서울시 의회가 학원의 심야 교습을 허용하는 조례를 통과시켰다가 반대 여론에 밀려 백지화시킨 일이 있었다. 이것은 그냥 일회성 해프닝으로 넘어갈 사안이 아니라 차제에 우리 시대의 삶과 문화를 보다 근본적으로 재성찰하는 계기로 되새길 가치가 있다. 야간의 실종을 재촉하는 잰걸음에 최근 들어 가일층 박차가 가해지고 있기 때문이다.

가령 올해만 해도 그렇다. 경기도 안산시는 전국 최초로 24시간 운영되는 주민 센터를 열었다. 충북 단양군은 도담삼봉 등지에 조명장치를 설치하여 '야경 8경'을 조성할 계획이며, 서울시도 옛 성곽 주변 조명공사를 올 연말까지 마칠 예정이라 한다. 게다가 MB 정부 출범 이후 일이 늘어난 관가官街를 중심으로 한국의 밤이 크게 짧아졌다는 소식이다.

주야 구분이 사라지는 세계적 추세를 영국의 미래학자 레온 크라이츠먼Leon Kreitzman은 '24시간 사회'라 불렀다. 이는 결코 편의점이나 패스트푸드점의 심야 영업 정도를 두고 하는 말이 아니다. 24시간 사회는 극장, 백화점, 주유소, 헬스클럽, 이발소, 세탁소 등을 망라하고 의료나 금융, 운송 부문 등을 포섭한 여세를 몰아 목하 공공영역까지 넘보는 추세다. 통째 '24시간 도시'를 만드는 곳도 늘어나고 있는데, 업무와 쇼핑 및 문화·레저 활동의 전일화矣日化를 통해 도시의 재생과 성장을 모색하려는 도시계획의 일환이다.[3]

24시간 사회의 출현은 산업혁명 시대에 예고되었지만 요 근래 한층 가속화되고 있다. 세계화 이후 지구 전체가 단일시장으로 통합되고 정보혁명이 거리와 시차를 쉽게 정복하기 때문이다. 덩달아 현대인의 일상도 더욱 바빠져, 예컨대 하루 8시간 활동만으로 생활하기에 충분한 경우란 거의 없게 되었다. 옥스퍼드대 출판부에 따르면 오늘날 영어에서 가장 많이 쓰이는 단어가 바로 시간time이다. 일은 많고 틈은 없는 상황에서 결국 '밤의 경제'가 일상의 새로운 프런티어로 각광받는 것이다.

이와 같은 흐름 속에 특히 눈에 띄는 것이 한국이다. 2005년 여성가족부 조사에 의하면 한국의 성인들은 선진국에 비해 두 시간 더 일하고 50분 정도 덜 자는 것으로 나타났다. 언젠가 AC닐슨 조사 전문 회사는 밤잠을 잘 자지 않는 국가 순위를 발표한 적

3　2017년 서울교통공사는 서울지하철 심야 운행을 검토한 적이 있으며, 현재는 논의가 잠복 상태다. 일단 지하철 2호선의 24시간 운행을 추진하려는 계획이었다. 미국 뉴욕의 경우 주말인 금요일과 토요일에 이른바 '나이트 튜브(Night Tube)'를 운행 중인데 경제적 효과가 높다고 한다.

이 있는데, 평균 6시간의 한국과 대만이 공동 2위였다. 1위인 포르투갈에 낮잠 문화가 있다는 점을 감안하면 사실상 으뜸이었다. 지금 우리는 온 나라가 불야성이고 전 국민이 올빼미인 '잠 못 이루는 대한민국Sleepless in Korea'에 살고 있는 것이다.

24시간 사회는 공간 활용의 효율성 증대, 러시아워의 분산, 시간의 자율적 관리라는 나름의 장점을 내세운다. 공공기관이나 편의시설을 이용하기 위해 사람들이 특정 시간대에 몰리는 대신 각자 편한 때를 선택할 수 있다는 것이다. 하지만 궁극적으로 그것이 개인의 자유와 인간의 행복에 대해 어떤 의미를 갖는지는 의심스럽다. 한밤중에 노래방이나 할인점을 찾을 수 있고 오밤중에 파마나 등산을 할 수 있을 정도로 딴에는 좋아지고 편해진 세상의 이면에 행여 자본의 역학과 시장의 논리가 감추어져 있지 않은지 따져볼 문제다.

석기시대 인간들은 일주일 15시간 노동으로 충분했다고 한다. 이에 비해 바깥일이든 집안일이든 하루에 15시간 이상 일해야만 하는 것이 요즘 사람들이다. 특히 압축적 근대화를 자랑삼아 이른바 '다이내믹 코리아'를 자부하는 우리나라는 불면을 자청하는 24시간 사회를 일종의 발전이나 선진화로 치부하는 눈치다. 그렇지 않고서야 나이 어린 청소년들의 밤잠을 뺏어가며 공부시키겠다는, 혹은 인공조명을 늘여 외진 숲과 계곡에서 월광과 별빛을 내겠다는 관 주도 발상이 도대체 가능이라도 하겠는가 말이다.

현대문명을 무조건 배척하려는 주장이 아니다. 하지만 최소한

24시간 사회로의 맹목적 진화에 마냥 동조하고 투항할 수만은 없다. 편의와 생산성을 앞세운 채 인간지존의 정신을 망각하고 자연과의 평화공존을 외면하는 현실은 더 이상 문명이기 어렵다. 산업사회로 치닫던 1930년대 영국 사회를 안타깝게 지켜보며 문명에 필수적인 것은 일과 노동이 아니라 여가와 여유라 했던 철학자 버트란트 러셀Bertrand Russell은 과연 옳았다.

익명사회의 그늘

동아일보
2008/09/17

"○○동 ○○호 님, 부재중이어서 우편물을 경비실에서 맡깁니다." 어느 날 집에 아무도 없는 사이 우편 집배원이 아파트 현관에 붙이고 간 쪽지의 내용이다. 우편물에는 현재 내가 살고 있는 주소와 함께 내 이름도 분명히 적혀 있었을 텐데, 집배원은 나를 그냥 '○○동 ○○호 님'이라고 부른 것이다. 혹시 프라이버시 보호를 위해 그는 내 이름을 일부러 감춘 것일까.

그럴 수도 있고 그렇지 않을 수도 있다. 나에 대한 배려라기보다 본인을 위한 행동일 수도 있다고 여겨진 것은 다음과 같은 사건이 떠올랐기 때문이다. 2008년 봄 경기도 일산의 어떤 우체부가 '공공기관의 개인정보 보호에 관한 법률위반 혐의'로 불구속 입건되었다. 자신이 주로 다니던 600여 아파트 가구 출입문 인터폰 아래에 거주자의 이름을 몰래 적어둔 것이 죄목이었다. 경찰 조사에서 그는 하루에 150건 이상의 우편물을 배달하는 동안 일일이 동 호수와 이름을 확인하는 것이 번거로웠다고 진술했다.

과거 주택가 대문에서처럼 만약 아파트 현관에도 문패가 있었더라면 과연 이런 일이 벌어질 수 있었을까. 언제부턴가 아파트 중심의 한국 도시 거주문화에서 문패가 일제히 사라지고 있다. 덩달아 일반 가옥에서도 옛날처럼 정성스레 문패를 만들어 다는 경우가 확연히 줄었다. 사실 요즘 아이들은 문패라는 것이 도대체 무엇인지도 잘 모른다. 문패의 실종에 따라 이웃의 이름을 쉽게 알 수 없게 되었고 이름의 은닉에 의해 사회적 친밀감 또한 많이 약해진 듯하다.

익명匿名사회는 이처럼 한편으로 도시화와 긴밀히 연관되어 있다. 전통적 농경사회의 면식面識 관계로부터 벗어나 불특정 다수의 일원으로 산다는 것이야말로 도회적 삶의 전형적 특성이다. 한편 한국에서는 정보화 덕분에 사회의 익명화가 특히 심화되는 추세다. 가령 인터넷 게시판이나 토론방에서 실명實名을 사용하는 사람은 매우 드물다. 언론매체에 등장하는 일반인들도 자신의 이름 대신 아이디를 내세우기 일쑤다. 휴대전화 번호 끝자리 4개에 '님'자를 붙여 호칭하는 일도 일상에서 빈번해졌다.

물론 미성년자의 경우 이름을 감추어야 할 때가 있다. 내부 고발자나 취재원의 본명도 공익을 위해서라면 보호받아야 한다. 문제는 사회의 익명성이 무턱대고 증대하고 있는 작금의 현실이다. 익명사회는 무엇보다 사람들을 비겁하게 만든다. 또한 사람들을 위선적이며 무책임한 존재로 만들 개연성을 키운다. 남이 나를 모른다고 믿는데 무슨 말을 못 하고 어떤 행동을 주저하겠는가. 익명화 사회의 국가적 폐해 또한 장난이 아니다. 익명의 힘은 집단적 자아도취를 생성시켜 사회구성원의 우중화愚衆化를 초래하기 십상이다. 왜곡과 과장이 진실을 가리고 허구와 괴담이 과학을 이겼던 '광우병 촛불시위'가 그 대표적 사례다.

무릇 이름에는 단순한 개인정보 그 이상의 의미와 기능이 있다. 일련번호나 ID 따위는 통제나 편의를 위한 효용성만 가질 뿐, 이른바 '이름 석 자'를 걸 때와 같은 인격적 자아감과 사회적 책임의식을 동반하지는 못한다. 부호나 기호가 아닌 이름이 있어서 그래도 사람 사는 세상 아니겠는가. 해서 김춘수 시인도 "내가 그의 이름을 불러주기 전에는 그는 다만 하나의 몸짓에 지나지 않았다"라고 했다. 비로소 "내가 그의 이름을 불러주었을 때 그는 나에게로 와서 꽃이 되었다"라고 썼다.

당당한 시민과 건강한 사회를 위해 익명성은 최소화되어야 한다. 이를 위해 우선 가상공간에서의 인터넷 실명제부터 하루가 급하다. 세계적 인터넷 강국의 이면에서 범람하고 있는 사이버 폭력과 범죄는 사실상 국가적 수치다. 현실 공간에서도 주거의 실명화實名化를 정책적으로 유도했으면 싶다. 사실상 공동주택과 익명사회는 논리적으로 상관이 없다. 일본에서는 아파트에도 현관에 문패를 걸거나 출입구에 공동 문패를 다는 것이 상례다. 서양의 경우에도 아파트 우편함에 이름표를 붙여 이웃에 사는 사람이 누군지 대개는 알고 지낸다.

선진국 사회가 사적 영역의 중요성을 결코 모르는 것이 아니다. 대신 그 나라들은 공동체의 규범과 공공성의 가치도 동시에 고려한다. 오늘날 한국 사회의 다소 유별난 트렌드로 자리 잡고 있는 익명성의 증대가 걱정스러운 것은 마치 익명화가 민주주의의 발전 혹은 사회적 진보인 양 인식하려는 외눈박이 시대정신 때문이다.[4]

---

4   금융부문의 경우 김영삼 대통령 시절인 1993년 8월에 실명제가 전격 도입되었는데, 그것의 긍정적인 효과는 현재 누구도 부인하지 못한다.

대한민국은
연예演藝사회

동아일보
2011/10/28

　　오늘날 대한민국은 연예사회다. 연예의 사전적 의미는 대중 앞에서 음악, 무용, 만담, 마술, 쇼 따위를 공연하는 행위 혹은 그런 재주다. 당연히 연예인이란 그 방면의 일에 종사하는 사람을 일컫는다. 언제부턴가 우리 사회는 연예 혹은 연예인에 대한 관심으로 미만彌滿하다. 연예 프로그램이 텔레비전을 점령한 지는 한참 오래며, 인터넷 포털 뉴스에서 네티즌이 가장 많이 찾는 기사 또한 연예계 관련이 늘 으뜸이다. 시나브로 모든 대화가 연예로 수렴하고 모든 가치가 연예로 귀결되는 시대다.

　　연예 전성시대에는 나름대로 배경과 원인이 있을 터이다. 우선 대중문화 미디어의 급속한 발전과 확산을 손꼽을 수 있겠다. 국가 안보라든가 경제발전, 혹은 민주주의와 같은 거대담론의 퇴조 이후 사소한 것 또는 주변적인 것에 대한 관심이 증대한 것도 이와 무관하지 않다. 아니면 현재의 이념적 대립과 사회적 갈등이 너무나 버겁고 힘든 나머지 피차 부담 없이 소통하기로는 연예계 루머나 가십이 가장 편하고 만만한지도 모른다. 분열이 심화되고 분노가 가득한 세상에 그나마 같이 웃을 일이 있고 함께 씹을 거리가 있는 것은 연예사회의 숨은 공덕일 게다.

문제는 연예계의 사회적 비중이 커지는 차원을 넘어 우리 사회가 전반적으로 연예계를 닮아가고 있다는 점이다. 본질과 근본을 수사修辭와 감각이 압도하는 사회, 외양과 언변言辯이 실력과 내공을 능가하는 사회, 바로 이것이 본말이 전도된 연예사회의 진면목이다. 특히 국민적 웃음거리로 전락해버린 정치판은 본래 연예계와 더불어 연예사회의 쌍두마차다. 그리고 이들의 견인 효과는 전방위적으로 확산되고 있는데 대학 캠퍼스도 예외가 아니다. 시나브로 국회의원, 아나운서, 작가, 과학자, 운동선수 할 것 없이, 심지어 교수조차도 예능감藝能感 혹은 예능력藝能力을 출세와 성공의 필수요건처럼 여기게 되었다.

연예사회의 특징은 인기가 '만물의 척도'라는 점이다. 인기가 곧 정의이자 진리인 양 행세하고 있는 것이다. 그리고 연예사회의 주역은 단연 인기를 먹고 사는 스타들이다. 그 결과 오늘날 우리 사회는 유례없는 스타의 홍수洪水 사태를 맞고 있다. 움직일 때마다 화제를 뿌리며 수많은 팬과 팔로워들을 몰고 다니는 각계의 스타들은 그 위세가 한국사회를 들었다 놓았다 할 정도다. 작금의 세상을 움직이는 힘은 인기 검색, 인기순위, 인기 경쟁, 인기투표, 인기몰이 등이 아닐까 싶다. 아닌 게 아니라 이번 서울시장 보궐선거에서 안철수 교수와 박원순 후보 사이에 이루어진 것도 인

기 협찬 혹은 인기 거래였다.[5]

스타가 지배하는 세상은 영웅의 입지가 사라지는 사회적 대가를 지불한다. 스타 숭배에 흠뻑 빠진 나머지 영웅을 꿈꾸지도, 키우지도, 지키지도 않는 것이 지금 한국의 현실이다. 인기를 좇는 스타는 대개 목전目前만 내다보며 시류에 영합하고 대중에게 아부한다. 이에 반해 영웅은 영국의 역사학자 칼라일Thomas Carlyle이 말했듯이 일반 대중에게 삶의 모범과 패턴을 제시하고 창조하는 인물이다. 성실성과 진지함, 그리고 지성으로 시대정신을 대변하고, 용기와 지략으로 사람들을 미몽에서 깨어나게 하거나 나라를 위기에서 구하는 인물이 바로 영웅인 것이다. 그러한 영웅을 통해 사회는 롤모델role model을 얻고 목표와 자신감을 되찾는다.

우리가 점점 더 외화내빈外華內貧의 사회로 치닫고 있는 것은 스타는 넘치는데 영웅은 눈에 별로 띠지 않기 때문이다. 지금 우리에게 필요한 것은 당장의 인기에 연연하는 수많은 스타들이 결코 아니다. 보다 절실한 것은 국민들에게 '피와 땀과 눈물'을 용감하게, 그리고 정직하게 요구할 줄 아는 진정한 영웅의 출현이다. 나치 독일의 공세에 따라 영국의 국가적 운명이 경각에 달린 시점에서 국민들에게 앞으로 닥쳐올 고난을 경고하고 희생의 세월에 대비하자고 호소했던 처칠 같은 영웅 말이다.

좋고 싫음을 중시하는 인기 본위의 연예사회에서 언제부턴가

5　2011년 10월 26일 오세훈 시장의 사임에 따라 치러진 보궐선거를 말한다.

옳고 그름의 가치에 대해서는 서로 함구하는 분위기다. 그런 만큼 영웅이 나타날 여지도 좁을 수밖에 없다. 어쩌면 신념과 책임의식으로 무장한 시대적 영웅이 없기에 사람들은 스타들로부터 일시적인 위로를 대신 찾고 있는지도 모른다. 세상이 힘들고 어려울수록 연예사회야말로 감언이설과 혹세무민의 온상이 아니겠는가 말이다. 스타를 자임하는 정치인과 개그맨, 교수와 가수, 법률가와 배우, 그리고 작가와 시민운동가가 뒤범벅이 되어 연예사회의 위력을 한껏 과시한 공연마당이 이번 서울시장 보궐선거(2011년 9월)의 또 다른 측면이었다.

TV의
공공장소 무단점거

동아일보
2008/05/21

　　누가 뭐래도 텔레비전에는 나름대로 미덕이 있다. 그 많은 정보와 교양과 오락을 그토록 값싸고 편하게 전달하는 매체가 지금 현재로선 또 달리 있을까. 텔레비전의 해악을 면책하자는 의도가 결코 아니다. 때에 따라 그것은 지적 판단을 흐리게 하고 대인관계를 메마르게 만들며 건강 또한 해칠 수 있는 불순하고도 위험한 미디어가 되기도 한다. 그럼에도 불구하고 'TV 없는 세상'은 현실적으로 물 건너갔다. 각종 TV 안 보기 운동이나 TV 끄기 캠페인이 대개 TV와의 '시한부 전쟁'에 머물러 있는 것도 그 때문이다.

　　어차피 '텔레비전을 볼 건가 말 건가"TV or Not TV", 그것이 문제'가 아니라면 남은 과제는 TV 있는 세상을 지혜롭게 살아가는 방법을 찾는 일이다. 이럴 때 공공장소의 좋은 상석이나 넓은 공간을 거의 예외 없이 텔레비전이 차지하고 있는 우리나라의 현실은 자못 유감스럽다. 이는 세계적 기준에서도 과도해 보이지만 웬

만큼 산다는 선진 문화강국과는 특히 뚜렷이 비교된다.

가령 언제부턴가 기차역이나 공항, 버스 터미널의 핵심 공간은 대형 텔레비전 수상기의 차지가 되어 버렸다. 은행이나 병원, 우체국 등에서도 텔레비전은 시나브로 필수 인테리어 가운데 하나로 자리 잡았다. 버스나 항공기, 선박 내부를 평정하다시피 한 텔레비전은 열차를 거쳐 목하 지하철까지 침투 중이다. 학교 휴게실에도 걸핏하면 텔레비전이 있다. 각급 관공서 역시 이 점에서 예외는 아니다. 주민센터로 개명한 동사무소는 물론이고 경찰서나 정부종합청사 민원실에서도 텔레비전은 늘 환하게 켜져 있다. 바늘 가는 데 실 가듯 한국에서는 많은 사람이 찾고 모이는 곳이라면 어디든 TV가 따라간다.

명분은 이른바 고객 서비스다. 그리고 이를 고맙고 당연히 여기는 사람들이 물론 많다. 행여 그러한 선의의 이면에 공공장소의 다른 불편사항을 감추거나, 떠드는 아이들을 조용하게 만들거나, 혹은 방문자로 하여금 그곳 근무자들을 귀찮게 하는 행위를 삼가도록 하는 목적이 숨어 있을지도 모른다는 의구심을 누가 쉽게 품겠는가. 그러기에 하루 평균 3~4시간으로[6] 이미 전 세계에서 TV를 가장 많이 보는 편에 속하는 한국인들을 향해 공공장소에서 왜 또 텔레비전을 찾느냐고 따지는 것은 별로 소용이 없다. TV에 잔뜩 중독된 사람들에게 다만 몇 분이라도 그것 없이

---

6   한국인의 TV 시청 시간은 최근 하루 평균 3시간 이내로 줄어들고 있다. 하지만 유튜브를 통한 동영상 시청은 크게 늘고 있다.

살아갈 수 있는 인내심이나 자존심도 없느냐고 묻는 것 또한 공연한 참견으로 비칠 게다.

보다 실질적인 문제는 따라서 공공장소에서의 텔레비전 시청 고객 서비스가 너무나 일방적이고 무차별적이라는 점이다. 개인의 의지나 노력으로 그것을 사절하기가 도저히 쉽지 않기에 현재와 같은 공공장소는 결코 민주적이지도, 진보적이지도 않은 것이다. 그리하여 보다 정의로운 세상이 되려면 공공장소에서 텔레비전을 볼 수 있는 환경과 그것을 거부할 수 있는 여건이 함께 마련되어야 한다. TV를 좋아하는 다수자의 편익도 중요하지만 거기에 동조하지 않는 소수자의 권익도 보호되어야 하기 때문이다.

텔레비전 대신 책을 읽자는 식의 '잘난 척 고상한' 주장을 하는 것이 전혀 아니다. 공공장소에서 잠을 청하든 대화를 나누든 신문을 보든 그것은 개인의 자유며, 그러한 권리는 내가 남을 방해하지 않는 한 나도 결코 방해받지 않아야 한다는 사실을 새삼 확인하고자 할 뿐이다. 게다가 누구나 개인 핸드폰으로 TV를 마음대로 볼 수 있게 된 현실에서 공공장소마다 공용 텔레비전을 비치하는 것은 경제적으로도 낭비다. 그래도 굳이 그곳에 텔레비전이 필요하다면 몇 개의 좌석에 개인용 유료 TV를 부착하거나 TV 시청 전용 밀폐공간을 설치하는 것으로 충분하다. 마치 흡연실처럼 말이다.

각 개인의 취향과 자율이 존중되는 고품격 사회로 나아가야 할 시점에 텔레비전이 공공장소를 무단점거한 채 그곳을 문화적 식민지로 삼고 있는 작금의 현상은 용납하기 어렵다. 그러므로 이제는 금연 캠페인이 직접 흡연으로부터 간접흡연 영역으로 점차 확대되는 것처럼, 공공장소에서 원치 않게 겪어야 하는 TV '간접 시청'의 폐해도 슬슬 정리할 때가 되었다. 더욱이 우리나라에서 안 그래도 심각한 노상 생활 소음까지 감안한다면 공공장소의 '실내 정숙'은 한시가 급하다. 조용한 일상도 문명의 지표며 인권의 척도다.

디지털 유목사회의 상징,
백팩backpack

조선일보
2014/11/06

요즘 백팩이 가방의 대세다. 원래 캠핑이나 등산용으로 고안되었던 것이 언제 어디서고 누구나 애용하는 가방이 되었다. 옷에 포켓이 없던 원시시대에 음식이나 도구 등을 주머니에 넣고 다닌 것이 가방의 효시라면, 산업혁명 이후에는 사람들의 공간적 이동이 일상화되면서 그것의 보편적 확산이 이루어졌다. 그사이 가방에는 보관이나 운반이라는 태생적 기능에 사회적 구분과 과시의 의미가 보태졌다. 당연히 가방의 종류도 기하급수적으로 늘어났다. 그런데 현재 우리나라에서는 백팩 형태의 가방이 유난이 흔하다.

한국에서 백팩이 처음 유행한 것은 1995년경이었다. 미국 유학생들 일부가 방학 동안 한국에서 매고 다니기 시작한 미제美製 '이스X팩'이 동년배 대학생은 물론 청소년들 사이에도 널리 보급된 것이다. '신세대 담론'에 편승하여 백팩은 세대 간 구별짓기의 상징이 되었다. 그 과정에서 70년대식 대학생 가방은 자취를 감추었고 시나브로 젊은 샐러리맨들도 서류 가방 대신 백팩을 찾기 시작했다. 백팩을 매는 여성들도 점차 늘었고 얼마 뒤 중년 내지 노년층도 백팩의 인기에 동참했다. 최근에는 고가의 디자이너 백팩까지 합류하는 추세다. '이X트팩 현상' 20년 만에 백팩은 연령과 계층, 신분과 직업을 뛰어넘는 일종의 '국민 가방'이 된 것이다.

여기에는 일부 스타들의 선도적 공헌도 있었다. 2004년 텔레비전 드라마 〈발리에서 생긴 일〉에 출연한 조인성은 고급 정장 재킷에 캐주얼 백팩을 멨다. 조인성의 이른바 '언매치드unmatched 패션'은 비난의 대상이 되기보다 메트로섹슈얼 트렌드의 새로운 아이콘으로 떠올랐다. 연예인 가운데 배우 조인성이 있다면 정치인 중에는 박원순 서울시장이 있다. 시민운동을 할 때부터 양복 위에 배낭을 즐겨 멨던 박 시장은 요새도 가끔 그런 행장行裝이다. 박원순식式 '소품小品정치'라는 비난과 함께 세간世間에서는 그를 '백팩 직장인'의 원조로 지목하기도 한다.

왜 오늘날 대한민국은 백팩시대인가? 우선은 현대 '유목사회'의 상징이다. 이동이 길어지고 잦아지는 생활양식에서 백팩의 역할은 커질 수밖에 없다. 특히 우리 시대의 디지털 '호모 노마드Homo Nomad'에게는 노트북, 태블릿, 충전기, 케이블, 마우스 등으로 가득 찬 백팩이 사무실이자 작업실이다. 굳이 이런 거창한 모바일 오피스 구축용 장비가 아니더라도 '정보사회'는 대체로 백팩을 환영한다. 백팩은 스마트폰을 위한 두 손의 자유를 허락하기 때문이다. 작금의 '전투사회' 분위기 역시 백팩 선호를 부추긴다. 전쟁터로 나가는 군인에게 배낭이 필수적이듯, 치열한 경쟁사회를 살아가는 데 있어서 백팩은 왠지 미덥고 든든하다.

'위험사회'라는 측면도 간과할 수 없다. 백팩에 안전식품이나 생수를 단골로 넣고 다니는 광경은 지구 '종말의 날'에 대비하는 이른바 '프레퍼족Prepper'을 연상시킨다. 하루하루가 비상사태 같은 세상에서 백팩은 일종의 벙커로 활용되는 셈인데, 가끔 주변에는 생존물품 'EDC가방Everyday Carry'을 들고 다니며 '도시 생존 전문가'를 자칭하는 사람들도 있다.

하나 더 추가하면 '실용사회'의 풍경이다. 너나 할 것 없이 바쁜 세태에서 백팩 이상으로 범용성汎用性을 자랑하는 가방도 사실은 찾기 어렵다. 때와 장소나 체면을 불문한 채 물건을 담아 옮기는 가방 본연의 용도만 따진다면 백팩이 단연 으뜸일 것이다.

문제는 백팩 전성시대의 원인이 아니라 결과다. 무엇보다 백팩은 그 자체가 불안하고 위험한 흉기로 변할 수 있다. 지난 5월부터(2014년) 서울도시철도공사는 지하철 5~8호선 전 역사驛舍와 전동차의 스크린을 통해 백팩 사용에 관련된 에티켓 영상 캠페인을 벌이고 있다. 백팩이 승하차에 불편을 초래할 뿐 아니라 남의 얼굴에 상처를 입히거나 옷을 훼손하는 사고가 급증하고 있기 때문이다. 사실 전철뿐만 아니라 노상에서도 백팩은 공포 분위기를 조성할 때가 많다. 나한테 편한 것이 남에게 피해를 주는 전형적인 사례다. 일본의 경우 아직도 가방시장을 주도하는 것은 공공장소에서 본인이 통제하기 용이한 크기와 형태라는 게 업계의 이야기다.

백팩은 또한 유행의 창조와 확산이라는 도시 고유의 문화역

량을 잠식할 수도 있다. 백팩이 도시인의 드레스 코드dress code
를 단조화單調化 내지 하향평준화할 개연성 때문이다.[7] 세계 정상
급 도시일수록 패션 도시로서의 위상도 높은 법이다. 마침 얼마
전 '글로벌 랭귀지 모니터'는 2014년 '세계 55개 패션 도시' 순위
를 발표했다. 여기서 서울은 정확하게 55위, 곧 꼴찌였다.[8] 요 몇
년 사이 서울은 아시아권 도시 가운데에서도 맨 아래로 밀려났
는데, 행여 그 책임의 일부가 백팩의 오·남용誤·濫用에 있지 않을
까 의심스럽다.

백팩은 더 이상 단순한 개인의 취향 문제가 아니다. 이 시대 한
국 사회를 읽을 수 있는 단서나 징후로서, 그리고 일상의 생활문
화와 도시경쟁력에 영향을 미치는 변수나 계기로서 다분히 사회
적이고 충분히 사회학적인 소재로 이미 자리 잡았다.

---

7 이 글이 나간 직후 패션업계 종사자 한 분이 이 점에 동의하지 않는다고 전화를 주었다.
백팩이 패션도시의 중요 일부라는 지적이었는데, 최근 나날이 진화하는 백팩을 보면 동감하
지 않을 수 없게 되었다.

8 한편 '글로벌 랭귀지 모니터'에 의하면 서울은 '세계 패션 도시 TOP 63'에서 2017년에
는 17위, 2018년에는 23위에 랭크되었다. 패션 도시 랭킹의 기준은 일반인이 쉽게 이해하기
어렵다. 하지만 뉴욕이나 런던, 파리, LA 등이 늘 최정상을 차지하는 것에서 알 수 있듯 왕실
이나 할리우드 스타들의 셀레브리티(celebrity) 효과가 단단히 한몫을 한다는 평가다. 우리
의 경우 왕실은 없지만 세계적 한류 스타는 늘어나는 추세다.

소음을 줄이고
볼륨을 낮추자

동아일보
2009/04/01

　　얼마 전(2009년 3월 11일) 환경부는 전국 33개 주요 도시의 소음 실태 조사 결과를 발표했다. 이에 따르면 부산, 대구, 인천, 춘천, 수원 등지의 주거지역 평균 소음도는 밤낮 모두 환경 기준을 초과했다. 서울의 경우도 결코 무사하지 않아서 전용 주거지역과 도로변 주거지역의 소음은 주야畫夜 공히 불합격점이었다. 일반 주거지역의 야간 소음도는 최근 49dB(데시벨)까지 높아졌다는데 50dB을 넘으면 대부분의 사람이 수면에 지장을 받는다.

　　워낙 인간은 지구상에서 가장 시끄러운 생명체다. 그런데 산업화 이후 무수히 많은 소리가 새로 출현했다. 우선 기계문명의 도래에 따른 인공음의 증가가 있었다. 주로 공장이나 차량 등에서 발생하는 소음공해 탓이다. 여기에 가세한 것이 소리 복제 기술의 발명과 발전이다. 오리지널 자연음의 특징은 태어나고 성장하며 또한 죽어가는 것이다. 종달새가 우짖는 소리나 바람이 지나가는 소리를 생각해 보라. 인간의 목소리 또한 워낙은 들릴 수 있는 범위까지만 한차례 도달하는 것이었다. 하지만 오늘날 소리는 얼마든지 저장, 재생 및 증폭 가능한 물질이 되었다.

자연의 소켓으로부터 독립된 소리는 그것이 처음 생성된 시공간 특유의 의미나 분위기와 차츰 분리된다. 과거의 소리를 지금 생생하게 들을 수 있고 이역異域 땅의 소리도 지척에서인 양 들을 수 있다는 점에서 요즘 사람들은 '지금 그리고 여기'가 아닌, 말하자면 초현실적인 세계에 살 수 있게 되었다. 물론 이런 것이 문명이라면 문명이고 진보라면 진보다. 하지만 이로 인해 현대인들은 음분열증schizophonia에 시달리게 되었다는 것이 캐나다의 소리경관soundscape 연구가 머레이 셰퍼Murray Schafer의 생각이다.

언필칭 압축적 고도성장을 이룩한 것이 한국인지라 소리경관의 피폐화 역시 세계적 수준이다. 변명의 여지없이 목하 대한민국은 온 나라가 소음 천지다. 산업 소음도 물론 그렇지만 생활 소음은 더욱 심하다. 음식점이나 주유소, 헬스장, 시장, 마트 등에서 무시無時로 쿵쾅거리는 음악 소리는 사실상 폭력이다. 버스나 택시 기사가 마구 틀어대는 라디오 소리 또한 어쩌면 고문이다. 많은 공공장소에서 왕왕대는 텔레비전 소리 역시 다분히 일방적이다. 하긴 방송 자체가 통째 소음처럼 느껴지기도 한다. 선진국에 비해 한국의 방송언어는 두서없이 빠르고 톤도 턱없이 높은 편이기 때문이다.

이러다 보니 덩달아 커지는 것이 일상의 음성이다. 지하철 반대편에서까지도 들리는 휴대폰 통화에다가 식사는 분명히 3인분인데 목소리는 10인분인 경우가 다반사다. 소음이 집회나 시위의 도구로 정착한 것도 우리나라의 유별난 풍경이다. 아닌 게 아니라 사람 셋만 모이면 마이크를 찾고 다섯만 모이면 확성기를 드는 것이 우리의 현실이다. 축구든 야구든 중계방송조차 이제는 무리를 짓고 함성을 지르며 시청하길 즐긴다.

시각視覺에는 시각視角과 시선視線이 있지만 청각에는 그런 것이 없다. 후각은 일정 시간이 지나면 마비라도 된다. 그러나 청각은 도대체 피하거나 숨을 데가 없다. 그런 만큼 개인적 차원에서 소음 사회가 강요하는 고통과 피해는 너무나 전체적이고 직접적이다. 하지만 더 큰 문제는 사회적 차원에 놓여 있다. 시나브로 우리 사회는 아무 말도 들을 수 없고 아무 말도 듣지 않는 상황이 되어가기 때문이다. 독일의 의사이자 작가인 피카르트Picard의 말마따나, 애초에 청각 세계 자체를 존재하게 한 공백을 끊임없는 소음의 세계가 뒤덮어 버린 결과다. 침묵이야말로 모든 말을 가능하게 하는 기반인데도 말이다.

소음과 고성이 지배하는 사회에서는 말의 생성도 어렵지만 경청傾聽은 더욱 힘들다. 덩달아 글도 점차 '소리 없는 아우성'으로 변해간다. 경청이 없는 사회에서 제대로 된 상호이해나 토론이 있을 리 만무하다. 그러다 보니 지금 우리 사회는 말 같지 않은 말이 홍수를 이루는 가운데 그것조차 아무도 귀담아듣지 않는 처지에 빠져있다. 침묵의 소멸과 정적靜寂의 부재는 말의 경화硬化와 대화의 경색梗塞을 낳고 궁극적으로 폭력의 발언권만 높일 뿐이다. 소리의 양과 질도 나름 문명화의 척도라면 우리는 아직도 갈 길이 멀다. '다이내믹 코리아'에 살면서 문득 '고요한 아침의 나라'가 그립다.

예전에 노인은
우리 곁에 있었다

조선일보
2019/10/01

인간은 생로병사하는 존재다. 대부분 동물들에게는 생生과 사死가 바로 이어지지만, 인간에게는 아프며 나이 드는 과정이 유난히 길고 험하다. 병치레하며 늙어가는 기간은 최근 점점 더 늘어나고 있다. 인류가 초유의 고령화 시대에 진입하고 있는 것이다. 고령사회에 대비하느라 나라별로 분주한 가운데, 작년에 초고령자가 총인구의 28%를 넘기며 세계에서 제일 늙은 나라가 된 일본은 그중 가장 다급한 모습이다.

현재 일본의 대표적 고령화 정책은 '지역포괄케어시스템'이다. 수십 년에 걸친 논의 끝에 2014년에 제정된 관련 법률은 고령자가 혼자 살더라도 30분 이내 거리에서 각종 돌봄 서비스를 받을 수 있게 하고 있다. 여기서 핵심은 노인들이 평소 살던 집과 동네에서 의료와 복지혜택을 받는 데 있다. 고령자들이 병원이나 양로·요양시설 대신 거주지와 지역사회에서 여생을 보내도록 노인 복지 정책이 바뀌고 있는 것이다.

학계에서는 이를 AIP_{Aging in Place}라 부르는데, 우리말로는 '지역사회 계속 거주' 정도다. 미국 질병통제예방센터가 "연령·소득·역량 수준과 상관없이 안전하고 독립적이고 편안하게 자신의 집과 지역사회에서 살 수 있는 능력"으로 정의한 AIP는 일본뿐 아니라 독일, 영국, 네덜란드 등 복지 선진국들이 앞다퉈 도입하고 있는 신개념 노인 돌봄체계다. 원칙은 고령자들에 대한 격리가 아닌 포용이다. 따라서 치매 환자들까지 생산인구의 일부로 편입하는가 하면 익숙한 생활환경의 보존을 위해 재건축이나 도시재생도 절제한다.

물론 우리가 AIP를 먼 산 보듯 하는 것은 아니다. 얼마 전 보건복지부는 노인·장애인·정신질환자를 대상으로 하는 '지역사회 통합 돌봄' 정책을 확정하고, 지난 6월부터 전국 8개 기초자치단체에서 선도사업을 시행하고 있다. 정부가 특히 '혁신적'이라며 강조하는 부분은 그것이 중앙정부의 일방적 내지 일률적 복지제도가 아니라 지자체의 자발적이고도 창의적인 복지설계라는 점이다. 그런데 과연 그럴까? 정책의 성공 또한 따 놓은 당상일까?

생로병사를 사회적으로 관리하는 일은 결코 쉽지 않다. AIP에 담긴 복지 서비스의 탈脫시설 기조는 현행 시설 위주의 복지제도에 대한 역사적 반동反動이다. 17세기 이후 유럽의 근대문명은 이른바 '비정상인'을 통제시설에 격리하는 '대감금의 시대'를 열었다. 시작은 광인狂人이었지만 기형인, 부랑자, 걸인을 거쳐 점차 빈민이나 실업자들까지 범주가 커졌다. 이성적 통치의 관점에서 이들은 사회적 가치의 창출 능력을 결여한 존재였다. 하지만 그냥 방치할 경우 사회적 불안과 위험이 명확했기에 복지국가가 탄생한 것이다.

자본주의 체제의 복지정책은 불필요해 보이는 '주변인' 혹은 여분인 듯한 '잉여 인간'들을 국가가 책임지는 것이다. 또한 근대적 가족제도의 확산과 더불어 고령자들도 '비경제활동인구'로 분류되어 복지 서비스 대상에 포함되기 시작했다. 복지정책이 격리 및 시설 중심으로 발전한 것은 한편으로는 대감금 시대의 유산, 다른 한편으로는 정치적 가시성과 경제적 가성비 때문이었다. 물론 그 나름의 순기능은 있었다. 하지만 최근 AIP 개념의 득세에서 보듯 역기능에 대한 비판도 그동안 많이 쌓였다.

유럽도 그랬지만 특히 우리의 전통사회는 사회적 약자를 결코 그렇게 돌보지 않았다. 소설 『아가雅歌』에서 이문열은 "예전에 그들은 우리 곁에 있었고 우리와 함께 세상을 이루었다"라고 회고한다. 구호 대상자, 정신병자, 심신미약자, 장애인, 지체부자유자들은 수용소나 재활원, 보호소가 데리고 간 것이 아니라 부락 공동체의 일부로 동고동락했으며, 사람들은 그것을 마땅한 의무로 느꼈다는 것이다. 하지만 언제부턴가 일반 노인들까지도 시설에서 늙고 죽는 것이 우리 주변의 일상이 되었다.

불과 몇 년 뒤의 초고령 사회를 앞두고 담당 부처나 전문가들이 지역사회 통합 돌봄에 착안한 것은 반가운 일이다. 그러나 선진 사례의 재빠른 벤치마킹이 능사는 아니다. 무너진 생활공동체, 형식적인 주민참여, 무늬만 지방자치 등 선결해야 할 과제가 너무 많기 때문이다. 한국판 AIP에 국가주의적 복지 강박증의 그림자가 어른거리는 것은 사뭇 염려스럽다. '시범사업-체계구축-종합관리'라는 일사천리식 목표부터 그렇다. '노인을 위한 나라'로 가는 길은 서둘되 함께 가야 한다. 국가와 지역과 사회와 시장과 동네와 시설과 가족과 개인이 나란히 말이다.

그 남자의
편의점

일요일樂
2018/4호

　그 남자가 편의점이라는 곳에 처음 가본 것은 1990년 봄이었다. 당시 중학생이었던 그는 한 해 전부터 서울 송파구에 편의점이 생겼다는 얘기를 친구들로부터 듣고 있었다. 1927년 미국 텍사스에서 첫선을 보인 '콘비니언스 스토어Convenience Store'가 드디어 한국에 상륙한 모양이었다. CVS는 우리보다 20년 앞선 1969년에 일본에 소개되는 과정에서 편의점으로 번역되었다. 구멍가게와도, 재래시장과도, 백화점과도, 그리고 슈퍼마켓이나 대형마트와도 구분되는 20세기 유통 소매업의 총아로서, 편의점은 놀랍도록 새로운 각종 편의便宜를 구비한 채 우리 곁을 찾아왔다.

　최초로 그 남자가 편의점에 들른 것은 어느 일요일 아침 아버지의 손에 이끌려 가족과 함께 갔을 때였다. 무언가 이국적이고 쾌적한 분위기 속에서 핫바를 사 먹고 머리통만 한 컵에 콜라를 배불리 마신 기억이 아직도 새롭다. 매장은 눈부시게 청결했고 상품 진열은 체계적으로 정연했다. 계산은 신속하고 간단했으며 점원은 쿨하게 예의 발랐다. 춥지도 덥지도 않았던 실내에는 잔잔한 음악까지 흘렀다. 돌이켜보면 그 시절에는 편의점 나들이 그 자체가 일종의 과시적 소비로서 선망의 대상이었다. 세계화의 문이 넓어진 1980년대 말 대한민국은 신세대의 부상과 더불어 소비문화의 선진화 내지 심미화를 새로운 트렌드로 맞이하고 있었으며, 그 첨병이 바로 편의점이었다.

1990년대 편의점은 연평균 두 자릿수 이상의 높은 성장률을 기록했다. 어떤 의미에서 편의점은 세상을 덮기 시작하고 있었다. 중·고등학교를 거쳐 대학에 다니는 동안 그 남자는 '편의점 인간'⁹으로 길들여져 갔다. 그곳은 단순히 상품만 파는 것이 아니라 일상의 대부분이 원스톱으로 해결되는 복합 만능 생활거점이었다. 게다가 그 무렵 TV 드라마 〈질투〉에서 주인공들이 편의점에서 라면과 김밥을 먹고 면 팬티를 사가는 장면은 10대 후반 그 남자의 가슴을 설레게 만들었다. 편의점은 늘 그 남자를 꼬드겼다. "일단 들어와 봐. 필요해서 사야 할 게 반드시 있을 거야." 과연 그랬다. 예쁜 여자 알바를 훔쳐보는 곳도, 성년인 척 행세하며 담배를 사는 곳도 모두 편의점이었기 때문이다.

학교를 졸업하고 그 남자가 사회에 첫발을 내디뎠을 때 세상은 온통 절망과 고통이었다. IMF 경제 위기가 한국 사회를 순식

---

9 같은 제목으로 무라타 사야카(村田沙耶香)가 쓴 소설 『コンビニ 人間』은 2016년 일본에서 아쿠다가와(芥川龍之介)상을 받았다.

간에 삼켜버린 것이다. 마이너스 성장과 구조조정의 칼바람 속에 취업의 꿈은 일단 접어야 했다. 먹고살기 위해 이리저리 닥치는 대로 일을 해야만 했고, 그 가운데는 심야 편의점 알바가 포함되어 있었다. 여자가 아닌 남자였기에 기회가 상대적으로 많았을 것이고, 게다가 편의점은 어릴 적부터 그에게 별로 낯선 공간이 아니어서 좋았다. 불행 중 다행이라고 할까, IMF 경제 위기 속에서도 편의점만은 양적인 성장세를 멈추지 않았다.

몇 년 동안 맘고생, 몸 고생을 한 끝에 그 남자는 드디어 직장을 얻었다. 그때부터 편의점은 그에게 더할 나위 없는 삶의 동반자가 되었다. 아침을 거르기 일쑤였던 그 남자는 편의점 김밥과 우유로 빈속을 채웠다. 점심을 먹고 회사로 돌아가는 길에 그 남자의 손에는 대개 편의점 커피가 들려 있었다. 사원증 목걸이와 함께 테이크아웃 커피는 드디어 사회인이 되었다는 자랑스러운 징표 같았다. 오후에 배가 출출해질 때 주전부리를 찾는 곳도, 골치가 아플 때 에너지 음료를 찾는 곳도 모두 빌딩 1층에 있는 편의점이었다. 그리고 늦은 밤 집에 들어가면서 편의점에서 간단한 식음료와 몇 가지 생필품을 사는 게 일과처럼 되었다. 직장 부근이나 집 근처, 출퇴근길에 이르기까지 편의점은 하루 24시간 언제 어디서나 그 남자를 기다리고 반겨주었다. 40대 중반을 넘긴 요즘에도 그 남자는 편의점을 열심히 찾는다. 이젠 남부럽지 않게 가정도 꾸렸고 불안하긴 하기만 직장생활에서도 꽤 연수가 찼다. 하지만 결코 변하지 않은 것은 나이가 들어도 편의점과 여전히 헤어질 수 없다는 사실이다.

사람들은 편의점이 여성 친화적이라고 생각하는 경향이 있다. 물론 전적으로 틀린 판단은 아니다. 그곳에 가기 위해 굳이 차를 타거나 옷을 차려입을 번거로움이 없고, 필요한 것 위주로 몇 가지만 사기 때문에 장바구니 또한 대체로 가볍다. 무엇보다도 그곳에서는 남들과 억지로 말을 섞을 일이 생기지 않아 편하다. 많은 여성들이 편의점에서 안심을 체험하고 문명을 경험한다고 말하는 것은 이 때문이다. 하지만 정작 관련 통계를 살펴보면, 편의점 이용자의 성비에 있어서 남성과 여성의 비율은 60 대 40 정도. 남자가 여자보다 더 많이 이용한다는 뜻이다. 그렇다면 남자들에게 편의점을 사랑할 수밖에 없는 이유가 따로 있다고 보아야 하지 않을까? 그 남자가 편의점 세상으로부터 벗어나지 않는 사소한 이유 가운데 하나는 예쁜 여자애를 알바로 고용한 편의점을 찾아다니던 소싯적 버릇이 남아있기 때문이다. 아직도 그는 편의점에 들어가기 전에 계산대를 누가 지키고 있는지를 밖에서 쓱 한번 살핀다. 물론 이게 편의점 출입이나 선택의 결정적인 기준은 아니지만 말이다.

　　그 남자가 편의점을 즐겨 찾는 보다 큰 이유는 그곳에서 담배를 살 수 있기 때문이다. 그 남자가 나이를 속여 가며 담배를 처음 산 것부터가 고등학생 때 편의점에서였다. 물론 성인이 된 지금 그 남자는 당당히 담배를 살 수가 있다. 하지만 언제부턴가 우리나라에서 편의점 말고는 담배를 파는 곳이 거의 다 사라졌다. 지하철 편의점에서만은 여성 고객이 남성 고객을 수적으로 뚜렷이 능가하는 이유도 따져보면 지하철 공간에서는 흡연이 금지되어 있기 때문이다. 담배 피우는 남자들에게 편의점은 일종의 오아시스다.

편의점에서 담배만큼 확실한 미끼상품도 없다. 남자들의 쇼핑 습관 가운데 하나는 물건 한 가지만 달랑 사갖고 나오지를 못한다는 점이다. 체면 때문에 무엇이라도 하나 더 사서 나오는데, 대개의 경우는 캔 커피다. 담배를 피워본 남자라면 안다. 이상하게 입안에서 담배와 캔 커피가 서로 궁합이 맞는다는 사실을. 그러나 편의점이 남자를 이끄는 것은 담배의 힘만이 아니다. 그 남자를 포함하여 오늘날 한국의 많은 남성들이 편의점에 가는 또 다른 중요한 이유는 로또를 사기 위해서다. 로또를 사는 배경은 1997년 IMF 외환위기와 2008년 금융위기를 거치며 점점 더 심각해지고 있는 생활난이다. 답답하고 갑갑한 상황일수록 한방으로 인생역전을 노리는 남자들은 늘어나는 법이다.

그 결과, 언제부턴가 우리나라의 편의점 소비가 과시적이고 특권적인 것에서 필수적이고 대중적으로 바뀌고 말았다. 오늘날 편의점은 더 이상 신세대들의 심미적 소비공간이 아니다. 부자나 엘리트들만 편의점을 이용하는 것은 더욱더 아니다. 편의점 이용이 전 국민적으로 확산되는 배후에는 수많은 평범한 남자 고객들이 있다. 최근 그 남자에게 편의점은 식당으로서의 의미가 커지고 있다. 간식을 즐기는 곳이 아니라 온전한 한 끼를 해결하는 곳 말이다. 일주일에 몇 번씩 그 남자는 편의점 도시락을 사 먹는다. 세상을 둘러보니 자기만 그런 게 아니었다. 편의점이야말로 시나브로 수많은 대학생, 공시생, 취준생, 직장인 등을 먹여 살리는 '혼밥'의 메카가 되어 있다.

오늘날 남자들에게 편의점의 기능은 밥집이나 밥공장에 한정되지 않는다. 알게 모르게 편의점은 술집으로 변신 중이다. 포장마차가 거의 사라진 요즘 세상에 편의점은 간단히 한잔 꺾기에 안성맞춤이다. 편의점의 성별 시간대 매출현황을 보더라도 밤이 깊어질수록 남성들의 이용률이 확연히 높아진다. 당면한 경제적 불안에 미래마저 보이지 않는 한국 남자들에게 편의점은 허기를 속이고 취기를 돋우며 세상의 시름을 잊게 만들고 있다. 그리고 편의점에서 로또를 사면서 그들은 내일을 위한 미련과 희망의 끈을 그래도 놓지 않는다.

우리나라 직장인들의 약 44%가 '편퇴족'이라는 조사가 있다.[10] 이는 지친 하루를 편의점 쇼핑으로 마감한다는 의미인데, 심야 편의점과 남성 고객과의 친화력을 생각한다면 그 남자도 이 수치에 포함될 것이다. 편퇴족의 압도적 인기상품은 술이라고 한다. 그것도 소주와 맥주를 함께 사는 일이 많다는데, 아마도 폭탄주 '혼술'로 하루의 대장정을 마무리하기 위해서가 아닌가 한다. 약국이 문을 닫은 시간이라 편의점에서 콘돔도 많이 사간다고 한다. 흥미로운 점은 그것과 함께 가장 잘 팔리는 연관 상품이 빙그레 바나나맛 우유라는 사실인데, 도대체 왜 그런지 이 대목은 사회학적으로 참으로 난해하다.

머지않아 은퇴를 맞이할 그 남자는 고령자 생활도 편의점과

---

10 2016년 12월 27일 취업포털 잡코리아가 직장인 403명을 대상으로 '직장인과 편의점'에 관한 설문조사를 실시한 결과 '스스로 편퇴족'이라 생각하는 직장인이 44.9%에 달하는 것으로 나타났다.

더불어 할 공산이 높다. 수명 100세 시대를 앞두고 지금 우리나라는 역사상 그 어느 때보다 긴 고령시대를 예상하고 있다. 신체적으로 원거리 외출이 불편한 노인들에게 복합 만능 생활공간으로서 편의점의 역할은 더욱더 유감없이 발휘될 것이다. 또한 현재 일본에서 그런 것처럼 고령자를 대상으로 하는 사회복지체계나 사회안전망이 우리나라에서도 편의점을 거점으로 구축되거나 강화될 개연성이 크다. 실핏줄처럼 깔려 있는 편의점을 통해 장보기 택배나 도시락 배달이 늘어날 전망인데, 그것의 혜택은 여성보다 자활능력이 상대적으로 약한 남성 고령자들에게 더 많이 돌아갈 것이다. 10대 때 호기심으로 시작된 그 남자의 편의점은 결국 말년까지도 그와 함께 할 것 같은 예감이다.

물론 '편의점 세상'에서 '편의점 인간'으로 살아가는 그 남자가 편의점 때문에 행복하다는 의미는 결코 아니다. 편의점 세상은 기본적으로 관료주의적 합리성과 자본주의적 효율성이 지배하는 곳이다. 그리고 그것에 동화되거나 종속되어 부품처럼 살아갈 수밖에 없는 존재가 바로 편의점 인간이다. 따라서 편의점 이면의 불편한 진실을 그 남자는 가끔 생각해 볼 필요가 있다. 왜 편의점에 갈 때마다 사고 싶은 것이 있는지, 왜 편의점 도시락과 혼밥이 문화적 트렌드로 정착하는지, 왜 편의점에서 담배와 로또를 계속 팔고 있는지를 한 번쯤은 깊이 성찰해야 한다. 그저 하루살이처럼 사는 데는 편의점이 편리할지 모른다. 하지만 무릇 주체적이고 이성적 존재로서 그 남자에게는 무엇을 위한 편의점이고 누구를 위한 편의점인지 묻고 따질 권리와 의무가 있다.

2

일상 속 문화

식탐食食사회,
식탐시대

조선일보
2005/04/22

얼마 전 대한민국 최남단 마라도를 찾을 기회가 생겼다. 그런데 뜻밖에도 그곳 관광의 하이라이트는 '마라도 자장면'이었다. 그것 한 그릇 비우는 일이 마치 마라도 방문의 목적인 듯싶은 외지인도 많았다. 지역 단위에서 문화와 경제를 결합하려는 노력이 이른바 '장소 판촉place-marketing'이라면 바로 자장면이 마라도의 최대 자산이자 최고 명물 같았다.

꽃 피는 봄을 맞이하여 경향 각지는 축제 준비로 부산하다. 향토축제의 만발이야말로 본격적인 지방자치 시행 이후 최대 보람이 아닐까 한다. 하지만 대부분의 지역축제는 점차 '먹자판'으로 수렴되고 있다. 음식이 곧 경제이고 문화인 셈이다. 게다가 기업형 '팔도장터'란 것이 전국을 순회하는 통에 '지역'축제라는 이름마저 무색해졌다.

먹는 것을 밝히기로 말하자면 사실상 텔레비전이 앞잡이다. 요리 전문 케이블 채널 하나쯤 있는 정도야 문제 될 것이 없다. 하지만 공·민영 가릴 것 없이 모든 방송사들이 시청자들의 원초적 미각을 자극하느라 맛 자랑, 맛 기행, 맛 대결 따위를 시도 때도 없이 벌이는 행태는 쉽게 인내하기 어렵다.[11] 세상의 모든 일미逸味와 별미別味를 뒤지고 다니는 신문과 잡지도 면책免責은 아니다. 덕분에 그저 온 나라가 '음식천국'이고 온 국민이 '음식남녀'다.

먹는 즐거움은 진정한 기쁨이 아니라고 했던 플라톤에 비해 세상사 기쁜 일들 가운데 음식을 확실한 으뜸으로 꼽았던 린위탕林語堂은 얼마나 인간적인가. 특히 가난과 굶주림의 추억이 결코 아득하지 않은 우리의 처지에서 작금의 식도락을 반드시 이해하지 못할 바도 아니다. 게다가 전업주부의 감소, 여가시간의 확대, 자동차 생활의 보편화는 미각 열풍을 계속 부추기게 될 것이다. 음식 체제의 도시화와 세계화 또한 전통 및 토착 음식의 상업적 리바이벌을 더욱 재촉할 태세다.

따라서 문제는 식욕이나 식성이 아니라 식탐食貪이다. 자고로 음식 먹는 일에는 세 단계가 있다 하였다. 최하最下는 배로, 중간은 입으로, 그리고 최상最上은 머리로 먹는 것이다. 요즘 세상에 위를 가득 채우는 것이 먹는 이유의 모든 것인 사람은 드물다. 오늘날은 식생활의 요체를 주로 혀가 감지하는 맛에 둔다는 의미에서 식탐 시대다. 그래서 못내 그립고 아쉬운 것이 바로 지혜로운 음식문화다. 음식이 생존이나 쾌락의 대상만은 아니기 때문이다.

---

11 텔레비전에 이어 요즘은 유튜브(Youtube)에서도 '먹방'이 대인기다.

식탐 사회의 폐해는 각종 성인병의 만연이나 음식쓰레기의 양산量産 등과 같은 가시적 영역에 국한되지 않는다. 그것의 진정한 비극은 먹는 일에 관련된 문명의 몰락이다. 매너 없는 손님과 격조 없는 식당의 조화로운 공존, 풀코스 정식 장정長征을 삽시간에 주파하는 비상한 능력, 그리고 "왔노라, 시켰노라, 먹었노라" 식의 음식 탐험 내지 정복, 바로 이것이 현재 우리들의 자화상이다. 아직도 '금강산도 식후경'이며 '먹는 게 남는 장사' 수준인 것이다.

이처럼 미식으로 도피하고 포만에게 위로받는 경향은 우리 사회의 각박한 인정, 표피적 유대 혹은 정신적 허기의 부재不在와 결코 무관해 보이지 않는다. 먹기 위해 사는 것과 살기 위해 먹는 것 사이에 균형이 실종한 것이다. 따라서 지금은 식탐이 초래한 '엄청난 위胃주머니'가 로마제국의 최후를 앞당겼다는 프랑스 철학자 장 프랑수아 르벨Jean François Revel의 진단을 한 번쯤 성찰할 때다. 가끔은 한 끼 식사 모습에 문명의 퇴보와 답보 혹은 진보가 갈릴 수 있다.

클래식 연주회장의
개와 휴대폰

조선일보
2011/05/16

계절의 여왕 5월답게 도처에 축제다. 서울스프링실내악축제도 그 가운데 하나다. 그런데 6회째 금년 행사를 앞두고 가진 기자회견에서 예술감독인 바이올리니스트 강동석은 실내악축제에 걸맞은 연주 홀이 한국에 없다는 점을 새삼 아쉬워했다. 하긴 클래식 전문 연주장의 부족은 어제오늘의 얘기가 아니다.

2011년 신년음악회는 다소 유별났다. 모처럼 대통령이 직접 서초동 예술의 전당까지 찾아와서라기보다 연주회 도중 정명훈 서울시립교향악단 예술감독이 지휘봉 대신 마이크를 잡아서였다. 그 자리에서 두 사람은 각별한 친분을 공개적으로 과시했는데 듣기에 다소 예사롭지 않았던 것은 작년(2010년) 말 서울시의회가 '한강예술섬' 예산을 전액 삭감했기 때문이다. 서울시장 시절 이명박 대통령은 2008년까지 서울시향 전용 홀의 건립을 약속한 것으로 알려져 있다.

마침 그날 예술의 전당 공연 이틀 뒤 세종문화회관에서 열린 서울시향 신년음악회는 각종 행사용 '다목적 극장'의 한계를 여실히 드러냈다. 그날 바이올린이나 첼로 등 현악 사운드는 2층 객석까지 거의 올라오지 못했는데, 맡아주는 시설이 없어 겨울이면 좌석까지 들고 들어갈 수밖에 없는 두꺼운 외투가 음향을 스펀지처럼 흡수하기에 더욱 그랬다.[12]

오케스트라에게 전용 연주장은 악기와 마찬가지라고 한다. 클래식 음악 페스티벌의 경우에도 선진국에는 대개 전용 홀이 있다. 오늘날 전 세계 고전음악계에서 점점 더 높아지는 한국의 위상을 감안하면 이 현안은 반드시 그리고 시급히 해결되어야 한다. 하지만 그것은 클래식 음악 강국의 필요조건일 뿐 충분조건은 아니다. 연주장과 관객은 별개일 수 있기 때문이다.

클래식 음악 연주회는 고도의 청중 윤리를 요구한다는 점에서 별난 측면이 있다. 딴에는 그게 고전음악을 어렵게 생각하거나 멀리하게 만드는 요인이 되기도 한다. 싫든 좋든 집중적 몰입과 진지한 감상은 고전음악 연주 무대의 필수적 예의다. 바깥소리를 완전히 차단하는 방음 설계나, 무대는 밝게 그러나 객석은 어둡게 만드는 조명장치는 음악과의 독대獨對를 위한 각별한 배려다.

이러한 엄숙주의가 처음부터는 아니었다. 초창기 클래식 음악 연주회는 상류계급의 사교와 오락공간이었다. 음악 감상보다 관

---

12 2014년 서울시는 광화문 세종로 공원을 중심으로 클래식 전용 콘서트홀 신축 계획을 밝혔지만, 여러 가지 사정에 의해 현재까지도 첫 삽을 뜨지 못하고 있다.

객끼리의 친교가 더 중요했으며 음악가들도 조용한 청중을 별로 염두에 두지 않았다. 연주회에 늦거나 일찍 떠나는 일이 예사였고 객석에서 먹고 마시는 행위도 다반사였다. 제발 개는 데리고 오지 말라고 안내할 정도였다.

연주회에서 관용과 방종이 사라진 것은 19세기 후반이었다. 미국의 역사학자 웨버William Weber에 의하면 그것은 자본주의 산업화의 영향이었다. 연주회의 기반이 귀족에서 부르주아로 바뀌면서 연주회란 불특정 다수를 상대로 입장권을 판매하는 이벤트로 변했다. 스폰서에 얽매이지 않는 자유로운 직업 음악인이 등장한 것도 그맘때였고, 음악 자체를 즐기고자 했던 만큼 관객들은 집중적 감상에 방해되는 모든 요소들을 금기시하였다. 주최 측으로서도 좋았다. 청중들 각자가 삼매경에 빠져들수록 더욱 많은 관객을 공연장으로 끌어들이는 데 유리했기 때문이다.

물론 '근대적' 연주회가 절대 진리는 아니다. 하지만 지금까지도 클래식 연주홀은 일종의 청교도주의를 견지한다. 그래야 고전음악 특유의 매력과 효과가 가장 잘 공유된다고 믿기 때문이다. 전문 연주장의 필요성이 계속 제기되는 것도 같은 이유다. 전용 홀의 건립은 그러나 수준 높은 프로급 청중의 성장을 전제로 해야 의미가 제대로 살아난다. 이 점에 관한 한 우리는 아직도 갈 길이 멀다. 요즘 들어 사정은 오히려 악화되는 느낌이다.

나날이 더 바빠지는 세상 탓인지 연주가 끝나기 무섭게 자리를 박차고 일어서는 사람이 점점 늘어난다. 그 때문에 연주의 잔향殘響을 즐길 권리를 뺏기기도 하지만 막 공연을 마친 연주자를 쳐다보기부터 괜히 민망하다. 무엇보다 이는 삶의 여유를 클래식 음악에서 찾겠다는 원래 관람 목적과도 모순된다. 그러나 야만의 첨병은 뭐니뭐니 해도 휴대전화다. 전원을 꺼 달라는 막전幕前 공개 안내도 초등학교 수준이지만, 무시로 진동하고 수시로 발광發 光하는 휴대전화는 연주회 분위기에 비춰 전혀 스마트하지 않다. 휴대전화의 연주회장 입장을 강제로 금지해야 할까 보다.[13] 18세기 유럽의 개처럼 말이다.

클래식 음악 연주회장이 물론 성소聖所는 아니다. 하지만 그곳은 거기 나름의 매너와 에티켓을 요구할 특성과 명분이 있다. 야구장과 도서관, 술집, 재즈 바 등이 각각 고유한 공간 윤리를 기대하듯이 말이다. 연주하는 입장에서 볼 때 공연장 자체가 또 하나의 악기라면 청중의 수준은 공연 자체의 성패를 가름한다.

---

13 공연장 등 공공장소에서 휴대전화 사용을 원천적으로 불가능하게 만드는 전파 차단기 설치 의무화 법안이 현재 국회에 상정되어 있지만 인권침해나 프라이버시 보호 등의 이유로 계속 낮잠만 자고 있다. 선진국에서는 이를 시행하는 경우가 많다.

문화권력
교보문고

동아일보
2011/07/29

"사람이 온다는 건 실은 어마어마한 일이다. 한 사람의 일생이 오기 때문이다." 교보문고가 입주한 교보빌딩 외벽에 요즘 걸려 있는 이른바 '광화문 글판' 내용이다. 1997년 외환위기 무렵에 본격적으로 선을 보인 이 글판은 계절마다 바뀌는 듯싶은데 요번 것의 출전은 정현종 시인이 쓴 '방문객'이라는 시다. 아닌 게 아니라 지난 6월 1일부로 개점 30주년(2011년)을 맞이한 교보문고는 방문객으로 늘 인산인해다. 매년 1,500만 명이 그곳을 찾는다니 실로 '어마어마한 일'이다.

교보문고는 영풍문고 등과 더불어 한국을 대표하는 대형서점이다. 세계 주요 각국은 그 나라의 간판급 대형서점을 갖고 있다. 미국의 반스앤노블Barnes & Noble, 일본의 기노쿠니야紀伊國屋, 영국의 보더스Borders, 프랑스의 지베르&조셉Gibert & Joseph, 독일의 후겐두벨Hugendubel처럼 말이다. 그런데 자국 내 지배력과 영향력으로 말하자면 교보가 압권이 아닐까 한다. 인터넷 서점의 등장과 전자책의 공세에 따라 선진국들의 대형 체인서점은 대개 쇠락의 길을 걷고 있다. 하지만 교보는 여전히 건재한 모습이다.

특히 광화문점은 작년(2010년) 여름에 대대적인 리노베이션 공사를 마친 도심 한복판 복합 지식문화 공간으로서의 위상을 한층 더 높였다. 독서 의자를 늘리고 책공방을 설치한 데다가 선큰sunken 가든까지 꾸민 결과다. 교보문고는 전국적으로 오프라인 매장 16개를 운영하고 있으며[14] 인터넷 온라인 서점도 구비하고 있다. 전 세계적으로 독서의 위기와 서점의 몰락이 먹구름처럼 몰려오는 마당에 대한민국 교보문고의 건승은 그 자체로 고맙고 대견한 일이다.

교보와 같은 초대형 체인서점의 의미는 문화적으로 결코 가볍지 않다. 일단 없는 책이 없다는 점에서 그곳은 명실상부한 책의 백화점이다. 또한 오프라인에서 책을 사는 일은 온라인 서점이 도저히 따라올 수 없는 책 고유의 촉각과 내음을 선사한다. 보다 결정적인 매력은 개가식 공공도서관 같은 배치와 분위기다. 지식과 정보를 공짜로 얻을 수 있는 공간인 것이다. 교보가 탄생하기 전 우리나라에서 책을 마음껏 볼 수 있는 서점은 정말 귀했다. 최근 라디오 광고에서 시인 정호승이 "저는 교보문고에 참 빚이 많은 사람입니다"라고 말하는 것도 이 때문일 것이다.

그럼에도 현재와 같은 교보 독주 체제에 아무 문제가 없는 것

---

14 2019년 현재 교보문고 매장은 35개로 늘어났다. 하지만 2018년에 '소상공인 생계형 적합업종 지정에 관한 특별법'이 만들어지면서 교보는 더 이상 신규 매장 출점을 하지 않는다고 한다. 참고로 일본의 대형서점 츠타야는 매장이 1,500개가 넘는다.

은 결코 아니다. 언제부턴가 우리 주변에서 동네 서점이 자취를 감추고 있다. 경향 각지의 유서 깊은 서점들 또한 속속 문을 닫고 있는 것이다. 종로서적은 2002년에 망했고 부산의 동보서적도 올해(2011년) 폐점했다. 80년대 대학가에 그 많던 인문사회과학 서점들도 이젠 추억으로만 남아 있다. 구내서점들도 사정은 비슷하다. 물론 전자문명 시대를 맞아 자연스럽게 도태한 경우가 많을 것이다. 그럼에도 국가대표급 대형서점이 동네 중소서점이나 전통의 명문서점과 공존하는 곳이 바로 문화 선진국이다.

유럽 대도시에는 역사와 권위를 자랑하는 소규모 독립서점이 아직도 구석구석에 적잖이 남아 있다. 파리의 세익스피어앤컴퍼니Shakespeare & Company가 그렇고 런던의 헤이우드 힐Heywood Hill이 그러하며 로마의 리브레리아 헤르더Libreria Herder도 마찬가지다. 특히 유럽인의 평균 독서율을 상회한다고 평가받는 파리지앙들에게 동네 서점의 역할은 매우 막중하다. 동네 서점은 숫자도 줄지 않고 있을 뿐 아니라 도서 시장 전체 매출의 20%를 차지한다. 책을 선택하는 데 있어서도 광고나 서평 못지않게 서점 주인의 의견이 큰 영향을 미친다고 한다. 동네 서점은 말하자면 지역 문화의 모세혈관 같은 것이다.

교보문고는 또한 한국의 대표 서점이라는 명성과 위상에 걸맞은 사회적 역할을 진지하게 고민할 필요가 있다. 책은 여느 일상 상품과 다르다. 서점 역시 일반 유통업이 아니다. 교보문고의 일거수일투족은 따라서 한국의 지식생태계는 물론 한국 사회 전반에 대해 엄청난 파급효과를 발휘할 수 있다. 이제 교보문고는 우리나라의 독서문화 추이나 도서 시장 전반에 관련하여 나름대로 엄격한 사명감과 윤리의식으로 재무장할 때가 되었다.

몇 달 전(2011년) 천안함 폭침 관련 의혹을 부풀리는 책을 '추천도서'로 올렸다가 이인호 서울대 명예교수의 항의를 받은 일은 교보문고의 사회적 책임을 일깨우는 좋은 사례다. 교보라는 간판이나 포장이 자칫 책에 대한 검증과 인기의 바로미터로 인식되기도 하는 작금의 현실도 한 번쯤은 비판적 성찰을 요구한다. 많은 책을 팔 것인가, 좋은 책을 팔 것인가 - 시나브로 스스로 문화권력이 되어버린 교보문고 앞에 던져진 우리 시대의 숙제다. 책을 사러 사람이 온다는 일은 그 사람의 일생이 걸린 실로 '어마어마한 일'이기 때문이다.

한국인의
'나이프 스타일Knife Style'

중앙일보
2006/05/18

　　서울시민들 생각에 부자가 되려면 적어도 20억 원은 가져야 하는 것으로 알려졌다. 얼마 전 모 리서치 회사의 설문조사 결과다.[15] 대다수 국민에게 이만한 액수는 결코 쉽게 도달할 수 없는 수치일 터여서 거의 모든 사람이 상대적 빈곤감에 시달릴 수밖에 없는 것이 바로 우리의 현실이다. 양극화 이데올로기가 키운 꿈 치고는 너무나 야무진 꿈으로 보인다.

　　이처럼 일부 최상위 집단을 비교 대상으로 설정함으로써 야기되는 '최대 다수의 최대 불만' 상황은 사실상 우리의 일상생활 전반에 걸쳐 만연하고 있다. 지난해(2005년) 가을 다국적 생활용품 업체 한 곳이 아시아 지역 열 개 나라 여성을 상대로 시행한 의식조사에 따르면 우리나라 여성 가운데 스스로 아름답다고 생각하

15　한길리서치가 서울시민 1,000명을 대상으로 실시한 조사다. 당시 부자 커트라인은 20억 3천4백만 원이었고, 중산층 커트라인은 11억 6천 원이었는데, 그 이후 더 올라갔을 것이 분명하다.

는 비율은 최하위로서 단 1%에 그쳤다.[16] 당연히 외모를 향상시키기 위해 성형수술을 고려했다는 비율은 최상위였다. 눈이 높아도 너무 높아진 결과일 것이다.

믿거나 말거나, 우리나라만큼 거울이 흔한 곳은 세계적으로 드물다. 욕실 안이나 손가방 속의 거울을 말하는 것이 아니다. 역사驛舍, 사무실, 식당, 상점, 학교, 시내버스 등 공공장소 어느 곳에서나 거울을 쉽게 볼 수 있는 나라로는 우리나라가 가위可謂 독보적일 게다. 원래 거울이란 혼자 있을 때만 이용하는 것이고 공공장소에서의 사용은 부끄러운 일이라는 문명의 진화가 한국만 살짝 비켜간 모양이다.

언제부턴가 우리는 내면보다 외양에, 자신보다 비교에 월등히 더 많은 신경을 쓰는 나라가 됐다. 얼마 전(2006년 1월 3일)에 나온 통계청 자료에 따르면 지난해 석 달 기준(2005년 7~9월) 우리나라 가정에서 머리 손질이나 장신구 구입에 쓴 돈은 읽을거리 구입비의 5.7배에 이르렀다고 한다. '얼짱' 혹은 '몸짱' 신드롬에 의한 이른바 '몸 프로젝트'는 불과 몇 년 사이에 연 10조 원대 규모의 시장으로 성장했다. 지난해 하반기 화장품 회사 한곳이 실시한 설문조사에 따르면 50세 미만 한국 성인 남녀의 과반수가 성형수술 의사를 밝혔으며, 최근에는 노장년층에서 이른바 '동안童顔 만

---

16 네덜란드의 글로벌 생활용품 기업 유니레버가 여론조사기관 밀워드 브라운에 의뢰하여 실시하였다. 주제는 '아름다움, 자신감, 그리고 아시아의 10대'였으며, 한국, 대만, 홍콩, 싱가포르, 인도네시아, 태국, 베트남, 필리핀, 말레이시아의 15~17세 사이의 여성 1,000명(한국인 100여 명), 그리고 성인 여성 1,800여 명(한국인 200여 명)이 대상이었다.

들기'가 폭발적인 유행이다. 지난 15년 동안 성형외과 의사 수의 4배 증가는 결코 우연히 이루어진 게 아닌 것이다.

물론 이러한 추세 자체는 세계 공통이다. 이와 관련해 사회학자 보르도Susan Bordo는 성형수술의 확산이 여성들의 라이프 타일life style 자체를 '나이프 스타일knife style'로 바꾸고 있다고 말할 정도다. 관건은 따라서 어디까지나 정도의 차이일 텐데 우리나라는 몸에 칼질을 하거나 하려는 경향이 남녀노소를 불문하고 유난히 강한 경우다. 이로써 신체발부身體髮膚는 부모를 떠나 성형의학 내지 뷰티산업으로 목하 대이동 중이다.

현재 우리 사회가 경험하고 있는 신체수선身體修繕 열풍의 가속화는 육체의 자본화 혹은 용모의 상품화라고 하는 일반적 차원을 능가하고 있는 것으로 보인다. 재산 20억 원을 모으지 못하면 실패한 인생이라 여기는 것과, 패션모델 뺨치는 몸매가 되지 않는 한 결코 행복해질 수 없다고 느끼는 것 사이에 일맥상통하는 부분이 엿보이기 때문이다. 곧 모든 양극화 테제가 그러하듯이 외모 인식의 양극화 또한 주어진 현실에 대한 끝없는 불복不服, 그리고 자기 스스로에 대한 한없는 불만을 조장하고 있는 것이다.

결코 아무나 쉽게 '오르지 못할 나무'를 쳐다보면서 대다수 사람이 스스로를 인생의 낙오자, 패배자, 희생자라고 여기는 국민적 콤플렉스가 우리 시대를 배회하고 있다. 그리고 그 배후에는 이처럼 보편화된 열등의식과 박탈 의식을 자산이자 무기로 삼아 불만을 조장 및 선동하는 좌파 성향의 권력집단이 있다. 결국 오늘날 한국인의 나이프 스타일에는 보다 많은 사람을 보다 더 불행하다고 생각하도록 만드는 모종의 이념적 편향과 정치적 음모가 은밀히 일조하고 있는 느낌이다.

해외여행의
대량소비시대

중앙일보
2006/07/20

　　북한의 미사일 발사와 엄청난 물난리에도 불구
하고 국제공항 출국장은 연일 대만원이다. 올여름 휴가철을 맞이
하여 해외로 여행을 떠나는 수치는 사상 최대를 기록할 태세다.
해외여행 전면 자유화 조처 17년 만에 우리는 연간 해외 관광인
구 천만 명 시대를 열고 있다.[17]

　　이런 사정은 우리나라에 국한된 것이 아니다. 빈발하는 전쟁
과 테러, 그리고 자연재앙의 연발에 맞서는 국제관광 열풍의 복
원력은 전 지구적 수준에서 그저 경탄스럽다. 작년(2005년) 한 해
해외 관광객의 수는 세계적으로 8억 명을 돌파했고 해당 업계의
연간 매출도 480조 원 규모에 이르렀다. 현재 지구상의 전체 근

17　지금은 해외여행 인구 3,000만 시대를 목전에 두고 있다. 한국관광공사의 한국 관광
통계에 의하면 해외여행자 수는 2018년에 2,869만 명까지 늘어났다. 참고로 우리나라 인
구의 2배인 일본은 같은 해 해외여행이 1,900만 명 정도였다. 우리나라의 해외여행자 수는
현재 전 세계 6위 수준이며 인구 대비로 보면 가장 높다.

로자 가운데 약 10%가 관광산업 종사자라고 한다.

오늘날 세계 전역은 관광객들로 인해 연중무휴 인산인해를 이루고 있다. 유적지나 명승지 등 이른바 관광명소는 '디즈니랜드'와 다를 바 없게 되었고 지구촌의 오지와 벽지僻地 또한 늘어난 외지인의 발길 탓에 급속히 사라지고 있다. 관광은 20세기 후반 이후 인류 문명의 주요 경향들, 곧 탈산업화와 소비혁명, 정보화와 세계화 등을 한 데 아우르는 막강의 키워드가 되었다. 누가 뭐래도 오늘의 세계는 '여행의 시대'다.

워낙 인간에게는 '여행 본능'이랄 게 있다. 300만 년의 인류 역사 가운데 마지막 1만 년을 빼면 전부 이동인간이요 유목사회 아니었던가. 게다가 미지의 세계에 대한 인간 특유의 호기심은 배부르고 등 따시면 잠만 청할 뿐인 동물에 결코 견줄 바 아니다. 따라서 오늘날 해외 관광의 세계적 확산은 새삼스러운 일이라기보다 '여행자 인간Man, the Traveler'이라는 인류의 원형질을 확인하는 셈이다.

이러한 흐름의 주요 원동력은 19세기 중반 영국에서 처음 등장한 이래 안전이나 비용, 기회 등의 측면에서 나날이 발전해온 단체관광 혹은 패키지 투어다. 문제는 그것의 어두운 그늘이다. 우선 여행의 상품화가 지닌 편익을 십분 감안하더라도 단체관광 코스는 너무나 볼거리 중심으로 획일화되어 있다. '서유럽 8개국 완전 일주'나 '나·폼·소(나폴리, 폼페이, 소렌토) 포함' 따위의 광고 문구가 말하는 것처럼 여행의 주목적은 짧은 기간 동안 보다 많은 지역을 '주파'하는 것이다. 단체여행을 통해 현지인과 교감을 쌓거나 현지 문물과 교분을 나누는 일은 애당초 기대하기 어렵다.

특히 뿌리 깊은 국수주의에 더하여 국외 여행의 역사가 짧은 우리의 경우는 해외 단체관광조차 너무나 '한국적'이다. 한식에 집착하는 나머지 우리나라 여행자들은 외국의 전통음식을 '공포의 현지식現地食'이라 부르기도 한다. 현지 음식이 싫다는 것이다. 행선지를 많이 챙겨야 여행의 본전을 뽑는다는 생각 때문에 외국인 운전기사나 여행 가이드로부터 '빨리 빨리'라는 우리말도 곧잘 듣는다.

더군다나 작금의 해외여행 풍조는 계층적으로 다분히 비대칭적이다. 부유한 국가와 가난한 나라의 국민, 넉넉한 계급과 어려운 층위의 사람이 대등하게 조우하거나 인격적으로 대면하는 상황은 거의 없다. 강대국과 약소국, 그리고 부자와 빈자는 관광과 여행에서조차 서로 '따로 노는' 것이다.

문화인류학자 레비-스트로스Claude Lévi-Strauss에 의하면 진정한 여행은 장소 이동에 시간 및 계층 이동을 더한 것이다. 낯선 곳에서 다른 역사를 배우고 낯모르는 곳에서 자신의 삶을 성찰한다는 뜻이다. 그러므로 요즘과 같은 해외 관광의 대량소비시대는 여행문화의 외화내빈外華內貧이 아닐까 한다. '여행자 인간'의 비약적 증가에도 불구하고 세계화는 도대체 불안하고 세계 평화 또한 도무지 요원하기 때문이다. 전쟁이나 교역 혹은 취업을 위한 공간적 이동에 비해 여행이 질적으로 다르고 또 달라야 하는 점은 사람들 사이의 이해와 공감을 넓히는 효과 아니겠는가.

KTX 시대의
문화적 음영

부산일보·매일신문
2008/07/14

고속철도KTX가 개통(2004년)된 지 4년을 넘기면서 우리들의 일상생활은 크게 달라지고 있다. 가령 서울에서 불과 1시간 50분 거리로 가까워진 대구를 직접 찾아가는 일이 과거에 비해 훨씬 늘어났다. 그건 주로 경조사 때문이다. KTX가 있기 전에는 굳이 대구까지 내려가서 축혼祝婚이나 문상을 하지 않아도 친지나 친구들은 길이 멀어서 그렇겠거니 하며 이해하는 듯했다. 하지만 요즘 그랬다가는 성의 부족이라며 약간 서운해하는 눈치다.

KTX 덕택에 고향이나 지방을 지척咫尺에 둘 수 있게 된 기술적 진보 자체는 나름대로 의미가 있다. 문제는 의도적이든 결과적이든 그것이 수반하는 사회적 부작용이다. 예컨대 KTX 개통 이후 대구나 부산에서 서울지역 대학병원을 찾는 외래환자가 급증했다고 한다. 서울시내 유명 백화점에도 지방에서 오는 손님들의 숫자가 크게 늘었다고 하며, 서울 소재 대학들의 야간 교육과정에도 KTX 통학생들이 눈에 띄게 많아졌다.

빠르게 편해진 교통 탓에 지방에 대한 서울의 소위 '빨대 효과'는 점점 더 막강해지고 있다. 누군가는 대구大邱를 '서울특별시 대구大區'라고 말할 정도다. 하지만 이는 대구만의 사정이 아니다. 광주, 대전, 춘천 할 것 없이 사실상 전국의 모든 도시들이 서울로 빨려드는 처지로 전락하고 있다. 이는 결코 경제적인 측면에 국한된 현상이 아니다. 보다 심각한 것은 전국적 혹은 세계적 체인망을 갖춘 편의점이나 극장, 서점, 학원, 레스토랑 등에 의해 모든 도시의 문화적 평준화와 획일화가 심화되고 있다는 사실이다.

19세기 초 근대화와 함께 철도시대가 본격화될 무렵, 유럽 사회는 커다란 사회심리적 충격에 빠졌다. 당시 영국의 열차 평균속도는 시속 40km 안팎에 불과했지만 우편마차의 그것보다 3배가량 빠른 것이어서 많은 사람들이 속도에 의한 공간 파괴를 불안하게 느꼈다. 독일의 작가 하이네Heinrich Heine는 모든 나라에 있는 산들과 숲들이 파리로 다가오고 있는 듯하다면서, 자기 집 문 앞에 북해北海의 파도가 부서지고 있다고 썼다. 철도 연결망의 보급은 새로운 공간을 열기도 했지만 개별 지역의 내밀한 정체성 혹은 독자적인 아우라를 파괴시킨 것이다. 철도의 전국적 발전은 말하자면 지방의 문화적 가치절하를 위한 전주곡이었던 셈이다.

21세기에 들어와 열차의 속도는 그때보다 열 배쯤 빨라졌고 대한민국 또한 세계 유수의 고속철도 보유국이 되었다. 이러한 기술적 발전이 초래하는 이점을 무조건 부인할 입장은 아니다. 그러나 전국이 서울을 중심으로 불과 2시간 남짓 생활권으로 재편

되는 작금의 추세가 문화적으로 어떤 결과를 초래할지에 대해 우리 사회가 너무나 무심한 상태로 남아있다는 점은 자못 안타깝다. 무엇보다 이는 지역 특유의 장소성placeness을 소멸시킨다. 똑같은 패스트푸드를 먹고 동시 개봉 영화를 일제히 보는 일이 일상화되는 순간 대구와 광주, 혹은 부산의 문화적 차별성은 더 이상 존속하기 어렵다. 토산품이 고향을 잃은 것은 벌써 오래전의 일로서 호두과자는 이제 천안 명물이 아니다.

게다가 현재의 KTX 체제는 기왕의 서울 중심성을 보다 증폭시키는 경향이 있다. 언필칭 탈근대 시대의 지방화 혹은 세계화를 말하면서도 우리나라의 교통 체계는 아직도 수도 집중형 근대 국민국가 시대에 머물러 있다. 그저 모든 길이 서울을 통하다 보니 가장 지역적인 것이 가장 세계적이라는 21세기 문화적 트렌드를 우리 스스로 외면하고 있는 것이다. 결국, 한국 문화는 서울문화 한 가지로 단순화되고 교조화될 수밖에 없어 문화의 대외 경쟁력에 큰 힘이 실리지 않는 것이다.

문화적 다양성의 보존은 물론 문화의 경제적 가치 함양을 위해서라도 현재와 같은 초고속, 초광역 위주의 시공간 국토체제는 한 번쯤 재고될 필요가 있다. 빠른 것과 느린 삶의 병렬적 공존, 열린 공간과 닫힌 장소의 보완적 공생이 힘들어지는 상황에서는 자발성과 독자성 및 진정성에 기초한 문화 본래의 존재 근거를 더 이상 기대하기 어렵기 때문이다. 기술문명은 자칫 삶의 문화를 해칠 수도 있다.

명화 名畫와
공중화장실

부산일보·매일신문
2008/08/11

가구를 새로 바꾸거나 집안을 수리하는 일은 혼례나 갑연甲宴 등 큰 잔치를 앞두고 벌어지는 경우가 많다. 이럴 때는 가족 분위기 또한 잠시나마 일신一新하는 경향이 있다. 이런 모습은 비단 가사家事에만 해당되는 것이 아니라 지역살림이나 국가경영에서도 종종 벌어진다. 지금 한창 하계올림픽 경기를 치르고 있는 중국 또한 예외가 아니다. 베이징 올림픽(2008년)을 계기로 중국은 세계만방에 21세기 새로운 문명국가를 선보이고자 한다.

하긴 우리도 그랬다. 1988년 서울 올림픽은 한국의 일상적 문화 수준을 업그레이드하는 획기적 계기로 작용했다. 2002년 한일 월드컵 축구 대회 또한 비슷한 기여를 했다. 그리고 이런저런 국제적 행사 유치가 잦아질수록, 그리고 그것이 점차 지방 도시로 확산될수록, 문화적 관심은 삶의 보다 미세한 영역에까지 파고들었다. 그 가운데 가장 대표적인 것이 공중화장실 문화가 아닐까 싶다.

대소변으로부터 자유로운 동물은 없다. 그중에서도 인간은 화장실을 문화로 만든 거의 유일한 존재다. 구약舊約 신명기에 배설물은 '땅에 묻어라' 한 것이 문헌상의 기원인지는 몰라도 빅토르 위고는 『레미제라블』에서 "인간의 역사는 곧 화장실의 역사"라고 썼다. 게다가 집 밖에서 보내는 시간이 점점 더 늘어나는 현대 사회에 있어서 공중화장실의 필요성과 중요성은 더 이상 두말하면 잔소리다. 편리하고 청결하고 안전한 공중화장실이야말로 가장 피부에 와 닿는 문명의 척도다.

다행히 최근 우리나라는 공중화장실 선진국이 되었다. 한참 전 한국을 방문한 외국인들이 가장 불편한 경험으로 화장실 이용을 꼽던 일은 이제 지나간 추억이 되었다. 한국의 공중화장실 수준은 일부 외신이 '화장실 혁명Toilet Revolution'이라고 극찬할 정도가 되었고 그 노하우는 한류 상품이 되어 전 세계로 전파되고 있기도 하다. 작년 가을(2007년 11월)에는 서울에서 '세계화장실협회'[18] 창립총회라는 것이 열리기도 했다.

공중화장실의 선진화는 우선 화장실 건축 자체가 달라진 것에서 눈에 띈다. 가령 경기도 수원 월드컵 경기장 바깥에는 축구공 모양의 화장실이 있으며, 남양주 화도 하수처리장 내에는 화장실이 그랜드 피아노 모습을 하고 있다. 경북 김천 직지문화공원 안의 공중화장실은 원형의 갓 형태다. 이처럼 크게 특이하지는 않더라도 외관상 별로 화장실 같지 않은 화장실 건물은 이제 도처에 즐비하다. 도시미관 향상에 톡톡히 기여하는 공중화장실을 보

---

18 '세계화장실협회'는 2007년에 고(故) 심재덕 전 수원시장의 제안으로 설립되었다.

면 과연 화장실 문화라 부를만하다.

공중화장실 선진화의 또 다른 방향은 내부 인테리어다. 그런데 외부와는 달리 화장실 안쪽 사정에 대해서는 문화라는 말이 가끔은 아깝다. 지금 현재 공중화장실의 내부 장식으로 가장 대표적인 것은 조화造花와 '명화名畵'다. 생화生花를 쓰지 않는, 혹은 쓸 수 없는 사정은 무난히 이해할 수 있다. 문제는 그림이다. 고속도로 휴게소나 지하철 등에 있는 공중화장실에 천편일률적으로 걸려있는 고흐의 '해바라기'나 밀레의 '만종', 레오나르도 다빈치의 '모나리자' 혹은 모네의 '수련' 따위를 두고 하는 말이다.

이들 세계적 명화의 경우 작품의 질을 더 이상 검증할 필요가 없다는 이유로 쉽게 선호되는 경향이 있다. 하지만 명화라고 해서 모든 장소에 획일적으로 어울리는 것은 아니다. 상황에 따라 그것은 명화에 대한 모독이 되기도 한다. 게다가 화장실 그림들은 대개 1만 원 내외의 값싼 복사품이다. 말하자면 작품 특유의 혼과 기, 혹은 아우라가 사라진 '죽은 그림'인 것이다. 이런 복사판 싸구려 그림으로 공중화장실을 도배한다면 우리는 화장실을 새로운 문화공간으로 예우하는 것이 아니라 실제로는 예전과 마찬가지로 역시 화장실 수준으로 취급하는 것밖에 되지 않는다.

값비싼 진짜 그림을 어떻게 사서 걸겠느냐고 항변할지 모른다. 가짜 그림이라도 없는 것보단 낫지 않느냐고 반문할지 모른다. 물론 그렇다. 하지만 그렇다고 해서 그게 결코 정답이거나 최선은 아니다. 그림이 꼭 필요하다면 공중화장실을 죽은 명화의 전당이 아니라 지역주민들의 '생화生畵' 전시공간으로 만들 수 있다. 이미 그렇게 하는 곳을 더러 보았기에 훨씬 살갑고 신선했다. 아니면 아예 그림을 붙이지 않고 그곳을 차라리 깨끗한 빈 공간으로 남겨두는 방법도 있다. 가짜 세계명화를 덕지덕지 힘겹게 붙들고 서 있는 공중화장실 벽면을 그냥 쉬게 놔두는 것 말이다. 때와 장소에 따라서 빈칸도 작품이고 여백도 예술이다.

'개그 콘서트'의
빛과 그림자

조선일보
2014/06/16

세월호 참사 이후 세상이 조금씩 정상화되는 징표 가운데 하나는 얼마 전 KBS 2TV의 개그 콘서트(개콘)가 오랜 휴방休放을 끝냈다는 사실이다. 개콘의 무고無故는 우리 사회의 안녕과 명랑을 확인하는 간접 바로미터다. 국가적으로 힘들고 슬픈 일이 있을 때마다 개콘의 문이 닫혔기 때문이다. 2009년 노무현 대통령 국민장國民葬 때가 그랬고 김대중 대통령 국장國葬 때가 그랬다. 2003년 2월 대구지하철 화재 사고 때도 결방한 적이 있으며, 2010년 천안함 폭침 때는 이번처럼 5주 동안이나 방송을 중단했다.

1999년 9월에 시작된 개콘은 현재 방영 중인 국내 코미디 프로그램 가운데 최장수를 기록하고 있다.[19] 개콘은 대학로에서 시

19　개그 콘서트는 2019년 5월 1,000회를 맞았다. MBC와 SBS에는 현재 코미디 프로그램이 없다. 코미디 프로그램의 빈자리는 예능 프로그램이 메우고 있는데, 최근 개콘의 시청률은 5~6% 정도라고 한다.

범적으로 운영되던 스탠드업식 코미디를 텔레비전에 옮겨온 것으로 방청객 앞에서 진행되는 공개 코미디 형식이다. 처음에는 70분 방영에 코너 수가 열 개 정도였으나, 최근에는 110분 동안 스무 개 가까운 코너가 방영될 정도로 인기가 높다. 지금까지 개콘은 연예계의 큰 상도 여러 차례 받았다. 우리나라에서 개콘은 최정상급 시청률을 자랑하는 웃음의 공기公器이자 트렌드 세터다. 적어도 몇 년 전까지는 말이다.

그만큼 사회적 영향력도 막강해 많은 사람들이 개콘을 보면서 삶의 위로를 찾고 생활의 활력을 얻고 있다. 미국의 사회학자 피터 버거Peter Berger에 의하면 코미디에는 잠시나마 인생을 살 만한 것으로 만드는 구원성救援性이 있다고 한다. 유머나 조크, 위트, 풍자 혹은 패러디는 불안을 진정시키고, 팍팍한 현실을 잊게 할 뿐 아니라 공동체 의식을 강화한다는 이유에서다. 이런 점에서 개콘의 사회적 순기능은 십분 평가되어야 한다. 계속되는 세월호의 슬픔에도 불구하고 개콘의 복귀를 내심 반기는 것도 이 때문이다.

하지만 개콘이 누리는 대중적 사랑이 반드시 경축할 일만은 아니다. 개콘에 대한 열광과 충성은 그만큼 우리의 일상생활에서 평범하고도 진솔한 웃음이 사라지고 있다는 사실의 반증일 수도 있다. 가족이나 친구, 이웃, 동료 사이에 마음을 터놓고 웃는 일이 나날이 줄어드는 오늘날, 개콘으로 대표되는 상업적이고도 전문적인 폭소 장치가 우리 사회의 지배적 웃음 공급원으로 자리매김하고 있는 현실은 무언가 마뜩잖다. 개콘은 사람들을 웃음의 주체적 생산자가 아니라 피동적 소비자로 전락시키는 측면이 크다.

웃음이 갖고 있는 진정한 구원의 힘은 웃음의 사회적 총량이 자생적으로 늘어날 때 나온다. 안타깝게도 지금 우리에게는 이를 위한 여건이나 환경이 매우 척박한 편이다. 맞고 틀림의 기준, 옳고 그름의 잣대, 혹은 이로움과 해로움의 척도로만 세상을 평가하고 사람을 판단하는 경향이 웃음의 사회적 공간을 앗아가고 있기 때문이다. 유머와 조크는 피차 불완전한 인간으로서 상대방의 실수를 이해하고 약점을 포용할 때 비로소 작동하는 법이다. 우리 사회에서 갈등과 대립이 유난히 심각한 것도 어쩌면 웃음의 문화가 범사凡事에 여유롭게 분포되어 있지 않은 탓일 수 있다.

개콘이 우리를 충분히 구원해 주지 못할 것 같은 또 다른 기분은 웃음의 콘텐츠 부분에서 제기된다. 무릇 엄숙으로부터의 해방과 경건으로부터의 탈주가 코미디의 본질이기는 하다. 하지만 유치하고 황당한 말장난이나 민망하고 불쾌한 신체의 노출과 학대는 웃음의 사회적 역기능이나 역효과를 초래하기 십상이다. 보다 심각한 것은 웃음으로 위장한 사실상의 폭력이다. 개콘의 단골 소재로 못생긴 여자, 키 작은 남자, 혹은 얼굴이 크거나 몸이 뚱뚱한 사람이 자주 등장하는데, 농담이라는 말로써 무해無害나 무죄를 당연히 가정할 수는 없다. 선의의 웃음에도 인권 피해자는 얼마든지 있을 수 있다.

재일在日 정치학자 강상중姜尙中이 『도쿄 산책자』에서 일본의 당대 코미디 문화를 비판한 것은 이런 점에서 참고가 된다. 그에 의하면 양질의 웃음이란 웃음의 대상을 살리면서 자아내는 웃음이다. 곧, 못난 사람을 일방적으로 철저히 공격하는 것이 아니라 웃고 있는 사람이 문득 정신을 차리고 보면 자신이 비웃음을 당하고 있는, 그런 호환성이 웃음의 묘미라는 것이다.

현재 개콘에는 웃는 사람과 비웃음을 당하는 사람이 너무나 비대칭적일 때가 많다. 아무리 코미디가 표현의 자유를 전제로 하는 것이라 해도 사회적 양식良識이나 품격까지 흔들 자유는 없다. 구미 선진국에서 성차별적이거나 인종주의적 웃음을 결코 용납하지 않는 것도 이 때문이다. 세월호의 비극을 넘어서게 만들 수도 있는 개콘의 귀환을 환영하면서도, 차제에 국민적 인기에 부응하는 공익적 책무의 재무장을 기대한다. 한 나라의 문화 수준을 가감 없이 드러낸다는 점에서 코미디는 웃기면서도 진지한 것이다.

권력이 덜 설치고
돈이 덜 까불게

조선일보
2007/03/26

지난주(2007년 3월 16일) 마산에서는 뜻깊은 문화 행사가 하나 열렸다. 1976년 이후 월례 공개강좌와 음악회 등 다양한 문화 사업을 펼쳐온 '합포문화동인회'가 창립 30주년을 맞이한 것이다.[20] 그 모임은 명실공히 보통 사람 다수의 자발적인 참여와 봉사로 운영되고 있다는 점에서 유별나다. 여력 있는 사람은 금전으로, 시간 남는 사람은 일손으로, 언변 좋은 사람은 말과 글로써, 그리고 컴퓨터 잘하는 사람은 기술로써 십시일반+匙一飯하는 식이다. 마산이 한때 국내 7대 도시에서 지금은 경남 7대 도시 가운데 하나로 되었지만[21] 합포문화동인회는 지역 문화 활동에 관한 한 전국적 귀감이 되고 있다.

아니나 다를까 도시락 저녁으로 마감한 그날 기념행사장에서

---

20 합포문화동인회 월례강연회는 2019년 9월 27일에 500회를 맞았다.

21 마산시는 2010년 7월, 행정적으로 창원시에 통합되었다.

조민규 회장은 매우 소박한 목소리로, 그러나 대단히 중요한 메시지를 하나 던졌다. 지난 세월 동안 혹시 합포문화동인회라는 게 있어서 마산이라는 도시가 힘깨나 쓰는 사람이 그래도 덜 설치고, 돈깨나 만지는 사람들이 그나마 덜 까부는 지역이 되지 않았을까 하는 자평自評이었다. 여기서 실제로 마산이 그런지 안 그런지는 중요하지 않다. 그러나 권력의 오만과 재물의 만행을 막을 수 있는 문화의 힘을 지적한 것만은 정확해 보인다.

언필칭 문화의 세기요, 온 천지가 문화의 시대다. 국가적 차원에서는 2004년 6월에 '창의創意 한국-21세기 새로운 문화의 비전'을 제시한 데 이어 이듬해 7월에는 '문화강국C-Korea 2010 전략'이 공포되었다. 2006년 10월에는 역사상 처음으로 '문화헌장'이 선포되었고 '문화기본법' 제정을 위한 노력도 목하 활발히 진행 중이다. 지방자치단체들 또한 너나 할 것 없이 문화사업에 부심하고 있다. 2006년 2월에 '비전 2015, 문화도시 서울' 구상을 발표한 서울시의 경우, 향후 10년간 7조 6,000억 원을 투입할 예정이다. 요 몇 년 사이 중소도시에서는 1,000석 내외의 수백억 원짜리 공연장이 크게 늘어나 현재 전국적으로 140곳이 넘는다고 한다.

문화대국과 문화강국을 향한 희망과 의지를 누가 나무랄 수 있으랴. 문제는 이처럼 엄청나게 거창한 문화정책의 쓸쓸한 이면이다. 문화와 관련된 법률을 만들고 재정을 늘이고 건물을 세우는 일을 능사로 아는 상황에서 막상 문화의 본질은 뒷전으로 밀려나고 있는 듯하기 때문이다. 자기 자신이 문화인으로 거듭날 능력도 없고 의사도 없는 문외한門外漢들이 문화를 언급하고 실행하는 한 그것은 한갓 행정이나 산업의 대상일 뿐이다. 일 년에 공연은 불과 며칠이고 나머지는 거의 비어있거나 이따금 행사 집회장으로 사용되고 있을 뿐인 우리 주변의 수많은 문화공간이 이를 웅변하고 있지 않은가.

하지만 문제는 문화인을 자처하는 사람들 내부에도 있다. 최근 우리 사회에는 문화정책이 관 주도에서 민간주도로 이행하는 분위기 속에서 스스로 문화권력의 지위를 굳히는 집단이 나타났다. 이른바 코드인사와 예산 장악을 통한 문화의 권력화 현상이 문화의 고유 위상과 역할을 황폐화시키고 있는 것이다. 보다 우려스러운 것은 문화혁명의 기세다. 문화를 사회변혁의 수단인 양 인식하는 태도가 시대정신처럼 횡행하고 있는 것이다. 불과 얼마 전에는 황석영 작가가 올 대선을 위해 '총대'를 메겠다고 자청하기도 했다.

문화란 결코 정책이나 산업 혹은 혁명이나 운동과 결합하여 의미를 갖는 것이 아니다. 문화의 숨은, 그러나 진짜 기능은 마산의 풀뿌리 문화모임에서 보는 것처럼 힘깨나 쓰고 돈깨나 만지는 사람들을 그나마 덜 설치고 덜 까불게 만드는 것이다. 그리고 그와 같은 문화의 위력은 그것이 나름의 순수성과 자율성을 견지할 때 나오는 법이다. 문화란 스스로를 세력화하거나 권력과 자본에 가까이 다가갈 때, 힘이 커지는 게 아니라 오히려 줄어들기 때문이다. 그런 의미에서 마산의 합포문화동인회 나들이는 문화의 본색이 상식이자 일상이며, 순화이자 품격이며, 화합이자 평화라는 사실을 새삼 즐겁게 일깨워 준다.

공영방송에
지방은 없다

중앙일보
2006/09/21

　　세계 굴지의 무역대국이자 OECD 가입국가인 나라치고 막상 우리처럼 언론이 국제정세에 대해 무심하고 둔감한 경우도 흔하지 않다. 국내 언론만 접하노라면 세계화 시대를 실감하기가 결코 쉽지 않은 것이 이 나라 사정이다. '우물 안 개구리' 우리 언론이 그렇다고 해서 우물 속을 잘 살피는 것도 아니다. 특히 방송, 그 가운데서도 메이저 공영방송의 안중에는 지방자치 시대의 역사적 의미가 거의 없다시피 하다.

　　우리나라 공영방송의 뉴스 보도는 아직도 전국 단위 위주요, 서울 중심 편제다. 우선 저녁 종합뉴스를 포함한 대부분의 텔레비전 뉴스가 서울에서 전국적 수준의 이슈를 다루는 것으로 시작하고 있다. 지방에서 제작하는 지역 뉴스는 프로그램 말미에 잠깐 등장하는 둥 마는 둥 할 뿐이다. 지방자치의 전통이 깊은 선진국에서는 지역 뉴스가 먼저고 전국 뉴스나 세계 뉴스가 나중인 경우가 많은데, 설마 우리나라 방송기술이 이런 식으로 뉴스

순서를 뒤집지 못할 수준은 아니지 싶다.

공영 텔레비전 방송의 뉴스 포맷이 지방화 시대를 외면하는 사례는 결코 이것만이 아니다. 가령 일기예보를 보자. 강원도에 사는 시청자는 그곳 날씨를 알기 위해 서울, 경기, 충청, 전라, 제주, 그리고 경상도 지방의 일기 상황을 먼저 지켜보지 않을 도리가 없다. 강원도 사람이 가장 먼저, 그리고 가장 절실히 필요한 정보는 다름 아닌 그 고장 날씨일 텐데 차례가 그쪽으로 올 때까지 한참을 기다려야 하는 것이다. 기왕 말이 나왔으니 하는 말이지만 지역별 일기예보 순서는 왜 항상 서울에서 출발하여 시계 반대 방향인지도 이해하기 어렵다. 순서가 시계방향을 따라 돌면 어지럽기라도 한가.

하지만 이보다 더 안타까운 것은 지역 뉴스에 대한 우리나라 공영방송의 인식이 근본적으로 부족하고 취약하다는 사실이다. 대부분의 뉴스 편성에서 지방의 비중은 스포츠, 연예, 증권, 날씨 뉴스 정도 혹은 그 이하의 대접을 받고 있다. 지방의, 지방에 의한, 지방을 위한 지방 뉴스는 우리나라 공영 텔레비전에서 체면치레조차 하기 힘들고 어렵다. 이는 지방화 시대에 있어서 '생활의 중심'이 마땅히 지방이라는 점을 제대로 깨닫지 못한 소치임에 틀림없다.

더 근원적인 문제는 그러나 단순한 뉴스 편성 차원을 훨씬 능가한다. 방송 프로그램 전반에 걸쳐 지방 소식과 지방 사정은 서울 중심의 하향적 관점에 묻혀있기 일쑤다. 언제부턴가 우리나라 방송에서 지방이란 '고향'과 동일시되어 향수와 귀향의 대상쯤으로 여겨지는 경향이 있다. 아니면 텔레비전 방송에서 지방이란 별나고 맛난 음식으로 유명한 곳, 혹은 찾아가 놀거나 쉬기에 좋은 곳 정도로 소개되거나 선전되는 것이 일반적이다.

이로써 텔레비전 속의 우리나라 지방사회는 일상생활의 자율성과 독자성을 상실한 지 오래다. 지방은 서울 및 수도권 사람들이 '내려가서' 먹고, 마시고, 쉬고, 즐기고 또한 뻐기는 공간으로서의 의미를 가질 뿐이다. 결국, 현지 지역주민의 삶은 대상화 내지 객체화되는 처지에 놓이게 된 것이다. 등잔 밑이 어둡다고 했던가, 이 틈에 '서울지방'의 고유한 뉴스도 현재로선 거의 유야무야한 실정이다. 서울도 지방 가운데 하나라는 생각을 못 하는 것이다.

역대 어느 정부에 비해 지역 균형 발전을 강조하는 것이 현 정부(노무현 정부)인데도 공영방송의 중앙 집권 구조는 미동微動의 기미마저 보이지 않는다. 정권이 바뀔 때마다 코드를 달리해 왔던 우리나라 메이저 공영방송의 전력前歷을 계승하기 위해서라도 이제는 자신의 채널을 노무현 정부의 지역균형발전 정책으로 돌려야 하지 않을까. 아니면 차제에 공중파 사용 자체의 지역 균형을 심각하게 논의할 필요가 있다. '여의도 한복판에서' 행사하는 무소불위의 영향력이 정부의 지방화 정책을 외면하고 있다면 이는 공영방송이기를 스스로 포기하는 것에 다름 아니다.

김인혜 교수를 위한
변명

철학과 현실
2011/겨울호

1

2011년 2월 서울대학교에서 파면된 김인혜 전 음대 성악과 교수가 얼마 전 학교를 상대로 파면처분 취소 청구 소송을 제기했다. 김 전 교수가 4월(2011년)에 교원소청심사위원회에 파면 취소 소청을 냈다가 기각된 지 다섯 달 만이다. 어쨌든 한동안 세간의 관심을 뜨겁게 달구었던 김인혜 전 서울대 교수의 파면에 관련된 이야기는 아직도 그 불씨가 남아있는 모양이다.

김인혜 교수는 레슨 도중 학생들의 무릎을 꿇리고 구두로 밟았으며, 주차장에서 제자의 뺨을 수십 차례 때리는 등 지난 10여 년간 지도 학생을 상습적으로 폭행하였을 뿐만 아니라 학생과 학부모로부터 금품을 수수했다는 의혹을 받았다. 또 제자들에게 자신이 출연한 공연 티켓을 강매하고 고액의 여름 음악캠프 참가를 강요한 것으로도 알려졌다. 시모의 팔순 잔치에 제자 10여 명을 불러 축하 공연을 벌인 동영상이 인터넷에 나돌기도 했다.

이에 서울대는 징계위원회를 열어 김 전 교수가 "국가공무원

법상 성실 의무와 청렴 의무, 품위 유지 의무를 심각하게 위반했다"라고 판단하고 그를 파면 조처했다. 김 전 교수에게 제기된 대부분의 의혹을 사실에 가까운 것으로 판단한 결과였다. 파면이 되면 5년 동안 공직 임용이 제한되며 퇴직금도 절반 이하로 감액된다. 이와 함께 김 전 교수에게는 1,200만 원의 징계 부가금도 부과되었다. 서울대에서 교수가 제자 폭행 사건으로 파면된 것은 이번이 개교 이래 처음이었다. 김 전 교수는 말하자면 국립대 교수로서 일종의 '사형선고'를 받은 셈이다.

최근 학교를 상대로 파면처분 취소 청구소송을 낸 것에서 알 수 있듯이 김 전 교수는 아직도 대학 당국의 결정에 불복하는 상태다.[22] 그는 학교 측이 자신에게 해명의 기회를 충분히 주지 않았다고 주장한다. 2011년 10월호 「우먼 센스」와의 인터뷰 기사에서 김 전 교수는 학교 측이 자신의 자질에 대한 "선입관과 악감정"을 미리 갖고 있었다고 의심했다. 따라서 자신이 학생을 비롯한 당사자들과의 불법적인 접촉을 통해 사건을 뒤덮을 가능성을 처음부터 경계한 나머지, 학교 당국은 두 달 동안이나 본인도 모르게 사건 조사를 벌였다고 말했다. 이 자리에서 김 전 교수는 자신의 행위를 둘러싼 여러 가지 의혹의 자초지종을 하나하나 설명하면서, 이른바 도제apprentice 방식의 예술교육에 대한 몰이해를 안타까워했다.

김인혜 교수 파면 사건이 서울대학교 학내 문제로 그치지 않고 사회적 논란으로 비화하여 전 국민의 시선을 끌게 된 것은 그

---

22   총장을 상대로 한 파면처분 취소 소송에서 김인혜 전 교수는 최종적으로 패배했다.

가 세칭 '스타 교수'였다는 사실과 관련이 있다. 평소 성악계에서 '실력파'로 인정받아 활발히 활동 중이었던 데다가, 보다 결정적인 계기로 SBS의 〈스타킹〉을 비롯한 각종 방송 프로그램에 출연한 사실이 가세했다.[23] 특히 〈스타킹〉에서 김 전 교수는 돈이 없어 공부할 수 없는 성악가 지망생을 자신의 제자로 기꺼이 받아들이기도 해, 많은 시청자들에게 감동을 주었다. 그는 자기 자신도 어려운 환경 속에서 각고의 노력을 통해 예술가의 꿈을 키웠다고 회고했다. 하지만 방송 출연 때문에 학교 수업을 소홀히 하는 일은 결코 없었다고 했다.

사건이 터지면서 김인혜 교수는 여론의 극심한 뭇매를 맞았다. 물론 동정론이 일부 없지는 않았다. 예술교육 전반의 고질적이고도 구조적인 문제가 이번 사건을 통해 우연히 수면 위로 드러난 것일 뿐, 김 전 교수만의 개인적 일탈로 보기 어렵다는 것이다. 예술 분야에 있어서 도제식 교육의 필요성과 특수성은 십분 인정되어야 한다는 주장이다. 김 전 교수 사례보다 훨씬 더 심한 일이 무용이나 미술, 연극, 영화계에서는 비일비재하다고도 했다. 그럼에도 김 전 교수의 행위가 대학교육 현장에서 모두 정당화될 수 있는 것은 아니다. 보다 근원적인 문제는 예술 분야의 도제식 교육이 현행 대학 제도에 흡수되어 일반 학문과 함께 병립·공존하는 것에서 기인하는 것이 아닐까 한다.

23　SBS 〈놀라운 대회 스타킹〉은 2007년 1월 13일부터 2016년 8월 9일까지 방영된 예능 프로그램이며 김 전 교수는 2010년 12월경부터 〈스타킹〉의 음치 극복 프로젝트 '기적의 목청킹' 트레이너로 몇 달간 출연한 바 있다.

2

서울대 미대 동양화과에 교수로 재직 중인 김병종 화백은[24] 오늘날 우리나라를 대표하는 한국 화가 가운데 한 사람이다. 화집 『바보예수』, 『생명의 노래』, 『김병종의 화첩기행』, 『길 위에서』 등이 말해주듯이 그는 한편으로는 순수예술을 견지하면서도 다른 한편으로는 글과 그림의 경계를 넘나드는 유려한 필력을 통해 폭넓은 대중적 인기를 함께 누리고 있다. 전북 남원이 고향인 그가 본격적인 그림 공부를 시작한 것은 고등학교 졸업 이후 서울대 미대에서였는데, 그 길이 별로 가족의 축복과 주변의 갈채 속에 열리지는 않았던 모양이다.

김병종 교수의 『화첩기행 ① 예의 길을 가다』에는 그가 서울대 동양화과에 진학하면서 겪은 두 가지 에피소드가 소개되어 있다. 첫 번째 에피소드의 주인공은 인척 가운데 한 분이라는 '남규 삼촌'이다. 그는 배움은 짧았지만 예술에 대한 이해가 두루 깊은 분이라 했다. 시조창時調唱도 좀 하고 묵화도 칠 줄 알았다는 그는 김 화백이 미대에 진학한다고 했을 때 "앞으로는 예술이 쎄진다"라는 전위적인 발언으로 자신의 결정을 지원했던 사람이었다. 그랬던 그가 막상 김 교수의 첫 개인전에 와서는 크게 낙담해 돌아갔다고 한다. 그리고 화랑을 나서면서 그분은 "관학官學에 가더니 영 못 쓰게 되었구나. 애초에 의재毅齋 선생이나 남농南農 선생 문하로 갔어야 했는데…"라고 중얼거렸다고 한다.

---

24 김병종 교수는 2018년 8월 서울대학교를 정년퇴임했다.

두 번째 에피소드의 주인공은 김병종 교수의 모친이다. 한 번은 어머니께서 대학 시절 자취방 겸 작업실에 밑반찬을 마련해 오셨다고 했다. 아들이 마구간처럼 어질러 놓고 나간 빈방을 치우다가 어머니는 한 무더기 그림 속에서 누드 스케치를 발견하게 되었다. 불도 안 켠 채 혼자 울다가 밤늦게 들어온 아들을 맞이한 어머니는 벌거벗은 여자 그림들을 내밀며 "이 년부터 만나보게 앞장 서라"라고 했단다. 아들로부터 이런저런 설명을 듣고 나서 주섬주섬 보퉁이를 꾸려 찬 어머니가 고향으로 내려가면서 했던 말은 이랬다고 한다. "내 잘못이다. 애초에 그림 그린다고 나섰을 때 남농 선생이나 의재 선생한테 가는 것인데..."

『화첩기행』에서 김병종 교수가 던지는 메시지는 이런 것이다. 곧, 지금으로부터 30여 년 전 만 해도 동양화를 하려면 대학으로 갈 것인지, 의재·남농 문하로 갈 것인지 한 번쯤 저울질을 할 만큼 진도와 목포의 '허문許門'이 막강했다는 것이다. 여기서 남농화의 대가 의재 허백련 선생과 남농 허건 선생의 예술적 위대함이 주제는 아니다. 또한 관학이 김 교수의 그림 공부에 도움이 되었는지, 아니면 방해가 되었는지를 따지는 것에 관심이 있는 것도 아니다. 대신 김 교수가 고등학교 졸업 무렵에 했던 고민, 곧 동양화 공부를 위해 대학으로 갈 것인가, 화숙畵塾으로 갈 것인가와 같은 심리적 갈등이 오늘날 우리 사회에서 거의 사라졌다는 점이다. 그리고 이런 현상은 동양화 분야만이 아니라 예술계 전반에 만연되어 있다. 언제부턴가 대학이 예술교육의 당연한 중심이자 거점이 되어 있는 것이다. 하긴 요새는 예술 분야만 아니라 종교 영역도 마찬가지다. 스님이나 목사, 신부와 같은 종교인을 대학에서 길러내는 일이 하등 이상하지 않은 세상이 되었다.

3

서양의 경우 학문적인 영역에서 예술을 탐구하는 예술대학과 중세 이래의 도제식 교육을 통해 직업적 예술가를 양성하는 콘서바토리conseevatory 형태의 예술학교가 상호 보완적 관계를 맺으며 발전해왔다. 도제식 예술교육이 제도권 학문 세계에 흡수되지 않은 채 독자적인 생명력을 유지해 왔던 것이다. 그런데 우리의 경우 사숙私塾에 기반한 전통적 예술교육은 근대화 과정에서 급속히 쇠잔하고 소멸하는 길을 걸었다. 사제지간의 위계를 교수·학생 관계가 대체하는 가운데 강의, 등록, 학점, 졸업, 석사, 박사와 같은 형식적 절차나 가시적 성과가 해당 예술 분야의 내용과 실질을 능가하는 경우도 허다해졌다.

우리나라는 서양의 교육제도를 모방하고 추종하는 과정에서 대학이 획일적인 예술교육을 담당하게 되었고, 학자, 교육자, 예술가의 구별 없이, 그리고 학문과 실기의 구분 없이 모든 것이 서로 뒤섞이는 일에 시나브로 익숙해져 왔다. 물론 이러한 점을 반성하여 1990년대 초에 발족한 것이 직업적 전문 예술가를 양성하기 위해 설립된 국립 한국예술종합학교라는 점을 모르지 않는다. 그러나 '한예종'조차 김병종 교수가 언급한 '허문詐門 화숙畵塾'에 비하면 너무나 제도화된 근대적 예술교육 기관으로 보인다.

그렇다면 과연 '허문 화숙' 같은 곳에서 김인혜 교수 사건과 같은 일이 일어났을까? 혹은 그런 일이 발생했다고 해서 이토록 엄청난 사회적 파장을 일으켰을까? 여기서 학생의 인권 유린이나 교권의 오남용 의혹을 두둔하고자 하는 의도는 전혀 없다. 그럼에도 예술교육의 특성 그 자체는 서양식 혹은 근대적 교육제도의 잣대로는 쉽게 이해하거나 평가할 수 없는 그 무엇이 아닌가 싶다. 그러기에 차제에 전문 예술가 양성 과정에 왜 수업 연한이 규정되어야 하는지, 등급화된 학점을 왜 주고받아야 하는지, 학사나 석사, 박사 따위의 학위가 도대체 왜 필요한지 등에 대해 보다 원론적인 논의가 시작되었으면 좋겠다.

예술 분야에 대한 학문적 간섭과 제도적 개입은 최소화되는 게 좋다. 학문과 예술은 근본과 영역이 다르다. 예술교육이 꼭 고등교육의 일부일 필연적인 이유도 없다. 누가 가르치든, 어떻게 배우든, 몇 년을 공부하든, 그건 그쪽 사람들이 알아서 할 일이고 사회는 그곳에서 생산되는 수준 높은 예술인을 정당하게 소비하고 예우하면 그뿐이다. 물론 예술교육이 성역聖域이라는 의미는 아니다. 하지만 행여 그곳에 있을 수 있는 비리나 일탈은 자정自淨 노력에 맡기는 것이 우선일 것이다. 아니면 예술교육 기관들 혹은 당사자들 사이에 존재하는 선의의 경쟁이 이들을 여과시키는 사회적 장치로 작동하기를 기대해야 한다. 예술의 제도화, 조직화, 관료화가 능사는 결코 아니기에 김인혜 전 교수를 현행 우리나라 예술교육 방식의 구조적 희생양으로 볼 수 있는 측면이 없지 않다.

3

공간으로 읽는 세상

환경과 개발은
둘이 아니다

조선일보
2010/09/09

　　스위스의 생 모리츠St. Moritz에서 이탈리아의 티라노Tirano로 가는 베르니나Bernina 철도가 올해(2010년) 개통 100주년을 맞았다. 이는 2008년 유네스코 세계문화유산으로 지정된 라티셰Rhatische 철로의 일부다. 세계문화유산 등재 이후 맞이하는 개통 100주년이라, 터널 13개와 다리 52개를 지나는 굽이굽이 61㎞의 베르니나 라인은 온통 축제 분위기였다. 빨간색 파노라마 열차, 만년설로 뒤덮인 하얀 거봉巨峰들, 그리고 진초록의 알프스 산간은 숨 막히는 절경絶景 그 자체였다.

　　유네스코가 스위스의 라티셰 철도에 주목한 까닭은 그것이 100년 전 중앙 알프스의 오지奧地를 바깥세상과 처음 소통시켰을 뿐 아니라 특히 수백 개의 터널과 교량이 자연과 완벽한 조화를 이루고 있기 때문이었다. 요컨대 그것은 대자연의 아름다움이기도 하지만 소외된 사람들에 대한 배려, 그리고 과학기술 및 토목 공학의 승리를 말하기도 한다.

스위스가 자랑하는 천혜의 비경秘境 이면에는 이처럼 인간의 손길이 치밀하고 세심하게 작동 중이다. 전국의 철도를 모두 합치면 지구 둘레의 절반에 해당하는 2만㎞가 될 정도로 스위스는 '철도왕국'이다. 이에 관한 국가적 자존심도 센 편이라 2000년에 노르웨이에 뺏긴 세계 최장 열차 터널 기록을 고타르트 베이스 터널Gotthard Base Tunnel 공사를 통해 수년 내 되찾을 계획이다.[25] 1999년 몽블랑 터널 화재 사고 역시 도로 터널 추가 건설을 향한 의지를 꺾지 못했다.

이것이 세계 최고의 환경국가라는 스위스의 현실이다. 또한 이런 사정은 선진국이라면 대개 비슷하다. 모름지기 그곳에는 자연에 대한 완벽한 개발과 철저한 보존이 공존하고 병행한다. 그러기에 개발은 오히려 친환경의 유력한 방편이 될 수도 있다. 이에 비해 한국은 개발론과 환경론이 이분법적으로 대치하는 양상이며, 그 결과는 무작정 개발과 부실한 보호라는 최악의 조합이다. 말하자면 죽도 밥도 아닌 것이다.

언제부턴가 우리나라에서는 환경 근본주의자들의 입김이 세졌다. '개발은 악이고 자연은 선'이라는 발상은 종교적 차원에서 교조화되기도 하고 민주주의라는 명분으로 세력화하기도 한다. 하지만 누구보다 자연의 도를 중시했던 노자老子도 자연을 절대선으로 보지는 않았다. '천도무친, 천지불인天道無親, 天地不仁',

---

25 스위스와 이탈리아를 잇는 길이 57km 고타르트 베이스 터널은 14년간에 걸친 공사 끝에 2010년 10월 개통되었다. 역사적 관통식은 유럽 전역에 TV로 생중계되었다.

곧 하늘의 이치는 인간에게 딱히 친화적이지 않고, 천지 또한 인간에게 특히 인자한 편이 아니라고 했다. 있는 그대로의 자연이 지상낙원은 아니라는 의미다.

또 다른 화근은 개발 지상주의다. 아직도 우리 사회에는 과거 개발주의의 망령이 도처에 왕성하다. 여기에 민주화 이후에는 국토계획이나 공간 관리조차 정략政略과 정쟁政爭의 대상으로 변질되는 추세다. 2003년과 2007년 두 차례 대통령 선거에서 수도 이전과 한반도 대운하 건설이 선거공약으로 등장한 것이 그 대표적 사례. 국가백년대계에 관련된 대형 국책사업 구상이 이런 식으로 제기되면 정치적 찬반 논리만 무성할 뿐, 합리적·이성적 판단이나 본연의 과학기술적 접근은 애초부터 기대하기 어렵다.

개발과 환경이 상생相生하려면 양측이 가치와 신념의 영역이 아닌 국익과 과학의 관점에서 만나 접점을 찾아야 한다. 이런 점에서 개발의 핵심 당사자인 국가는 무엇보다 객관적 사실과 공정한 지식을 담보하는 연구개발R&D 기능에 주력해야 한다. 유능하고 세련된 국가는 두뇌로 말하지 근육으로 나서지 않는 법이다. 스위스 연방정부처럼 말이다. 환경단체들도 마찬가지다. 가장 효과적인 무기는 투쟁이나 거래가 아니라 연구와 토론이라는 점을 잊지 말아야 한다. 정치적 선동과 즉흥적 집단지능은 자체적으로 정화되는 것이 선진국형 시민사회다.

선진국의 다양한 징표 가운데 결코 빼놓을 수 없는 것은 나름대로 투철한 과학정신과 불편부당不偏不黨을 자부하는 과학기술 공동체다. 그리고 이런 사회 분위기라면 개발 지상주의와 환경 근본주의는 나란히 공공의 적敵이다. 자연과 인간은 본디 둘이 아니어서 양식 있는 개발론과 상식 있는 환경론은 지금이라도 서로 머리를 맞대고 지혜를 모아야 한다. 21세기 과학기술의 이름으로, 각자의 명예는 물론 대한민국의 국격을 걸고 말이다. 가령 이왕 시작된 4대강 사업이 100년 뒤 유네스코 세계문화유산의 반열에 오르는 성과를 낳겠다는 꿈과 각오를 함께 다지면서 말이다. 문제는 시간도 아니고 예산도 아니다. 정답은 정성이다.

공사工事
안식년제를 생각한다

대학신문
2010/10/18

　　서울대의 날씨는 통상적인 서울의 그것과 다를
때가 많다. 신문이나 텔레비전이 알려준 서울의 일기예보만 믿고
관악산으로 들어왔다가 낭패를 보는 경우는 가끔 학교를 찾는 외
부인들만 경험하는 일이 아니다. 본교 재학생들이나 교직원들도
사정은 마찬가지다. 그래서 나는 신입생들한테 가끔 이런 우스갯
소리를 할 때가 있다. 관악 캠퍼스의 날씨는 서울 지방이 아니라
경기 중부 산간지방의 일기예보를 보라고 말이다.

　　믿거나 말거나 서울대 날씨에 관련된 우스갯소리는 또 있다.
서울 시내에서 열리는 각종 회의나 세미나 등에서 서울대 교수
를 식별해내는 방법이 하나 있다고 한다. 가을에 접어들면서 와
이셔츠 위에 조끼를 가장 먼저 걸쳐 입거나, 봄을 떠나보내며 조
끼를 가장 나중에 벗는 남자 교수들은 서울대 소속일 확률이 비
교적 높다는 것이다.

　　이처럼 같은 서울에 위치해 있으면서도 서울대의 날씨가 조금

다른 까닭은 두말할 나위도 없이 관악산 자락의 청정한 자연환경 덕분이다. 관악 캠퍼스가 들어서기 전, 현재의 서울대 자리는 골프장이었다. 지금도 캠퍼스 곳곳에는 과거 관악 골프장의 흔적이 남아있다. 말하자면 버들골은 1번 홀 페어웨이였으며 교수회관은 클럽하우스, 그리고 솔밭식당은 기사식당이었다.

하지만 오늘날 서울대가 위치한 관악산 북사면은 더는 옛날의 자연 녹지공간이 아니다. 대신 이곳은 수만 명의 인구가 거주하는 하나의 신도시다. 여백 없이 빽빽이 들어선 건물들, 꼬리에 꼬리를 물고 지나가는 차량들, 그리고 풀밭과 맨흙을 빠른 속도로 잠식해 들어가는 아스팔트나 시멘트 포장의 위세 탓이다. 관악 캠퍼스는 이미 만원이고 포화상태다. 그럼에도 캠퍼스는 오늘도 공사 중이다. 그것도 난개발에다가 부실공사의 혐의까지 다분한 상태로 말이다.

물론 공간에 대한 수요가 여전히 남아있다는 사실을 모르지 않는다. 그렇다고 해서 새로운 건물을 자꾸 짓는 것만이 결코 능사는 아닐 것이다. 이에 나는 캠퍼스 내 공사 안식년제의 도입을 가끔 생각해본다.[26] 가령 5년이나 10년에 한 번씩 1년 동안은 캠퍼스 안에서 건물 신축공사를 일제히 중단하자는 주장이다. 마치 국립공원에 안식년 구간을 설치하듯이 말이다.

이는 공사 안식년 기간에 캠퍼스 내 자연환경을 다시 한번 생

---

26 이 글을 쓰고 나서 나는 1996년에 서울대가 '시설-건축 안식년제'를 실시했다는 사실을 알게 되었다. 하지만 당시 이 결정은 얼마 가지 않아 흐지부지되고 말았다.

각하고, 건축행위의 의미를 다 함께 성찰해보자는 취지다. 이런 의미에서 그것은 안식년이라고 해도 좋고 '연구년'이라고 불러도 무방하다. 만약 이처럼 시간적인 차원에서 공사 안식년제를 도입하는 일이 현실적으로 어렵다면 대안은 또 있다. 그것은 공간적인 차원에서 캠퍼스 내 그린벨트를 학내 관련 법규를 통해 성문화하는 일이다.

서울대가 대외적으로 자랑할 만한 것이 한두 개가 아니지만 그것들 가운데 결코 빠트릴 수 없는 것이 내가 보기에는 자연환경이다. 경기 중부 산간지방 특유의 하늘과 바람, 그리고 수풀과 바위는 서울시내 소재 다른 어떤 대학도 감히 경쟁할 수 없을 정도로 독보적이다. 그런데 날이 갈수록 관악 캠퍼스의 날씨가 서울 시내의 그것과 똑같아지고 말 것이라는 불길한 예감이 커지고 있다. 더욱 안타까운 것은 이러한 사태의 책임이 바로 우리 스스로에게 있다는 점이다. '그린 캠퍼스'는 말로 하는 것이 아니라 행동으로 실천하는 것이다.

공사판과
선거판

조선일보
2015/06/15

대한민국은 도시, 농촌 할 것 없이 공사工事가 일
상화되어 있는 나라다. 땅은 도처에서 연일 배를 열고 닫으며, 수
많은 건물들은 수시로 부서지고 세워지고 고쳐진다. 불도저, 포클
레인, 크레인, 레미콘 등의 미니어처가 아동용 장난감으로 대한민
국처럼 인기를 얻고 있는 나라도 드물다. 어릴 적부터 온 천지가
공사판인 생활환경에서 자라나기 때문이다. 우리 사회에서 토건
은 개발과 성장의 표상이다.

외형적으로 토건국가는 더 이상 자신의 전성기가 아닌 척한
다. 우선 SOC 관련 예산이 과거에 비해 감소한 것처럼 보인다. 하
지만 토목이나 건설 그 자체가 줄어든 것은 아니다. 주거복지 정
책으로 포장되어 아파트를 짓든, 교육·문화 사업으로 분식되어
도서관이나 문예회관을 짓든, 그래도 공사는 공사다. 게다가 요즘
에는 공사현장이 화려한 가림막 뒤에 곧잘 숨는다. 저명한 미대
교수가 공사장 가림막 디자인을 맡는 경우도 적지 않다.

물론 모든 공사를 비난하려는 의도는 아니다. 곳곳에 잠재적인 토건 수요가 남아있을 뿐 아니라 SOC 사업의 특징은 미래를 위한 투자라는 점이다. 특히 요즘 같은 경제 위기에는 경기회복을 위한 유인책이나 서민 가계를 위한 고용 창출 기회로 어필하기도 한다. 그러나 이러한 발상의 뿌리는 역시 토건국가 시대의 질긴 추억이다. 아닌 게 아니라 유난히 토건적 속성이 강한 것이 한국경제다. GNP 대비 건설투자 비중이 감소 추세라고 하지만 올해도 13%라고 하니, 웬만한 선진국의 두 배가 넘는 수치다. 건설업이 국내 경제에서 차지하는 막강한 위상을 생각하면 우리는 영원한 개발도상국이다.

전 국토를 공사판으로 만드는 보다 결정적인 요인은 민주화 이후 급증한 각종 선거판이다. 선거가 개발을 부르는 것이다. 선거를 매개로 정치인, 관료집단, 건설업체, 전문가, 언론사, 그리고 유권자들은 토건 패러다임의 공모자가 되기 일쑤다. 여기에는 이념적 좌우가 없다. 혁신도시와 기업도시에 몰입했던 노무현 시대나 4대강 사업에 몰두했던 이명박 시대나, 방방곡곡에 공사를 벌렸다는 점에서는 막상막하다. '○○도시, ○○단지, ○○구역, ○○지역, ○○벨트, ○○특구, ○○클러스터' 등의 간판을 건 개발 프로젝트가 전체 국토 면적의 1.2배에 달한다는 주장도 있다.

참을 수 없는 개발의 유혹은 지방자치제 실시와 밀접하게 연관되어 있다. 2014년 6·4 지방선거에서 새누리당(현 자유한국당)과 새정치민주연합(현 더불어민주당) 두 정당이 발표한 핵심 공약 180건

가운데는 지역개발 공약이 무려 137건이었다. 지방선거에서 개발 공약을 남발하게 만드는 제도적 문제도 있다. 도시계획을 포함한 개발 관련 권한을 지자체가 상대적으로 많이 갖고 있기 때문이다. 기초자치단체장의 경우 300억 원짜리 관급공사만 유치하면 재선再選은 떼놓은 당상이라는 것이 세간의 풍문이다. 그래서일까, 최근에는 지자체 건물 자체도 날로 거창하고 화려해지고 있다.

선거가 가는 곳에 토건이 따르는 법칙은 대학가에서도 마찬가지다. 총장이나 학장 직선제가 유행처럼 번지면서 후보자들이 단골로 내거는 선거공약 가운데 하나가 공간 확장이나 건물 신축이기 때문이다. 오늘날 우리나라 대학 캠퍼스가 유례없는 과過개발과 난亂개발로 신음하고 있는 것은 세계적 수준의 대학으로 웅비하는 과정상의 정상적 성장통成長痛이 아니다. 대신 그것은 선거 바람이 불면서 대학의 행정능력이 건설과 건축에 의해 평가받는 정치적 포퓰리즘의 일환이다.

이런 점에서 서울대가 총장 직선제를 도입하고 5년이 지난 1996년에 '시설-건축 안식년제'를 실시하기로 한 것은 매우 현명한 판단이었다. 건물의 무원칙한 신축에 따른 소음과 공해 등을 막겠다는 취지로 기존의 신축 건물이 완공되기 전에는 새로운 건물을 착공하지 않는다는 원칙을 정했다. 그런데 이러한 결정은 곧 흐지부지되고 말았다. 그 결과, 현재 서울대 캠퍼스는 무개념 개발의 전형적 사례가 되었다. 물론 다른 대학들도 사정은 대개 비슷하다.

그렇다면 지금쯤 국가적 수준 혹은 사회적 차원에서 공사 안식년제 혹은 그와 유사한 정책의 도입을 고민하면 어떨까 싶다. 안식년이란 7년마다 1년씩 농사를 짓지 않음으로써 토지를 쉬게 하는 제도다. 하긴 1990년부터 국·공립 공원 등에 대한 자연휴식년제는 이미 시행 중이다. 때마침 우리와 유사한 상황을 겪고 있는 중국에서도 2013년부터 5년간 지방정부의 호화청사 신축 및 이전을 전면 금지하고 있다. 토건공화국의 불명예를 벗어나려면 과연 누구를 위한 공사이고 도대체 무엇을 위한 개발인지, 가끔은 원점에서 다시 생각해 볼 필요가 있다. 토건에도 때가 있고 격이 있어야 문화 선진국이다.

국가 인프라 정책에
로마인의 지혜를

조선일보
2017/07/17

문재인 정부의 트레이드마크는 적폐청산인 듯하다. 대통령 후보 시절 대표 공약이 적폐청산이었으며, 조만간 적폐청산조사위원회도 설치될 예정이라고 한다.[27] 포장이나 명분이 어떠하든, 오랫동안 쌓이고 쌓인 폐단을 깨끗이 해결하겠다는 의지를 국민들은 정권이 바뀔 때마다 접하는 셈이다. 하긴 이런 맛에 정권교체가 필요한지 모른다. 특히 새 정부는 '패러다임 시프트'라는 말을 유난히 즐겨 쓰고 있다. 지금까지 한국 사회가 익숙해져 있던 인식의 틀이 근본적으로 바뀌어야 한다는 의미일 것이다.

이에 따라 사회 각 영역에서 개혁의 목소리가 높다. 국책 인프

27　이와 같은 예정은 현실화되어 국방부(군 적폐청산위원회), 문화관광체육부(문화예술계 블랙리스트 진상조사 및 제도개선위원회), 교육부(역사 교과서 국정화 진상조사위원회), 법무부(법무·검찰개혁위원회) 등에 외부 인사를 포함한 각종 위원회가 만들어졌으며 총 13개 부처·정부 기관이 적폐청산 TF를 만들어 운영하는 것으로 알려졌다.

라 부분도 예외가 아니어서, 4대강 재再자연화와 탈脫원전 선언이 가장 대표적이다. 전자와 관련하여 "강은 강다워야 한다"라는 주장, 그리고 후자와 관련하여 "국민의 생명과 안전, 건강이 최우선"이라는 논리는 그 자체로서 참으로 곱고 바르다. 문제는 그렇다고 해서 국가 인프라 문제를 반反개발 환경주의 코드로만 재단할 수는 없다는 점이다. 국토계획, 에너지, 자원, 교통·통신처럼 국가 경제와 국민 생활의 기반이 되는 시설이나 제도는 매우 복합적으로, 대단히 전문적으로 접근해야 하기 때문이다.

인프라는 사회간접자본으로서 국가의 흥망성쇠를 가늠한다. 시오노 나나미塩野七生가 전 15권짜리 『로마인 이야기』 가운데 제10권 『모든 길은 로마로 통한다』를 형식과 내용을 완전히 달리하여 저술한 것은 이 때문이다. 인프라만큼 그것을 이룩한 민족의 자질을 잘 나타내는 것은 없다고 믿었던 그녀는 로마인을 '인프라의 아버지'라 불렀다. 로마인들은 인프라를 표현할 단어가 미처 없는 가운데 인프라 구축을 시작할 정도였다. 그들에게 인프라는 "사람이 사람다운 생활을 하기 위해 필요한 것"을 의미했다.

로마인들의 기준에서 이집트의 피라미드나 중국의 만리장성은 인프라가 아니었다. 그들이 생각하는 인프라는 가도, 다리, 상·하수도 등이었고, 이들 모두는 시민들의 일상적 삶에 직결된 것이었다. 로마 고유의 건축양식인 개선문이 전쟁에 이기고 돌아온 황제만이 아니라 가도나 다리를 건설한 황제에게도 바쳐진 것은 이런 까닭에서다. 로마시대의 인프라는 결코 단순한 토목공사가 아니었다. 대신 그것은 현재의 공공 이익을 구현하는 방책이자 국가백년 혹은 천년대계를 준비하는 전략이었다. 시오노 나나미는 로마 문명의 진정한 위대함이 인프라에 있다고 보았다.

이에 비해 우리는 인프라 문제를 쉽게 여기는 경향이 있다. 이는 민주화 이후 대통령 직선제 과정에서 특히 두드러진 현상이다. 행정수도 이전이나 한반도 대운하 건설과 같은 초超국책 사업이 대선 후보들의 선거공약으로 급조된 경우가 이를 잘 말해준다. 국가 기간基幹 인프라가 포퓰리즘의 먹잇감이 된 것이다. 4대강 살리기는 국민적 환영을 별로 받지 못한 채 졸속으로 추진되었고, 지금은 4대강 사업 죽이기가 또다시 졸속으로 논의 중이다. 참을 수 없는 인프라 정책의 가벼움은 원전 제로 선언에서 절정으로 치달았다. 1950년대부터 피땀 흘려 축적한 원자력 인프라가 취임 한 달째 대통령의 단 한 번의 연설 이후 이슬처럼 사라질 위기에 처했기 때문이다.

무릇 인프라 정책은 깊게 들여다보고 멀리 내다보아야 한다. 로마의 역사가 웅변하듯이 그것은 국가의 원초적 존재 이유를 묻고 답하기 때문이다. 적폐라고 해서 단칼로 청산하지 못하는 것이 인프라 정책의 특징이다. 과거의 인프라 정책이 그랬다고 해서 그것을 평가하는 일이 똑같이 속전속결이어야 할 이유는 없다. 인프라 정책은 국가의 연속성 위에 필요와 능력에 따라 조정하고 개선하는 점진적 진화 과정이 원칙이요 정상이다. 로마 문명의 후예인 서구의 선진국들이 에너지 정책을 놓고 수십 년째 고민하는 것은 이 때문이다. 서구 문명을 잉태한 유럽의 하천들이 자연과 인공의 조화를 통해 토목과학을 넘어 토건예술의 경지를 보여주는 것도 이 때문이다.

강을 본래 모습으로 되돌린다는 말에 사람들은 순간적으로 감동할지 모른다. 하지만 강江은 물 수水와 장인 공工이 합쳐진 말이다. 장밋빛 에너지 민주주의론에 사람들은 일시적으로 솔깃할지 모른다. 하지만 그로 인해 생활이 곤란해지고 미래가 불안해진다면 대통령의 높은 지지율은 계속 유지되기 어렵다. 중요한 것은 전문가의 목소리가 묻히지 않게 키우는 일이다. 또한 정부가 뒤로 숨지 않고 전면에 나서는 일이다. 국책 인프라를 결코 시류에 맡길 수는 없다. "민중은 추상적인 것에 대해서는 잘못 판단할 수도 있지만 구체적인 형태로 제시되면 올바른 판단을 내리는 능력을 갖고 있다." 시오노 나나미가 인용하는 마키아벨리의 충고다.

저속低速도로의
문화경제학[28]

조선일보
2013/06/03

　　이제 막 출범한 박근혜 신新 정부는 대통령의 선거공약 재원 마련을 위해 향후 5년 동안 신규 도로·철도 사업에 대해서는 재정 투입을 하지 않기로 결정했다. 국토 면적 대비 우리나라의 도로연장은 OECD 회원국 가운데 이미 상위권이라, 기존의 투자계획도 전면 재검토할 방침이라고 한다. 나름 일리가 없지 않다. 사실 지방을 다녀보면 차량이 거의 다니지 않는 도로가 많다. 국회의원들의 지역구 예산 챙기기나 지자체 단체장들의 업적 과시에 의한 것이 허다하기 때문이다.

　　하지만 SOC 투자를 일률적으로 중단하는 것은 문제가 있다. SOC 투자는 장기적인 관점에서 구상되어야 할 국가전략이라서 복지정책의 희생양이 될지 말지는 매우 신중히 논의되어야 한다. 또한 과거 고도성장기에 건설된 사회 인프라의 노후화가 나날이

28　원래 제목은 "지금은 국도에 스토리를 입혀야 할 때"였다.

심각해지고 있는 상황도 고려해야 한다. 인구감소와 고령화, 온난화 등 새로운 환경 변화에도 SOC 정책은 선제적으로 대처할 필요가 있다. 그런 만큼 국가가 SOC 사업으로부터 멀어지는 모습은 무언가 아쉽고 허전하다.

프랑스의 철학자 들뢰즈Gilles Deleuze와 정신분석학자 가타리Félix Guattari에 의하면 국가권력의 본질은 "공간에 홈을 파는 것", 곧 길을 관리하는 일이다. 그래서 국가는 부단히 철길을 내고 도로를 닦는다. 속도의 사상가 비릴리오Paul Virilio에 따르면 특히 오늘날은 보다 빠른 속도가 세상을 지배하는 사회, 곧 '질주정疾走政' 시대다. 그것의 대표적 총아가 고속도로와 고속철도인데, 고속성장을 추구해 왔던 우리나라도 이런 추세의 예외가 아니라 오히려 전형이었다.

물론 빠르고 편리한 고속 교통망 나름의 가치는 인정되어야 한다. 세계로 열린 바닷길, 하늘길과 합쳐져 국가경쟁력의 원천이라는 사실도 모르지 않는다. 그러나 그 이면의 폐해 또한 부인하기 어렵다. 고속도로와 고속철도는 일종의 컨베이어 벨트가 되어 국토를 공장처럼 만들 뿐만 아니라 여행을 마치 작업 공정처럼 다룬다. 몇 년 전부터 시민들 스스로 올레길을 만들기 시작한 것은 '사이 공간'과 '사람 공간'이 사라지는 것에 대한 당연한 저항이다. 그렇다면 차제에 박근혜 정부는 SOC 정책을 새로운 각도에서 구상할 필요가 있다. 국도國道의 재인식이 바로 그것이다.

도로와 철도가 고속으로 질주하는 동안, 국도나 지방도와 같은 일반도로는 경시되거나 방치되는 경향이 많았다. 그 결과, 주행의 안전성이나 편의성, 그리고 경관의 쾌적성이나 심미성의 측면에서 도무지 국도라고 말하기 민망하고 무색한 곳이 크게 늘었다. 이것만으로도 더 이상 미루기 힘든 국책사업이 아닐 수 없다. 더욱 중요한 것은 국도 그 자체가 문화적 자산이자 지역 발전의 거점이 될 수 있다는 사실이다. 무엇보다 국도는 우리 시대의 핵심 가치인 행복과 안전, 소통과 화합, 그리고 자치와 다양성의 보루가 될 수 있기 때문이다.

국도 업그레이드 정책은 따라서 결코 단순한 토건사업이 아니다. 오히려 그것은 문화정책이나 지역정책에 가깝다. 가령 고속도로는 과학성과 동질성의 최전선이라, 전국 어디를 가도 기하학적 공간일 뿐이다. 프랜차이즈 휴게소가 그렇고 표준화된 도로 안내판도 마찬가지다. 이에 비해 국도는 인간 중심의 유기적 장소가 될 수 있다. 말하자면 국도는 도로 그 자체가 명소화되어 여행의 목적을 창출하기도 한다. 국도 주변의 풍광이나 취락 또한 훌륭한 관광자원으로 활용할 수 있다. 길에 관하여 문화적 선진국과 후진국을 따진다면 기준은 국도다.

이 점에 관련하여 일본의 사례는 시사점이 많다. 국도 본연의 성능이나 경관에도 부러운 점이 많지만 특기할 만한 것은 국도의 역, 곧 '미치노에키道の驛'다. 이는 단순한 휴게소를 넘어 온천이나 숙박시설은 물론 경우에 따라 미술관이나 공연장까지 갖춘 복합공간이다. 건물의 미관도 수려한 편인데, 문화재로 지정된 주변 마을의 전통가옥을 모티브로 한 사례가 적지 않기 때문이다. 덧붙여 주목할 것은 그곳의 직판장이다. 주변지역에서 생산되

는 채소, 과일, 생선 등 신선물과 더불어 각종 토산물이나 특산품을 취급하는데, 현재 전국적으로 1,000개를 넘어선 미치노에키 직판장의 총매출액은 일본 최대의 편의점 체인 훼미리마트에 버금간다고 한다. 그곳만 찾아다니는 동호회가 활성화될 정도다.[29]

박정희 시대에는 '고속도로의 성장경제학'이 풍미했다. 그 이후 고속철도에 부심한 정부도 있었고, 세계적 허브공항에 몰두한 정부도 있었으며 4대강에 올인한 한 정부도 있었다. 이러한 역대 정부의 SOC 사업을 통해 우리는 많은 것을 얻기도 했고 잃어버리기도 했다. 그렇다면 박근혜 정부의 화두로서 경제와 문화, 그리고 지역을 함께 배려하는 '저속低速국도의 문화경제학 내지 인문사회학'이 어떨까 싶다. 길에는 물리적 용도를 넘어 '살아가는 방도'라는 뜻도 있다.

29　일본 미치노에키 공식 홈페이지에 따르면 2019년 현재 1,160개까지 늘어났다.

빈부의
등고선[30]

조선일보
2011/02/10

얼마 전(2011년)에 타계한 소설가 박완서 일가가 해방 후 월남해 서울에서 처음 말뚝을 박은 곳은 인왕산 기슭의 현저동 달동네였다. 아닌 게 아니라 1980년에 나온 작가의 『엄마의 말뚝』은 달동네라는 말을 널리 유포시키는 계기가 되기도 했다. 산동네에 비해 달동네의 어감이 훨씬 정겹고 따뜻한 것은 사실이다. 하지만 도시 주변의 고지대 영세민 마을을 뜻한다는 점에서 실상은 그게 그거다.

1970년대 초 미국의 인류학자 빈센트 브란트Vincent S. R. Brandt는 한국의 달동네에서 '빈곤의 등고선'을 발견했다. 당시 서울 지역 극빈자들의 집단 거주지를 매핑mapping해보니 대부분 높은 산등성이더라는 의미다. 이와 반면에 산 아래 낮은 곳은 부자들의 차지였다. 하지만 오늘날 서울은 빈부의 등고선이 완전히 역

30　원래 제목은 "달동네에 들어서는 고층아파트"였다.

전되어 있다. 요새는 가난할수록 낮은 곳에, 부유할수록 높은 곳에 산다.

서민들의 대표적인 삶의 터전인 달동네가 사라지고 있다. 서울의 마지막 달동네로 알려진 노원구 중계동 백사마을도 조만간 재개발에 밀려난다.[31] 그 자리에 대신 들어서는 것은 고층 아파트로서, 원주민들이 그곳에 입주할 가능성은 매우 낮다. 옛날 관악구 봉천동이나 신림동 사람들이 그랬던 것처럼 그들 가운데 상당수는 아마도 지하 혹은 반지하 전·월세 집에 들어갈 것이다. 주거난민이 되어 저지대 쪽방이나 비닐하우스, 만화방, PC방, 고시원, 찜질방, 다방, 여관, 여인숙 등을 전전할지도 모른다. 하긴 대다수 노숙인들에게는 지하도가 집이다.

이와 대조적으로 부자들의 집은 나날이 '고고익선高高益善'이다. 우선 이는 우리나라 도시들의 전반적인 고층화 탓이다. 최근 서울의 아파트는 평균 18층 이상이 되었는데 1980년대에 비해 두 배쯤 높아졌다. 게다가 최상류층일수록 초고층을 찾는 것이 작금의 주거문화다. 2002년 강남구 도곡동에 66층짜리 초고층 고급 아파트가 등장하더니 이젠 100층 가까이 높은 빌딩에도 아파트가 속속 들어선다. 언제부턴가 로열층이 맨 꼭대기로 올라갔고, 이른바 펜트하우스의 인기 또한 식을 줄 모른다.

거주공간이 계층별로 구분되는 것 자체는 범세계적 현상이

31　백사마을 재개발사업은 2019년 5월 도시계획위원회를 통과하고 현재 사업시행 인가를 위한 후속 절차를 준비 중에 있으며, 2020년 12월 착공해 2023년 말 준공될 예정이다.

다. 하지만 지금 우리 사회가 유난스레 경험하고 있는 것은 거주 지역의 수직적 양극화다. 하긴 좁은 면적에 인구는 많은 우리나라 형편에 서양의 도시처럼 거주지의 수평적 분화는 상상하기 힘들다. 그러나 그것이 집의 빈부 고도高度 격차를 이처럼 크게 벌린 유일한 이유는 아닐 성싶다. 여기에는 몇 가지 다른 요인들이 숨어 있는 듯하다.

먼저 그것은 부자들의 과시적 주택소비와 무관하지 않다. 압축적 고도성장 과정에서 전통적 상류사회를 잃어버린 한국 사회는 초고층 아파트 거주를 성공의 징표로 삼는 측면이 있다. 이는 내면의 문화자본 미숙未熟에 대한 일종의 보상심리 같아 보인다. 남에게 자신을 보여주는 것도 필요하지만 높은 곳에서 아래를 내려다보는 일 또한 중요하다. 프랑스의 철학자 미셸 푸코Michel Foucault의 말처럼 '시선은 권력' 아니겠는가. 조망과 전망은 단순한 시각적 즐거움에 그치는 것이 아니라 세상과 주변에 대한 통제와 감시를 뜻하기도 한다. 높은 지위나 공간을 차지한 사람들이 디자인 개념을 강조하면서 도시의 가독적可讀的 질서와 미학적 경관을 중시하는 것도 이런 맥락에서다.

고층족高層族으로 살게 되면 지상地上의 현실로부터 자유로워지는 효과도 있다. 수많은 동시대인들이 경제적 고통과 절망 속에 살아가는 삶의 현장이 그곳에는 전달되지 않기 때문이다. 이는 비행기에서 멀리 내려다보는 세상이 항상 평화롭고 아름답게 보이는 착시錯視 현상과 같은 이치다. 눈에서 멀어지면 마음에서도 멀어진다는 속담도 있지 않은가.

물론 높은 데 사는 부자라고 주거 프라이버시를 누릴 권리가 없는 것은 아니다. 또한 그들의 남모를 선행이나 자선, 기부, 봉사 덕분에 그나마 세상이 살만한지도 모른다. 그럼에도 함께 사는 공동체나 사회통합의 진정한 의미는 여전히 요원하고 공허하게 느껴진다. 지금처럼 주거공간의 수직적 양극화 추세가 심화된다면 '네 이웃을 네 몸처럼' 사랑하기가 점점 더 어렵기 때문이다. 이름도 모르고 얼굴도 알지 못하는 다른 나라, 다른 민족, 다른 도시 사람에 대한 사랑이 오히려 쉬운 세태가 되어간다. 하지만 그게 서민들의 달동네가 사라지는 것에 대한 변명이 될 수는 없다.

사열하고 가버리는
공사다망한 분들

조선일보
2011/01/10

2010년도 서울특별시 건축상 공공건축 부분 최
우수상은 '안중근 의사 기념관'이 차지했다. 국민의 세금과 성금
으로 남산공원 옆에 세워진 이 건물은 그곳이 일제 식민지 지배
의 상징인 조선신궁朝鮮神宮 터라는 점만으로도 의미가 깊다. 그러
길래 작년 10월 말에 열린 준공 및 개관식은 각계 인사 600여
명이 참가하는 등 큰 성황을 이루었다. 그 가운데는 기념관 설계
공모에 당선되어 4년여 세월 동안 이 작업에 헌신했던 젊은 건축
가 부부도 있었다.

하지만 그날 정작 이들은 대다수 정·관계 참석자들에게 밀려
앉을 자리조차 얻지 못한 채 발길을 돌렸다고 한다. 실은 이런 사
태가 예외라기보다 관행이라는 것이 최근 건축계의 분통인데, 생
각해보면 각종 행사장에서 전문가들이 정치인이나 관료, 혹은 연
예인들의 뒷전으로 밀려나는 일은 건축 분야에 한정된 것이 아니
라 우리 사회에 전반적으로 만연한 현상일지 모른다.

아직까지도 우리 주변에는 정치 만능과 행정편의를 특징으로 하는 권위주의적 형식문화의 잔재가 적잖이 남아있다. 그 반면에 합목적적 프로페셔널리즘은 여전히 설 땅이 좁다. 현재 우리들의 솔직한 자화상 가운데 하나는 수십 년 전 시골 '국민학교' 운동회를 연상케 하는 사열형査閱形 사회 내지 집체형集體形 문화가 아닐까 싶다. 교장, 군수, 면장, 장학사, 기성회장, 동창회장 등이 차례로 단상에 올라가 위세를 부리는 나머지 막상 그날의 당사자이자 주인공인 학생들의 노력과 수고는 외면되기 쉬웠던 그런 모습 말이다.

가령 국회 같은 곳에서 자주 열리는 공청회 행사에 나가봐도 그렇다. 원래 취지는 외부 전문가들을 불러 법안이나 정책에 관련된 자문을 구하는 것일 텐데, 실제로는 목적이 도치倒置되는 경우가 잦다. 초청자인 국회의원들은 회의가 시작할 무렵에 사진이나 찍고 의례적인 인사말만 던질 뿐, 바쁜 국사國事를 핑계로 자리를 금방 비우기 일쑤다. 심지어 그처럼 무례한 행태를 통해 자신의 위세를 과시하려는 심보도 엿보인다. 그러다 보니 최고 전문가들이 모인 자리라고 하더라도 내실 있는 행사로 귀결되는 경우는 결코 많지 않다.

아마 오늘 하루만 해도 국가적 과제나 사회적 현안을 놓고 무수히 많은 학술대회가 경향 각지에서 열릴 것이다. 초청장이 수백 혹은 수천 장 뿌려졌을 것이고 고급 호텔을 행사장으로 사용할 공산도 클 것이다. 목 좋은 곳마다 플래카드가 내걸려 있을 것이고 회의장 로비 또한 축하 화환으로 그득할 법하다. 문제는 명색이 세미나임에도 불구하고 주최 측의 신경은 주제발표나 토론 내용보다는 내외귀빈을 챙기는 데 더 집중되어 있을지 모른다는 점이다. '공사다망公私多忙함에도 불구하고 자리를 빛내주기 위해' 찾아온 분들 말이다.

한국식 심포지엄의 주요 특징 가운데 하나는 유난히 식전式前 연설 순서가 많고 길다는 점이다. 이를테면 개회사, 환영사, 축사, 격려사 등이 꼬리에 꼬리를 문다. 행여 식사라도 함께 하는 경우, 건배사 역시 장난이 아니다. 언젠가 어떤 공기업이 주관한 세미나에 참석한 적이 있었는데, 사장의 축사 다음 차례는 노조위원장의 환영사였다. 그런데 본격적인 학술대회가 시작되기 직전 이들은 썰물처럼 빠져나가기 일쑤다. 회의 내용을 누구보다 가장 경청해야 할 이들이 바로 그들임에도 불구하고 말이다.

각종 행사 때마다 넘쳐나는 정치적 허세와 관료적 과잉은 변명의 여지없는 후진국 징표다. 그것의 권위와 성공이란 결코 고만고만한 유력자有力者들의 환영과 축하 혹은 격려 말씀에 의해 좌우되는 것도 아니고 또 그래서도 안 되기 때문이다. 오히려 이는 행사의 진행을 방해하거나 원래 목적을 흐릴 수 있고 궁극적으로는 사회적 다양성과 영역별 자율성, 그리고 자발적 창의성을 해칠 위험까지 내포한다.

이런 점에서 새해 벽두에 대한불교 조계종이 연등법회나 봉축 법요식 같은 불교행사에 정치인의 참석을 원천적으로 배제한다는 종무행정 지침을 내린 것은 세간의 눈길을 끌기에 충분하다.[32] 저간의 사정에 비추어 오죽했으면 이런 결정을 내렸을까 싶다. 다만 불교계가 기왕 종교집회 고유의 순수성을 지키고자 했다면 '특히 정부 및 한나라당 관계자의 참석은 단호히 거부한다'는 말은 보태지 않는 편이 더 순수할 뻔했다.

32　2011년이 우리나라 행사문화의 일대 전기(轉機)가 되기를 바랐던 발원은, 그 이후 이 원칙이 흐지부지되면서 도로아미타불이 되었다.

모델하우스
유감

부산일보·매일신문
2008/11/10

2008년 1월, 부산광역시 해운대구 마린시티에 개관한 어떤 유명 아파트의 모델하우스가 폴란드 출신의 세계적인 해체주의 건축가 다니엘 리베스킨트Daniel Libeskind의 설계라고 해서 세간의 화제를 모은 바 있다. 아파트 자체가 아닌 그것의 모델하우스가 독특한 디자인의 초현대식 건축물로 지어진 것이다. 모델하우스란 본래 원매자願買者들에게 보이기 위해 미리 지어놓는 견본용 주택을 의미하는데도 말이다. 하긴 요즘에는 건설업체에 따라서는 모델하우스를 단순한 주택전시 목적이 아니라 아예 복합문화공간으로 상설화하는 경우도 늘어나고 있다. 그곳이 문화강좌, 그림 전시, 음악회 등이 수시로 열리는 기획공간으로 활용되고 있는 것이다.

모델하우스의 이러한 변신은 결코 우연하거나 우발적인 현상이 아니다. 우리나라 아파트 문화의 특유한 요소 가운데 하나로 정착한 모델하우스는 그동안 비상한 방식으로 이미 과잉 발전해

왔다. 사실상 모델하우스를 통한 아파트 분양 촉진은 외국에서 그 유례를 찾기 어렵다. 집이 지어지기 전에 판매되는 우리나라 아파트 분양제도의 특성에 따라 주택 내부의 정보를 사전에 제공하기 위한 목적으로 등장한 것이 바로 모델하우스이기 때문이다.

선진국에서는 설령 모델하우스가 있더라도 대개 실용적인 차원에서 기본 평면구성이나 자재 샘플 정도를 보여주는 정도에 그친다. 이에 반해 우리나라의 아파트 모델하우스는 화려하고 고급스러운 것들이 많다. 고급아파트의 경우에는 몇 십억에서 몇 백억원이 들어간 초호화판도 많다. 이유는 두말하면 잔소리다. 아파트를 구매하는 데 있어서 모델하우스의 영향력이 대단히 크기 때문이다. 그러다 보니 소비자의 눈을 끌기 위해 모델하우스는 가구나 인테리어 등 모든 측면에 있어서 '별천지'처럼 보이도록 꾸며지게 되는 것이다.

이와 더불어 모델하우스에서는 일반인이 잘 모르는 상술이 적잖이 횡행하기도 한다. 예컨대 전시용으로 비치된 침대나 소파는 실제보다 폭이나 길이가 짧을 때가 많은데, 그것은 방을 상대적으로 크게 보이게 하기 위해서다. 천장 역시 실제보다 높게 만드는 사례가 많다고 한다. 그뿐만이 아니다. 모델하우스에 있는 모든 소품은 힘든 가사노동을 연상시키지 않도록 배치되어 편안하고 안락한 분위기를 의도적으로 강조하는 경향이 있다. 모델하우스에서 주부의 이맛살을 찌푸리게 할 수도 있는 곰국 냄비나 김치 항아리가 소품으로 등장하는 일은 거의 없다.

모델하우스에서는 흔히 신발을 벗고 납작한 실내화로 갈아 신은 채 키가 큰 이른바 '분양 도우미'의 안내를 받는데, 이것 또한 공간심리학을 절묘하게 이용한 결과다. 신발을 낮게 신으면 상대적으로 천장이 높게 보이며, 키 큰 도우미 앞에서 위축이 되면 모델하우스가 실제보다 넓어 보이기 때문이다. 분양 도우미는 나날이 '귀하신 몸' 되어 최근에는 일당 15만 원을 받을 정도로 '몸값이 금값'이라는 말도 나도는 실정이다.

현재와 같은 형태와 기능의 아파트 모델하우스에 대해 마음이 자꾸만 쓸쓸해지는 것은 다음 두 가지 이유에서다. 첫째 모델하우스는 알게 모르게 사람들의 인식 지평을 집안 내부에 가둠으로써 주택 관념의 내향화를 초래하기 쉽다. 이웃 관계나 동네 분위기 등 주택의 외부환경을 배려하기보다는 아파트 내부 공간만 집중하게 될 때 개인 중심 혹은 가족 위주 생활양식은 심화될 수밖에 없고 궁극적으로 그것은 주민공동체나 지역사회를 약화시킬 개연성을 높인다.

둘째로는 아파트 모델하우스가 과시와 허영으로 충만한 오늘날 한국 사회의 축소판으로 보이기 때문이다. 모델하우스는 어디까지나 시한부 전시시설이다. 실제 아파트가 완공될 때 똑같은 구조인지 소비자가 확인할 수 있으면 그것으로 소임이 충분한 것이다. 진짜 아파트보다 더 나은 가짜 모델하우스의 유행과 범람은 마치 '거품 공화국' 대한민국의 길거리 상징인가 싶어 기분이 영 개운치 않다.

쉰 돌 맞은 국립공원,
'한국적 풍경' 지키고 살려야

조선일보
2017/08/21

2017년은 우리나라에서 국립공원이 탄생한지 50년이 되는 해다. 1967년에 지리산을 1호로 지정한 이후 우리나라 국립공원은 빠르게 성장해 왔다. 2016년에는 태백산이 추가됨으로써 국립공원은 모두 22개로 늘어났다. 탐방객도 작년의 경우 4천4백만 명을 넘어섰는데, 이는 국립공원 입장료가 폐지되었던 2007년 이전에 비해 두 배 이상 늘어난 수치다. 물론 무료입장이 국립공원 이용자 급증의 이유 전부는 아니다. 전국을 두어 시간대로 잇는 사통팔달의 교통망도 무시할 수 없고, 고령화 사회와 고실업 시대에 따른 여가의 강요 분위기도 간과할 수 없다.

국립공원 개념은 미국이 발상하여 전 세계로 퍼뜨렸다. 퓰리처상을 받았던 미국 작가 월러스 스테그너Wallace Stegner는 "지금껏 미국이 만들어낸 최고의 아이디어"로서 국립공원을 꼽았다. 1864년 링컨 대통령이 요세미티Yosemite 지역을 정부가 관리하도록 조처한 것을 효시로 하여 1872년 그랜트 대통령은 옐로

스톤Yellowstone 일대를 미국 최초이자 세계 최초의 국립공원으로 지정하였다. 그 이후 국립공원 제도는 유럽으로, 대양주로, 아시아로, 아프리카로 확산되었다. 일본이 국립공원을 처음 지정한 것은 1934년이었고, 이듬해에는 식민지 조선에서도 금강산이 유력 후보로 떠올랐다.

우리나라 국립공원의 출생기出生記는 민관 합작이다. 1960년대 초 경제개발계획이 본격적으로 논의될 무렵 정부는 국제관광과 지역개발의 차원에서 지리산을 주목했다. 여기에 현지 주민들의 자생적 노력이 가세했다. 인근 구례역을 운반 거점으로 산림 도벌盜伐과 남벌濫伐이 창궐하던 시절, 지리산 토박이들은 자연보호라는 국립공원의 취지에 일찍이 눈을 떴다. 일제시대부터 노고단 지역에는 외국인 선교사용 휴양촌이 있었기에, 이를 지켜본 평소의 눈썰미도 한몫을 했다.

그로부터 반세기의 세월이 흐른 오늘날, 우리나라 국립공원에는 몇 가지 생각해볼 거리가 쌓이고 있다. 우선 숫자가 너무 많지 않은가 하는 점이다. 현재 미국에는 59개, 일본에는 32개의 국립공원이 있는데, 우리는 22개다. 또한 국립공원에 비해 도립공원과 군립공원의 숫자가 상대적으로 더 많아야 할 것 같은데, 각각 29개와 27개에 그쳐 어딘가 비례가 맞지 않는다. 게다가 국립공원의 분포는 절묘한 '지역 균형'을 이루고 있다. 언젠가 통일이 되면 국립공원이 더 늘어날 것인데, 차라리 '삼천리금수강산' 전체를 국립공원으로 지정하면 어떨까 싶을 정도다.

다음은 국립공원의 관리 방식이다. 시나브로 우리나라의 국립공원에는 방문자를 과過보호하는 경향이 늘고 있다. 안전의 중요성을 강조하는 것은 물론 당연하다. 하지만 법정 탐방로의 조성이나 현대식 화장실의 보급이 국립공원의 궁극적인 존재 이유는 아니다. 선진국의 경우 탐방로를 일부러 만들지 않는 곳이 많을 뿐 아니라 국립공원 내에서의 사고는 당연히 본인 책임이다. 자연에 대한 도전과 모험정신을 유지하기 위해서다. 국립공원에서 불상사가 일어나면 국가를 상대로 과실 책임을 다툴 여지가 열려있는 우리의 현실은 국민들의 정신세계를 점점 더 나약하게 만들지 모른다.

끝으로 국립공원의 가치관 문제다. 국립공원이 처음 만들어질 때 목적은 자연 풍경지 보호 한 가지였다. 그러다가 1995년에 자연생태계 보호가 추가되었다. 이로써 빼어나지 않는 자연도 생태적 가치가 크면 국립공원이 될 수 있는 자격을 얻었다. 그런데 2017년 6월 환경부는 '국립공원 미래비전'을 선포하면서 생태계 보전 쪽으로 더 기울어졌다. 4대강 사업으로 생긴 영주댐을 철거하고 내성천을 국립공원으로 지정해야 한다는 일각의 주장도 이런 흐름과 무관하지 않아 보인다.

이 때문에 무언가 일이 크게 잘못되어가는 것은 아니다. 하지만 생태적 가치를 앞세우느라 풍경의 중요성이 밀릴까 봐 조금은 염려스럽다. 생태계 파괴가 심각해지면서 최근에는 자연을 인문주의적 풍경이 아닌 기술주의적 환경의 관점에서 접근하는 것이 대세다. 이러한 자연관의 변화에는 물론 일리가 있다. 그럼에도 인간이 풍경적 존재라는 점은 불변의 진리다. 사람들이 사는 공간 또한 궁극적으로는 풍경공동체이다. 마을마다 도시마다 풍경이 서로 다르고 또 달라야 하기 때문이다. 나라마다 산수山水가 유별하여 한때는 풍경이 곧 국경이었다. 미국이 처음 국립공원을 만든 것에는 풍경이 국가 정체성의 핵심 요소라는 인식이 깔려 있었다. 사라지는 한국적 풍경, 망가지는 국가대표 풍경을 지키고 살리는 일은 국립공원의 역사적 사명이자 태생적 책무다.

4

서울 이야기

수도 서울에
대한민국이 없다

조선일보
2015/02/09

해방 70주년을 맞이하는 2015년은 서울이 서울로 탄생한 지 70년이 되는 해이기도 했다. 조선시대에는 한양, 일제시대 때는 경성으로 불렸던 서울은 1945년 해방과 더불어 서울이라는 본디 우리말 이름을 되찾았다. 1년쯤 뒤 서울은 행정적으로 경기도 관할을 벗어나 서울특별시로 거듭났고 지난 70여 년간 대한민국의 번영과 성공을 주도했다. 서울 70년사와 해방 70년사는 동전의 양면 같은 관계다.

그런데 의아한 사실은 수도 서울에 대한민국이 잘 보이지 않는다는 점이다. 생각해 보면 우리는 한 번도 제대로 된 수도계획을 해 본 적이 없는 나라다. 신도시로 태어나 500년 동안 왕도王都였다가 식민지 시대를 거친 서울은 건국 이후 수도로서의 전통을 그냥 관습적으로 이어왔을 뿐, 근대국가의 수도로서 기대되는 특단의 공간계획이 거의 없었다. 이승만이나 박정희 같은 권위주의적 대통령들조차도 과도한 수도계획을 삼가고 자제했다.

한국이나 중국 등 동아시아 문명에서는 수도가 원래 존재하는 것으로 알지만 세계사 전체를 놓고 볼 때 이는 오히려 예외다. 오늘날과 같은 의미의 수도가 태동한 것은 18세기 이후 유럽에서 시작된 근대국가 건설 과정에서였다. 특히 19~20세기는 전 세계적으로 수도계획의 전성기였다. 일국一國의 대표도시로서 수도는 국가적 정체성을 발현하고 민족적 자부심을 상징하는 공간으로 자리매김했다. 지금 우리가 아는 파리, 비엔나, 상트페테르부르크, 베를린, 워싱턴, 도쿄 등은 모두 국가 주도 수도계획의 산물이다. 한말韓末 대한제국의 도시개조사업도 발상은 같다.

21세기 수도계획의 백미白眉는 베이징이다. 창안졔長安街와 톈안먼天安門 광장 일대의 베이징 경관은 현대 중국의 국력과 국부, 그리고 국격을 유감없이 과시하고 있다. 일본의 세계적인 건축가 쿠마 켄고隈硏吾는 "모든 사람에게 자신의 '청춘시대'가 있는 것처럼, 모든 국가와 도시에는 자신의 '건축 시대'가 있다"라고 말하면서, 중국 베이징이 목하 그와 같은 '건축 시대'를 구가하고 있다고 주장한다. 하지만 대한민국 서울은 그와 같은 '건축 시대'의 기억이 없다. 서울에는 '건축의 시대' 대신 '건설의 시대'가 있었을 뿐이고, 수도계획이 아닌 도시계획이 있었을 뿐이다.

여기에는 나름 사정이 있다. 우선 한국 현대사에 대한 평가가 극단으로 대립해 왔기 때문이다. "대한민국은 태어나지 말았어야 할 나라"라는 견해가 득세한 시절에는 서울 아닌 충청도 외딴곳에서 새로운 수도 건설을 계획했을 정도다. 또한 개발연대에는 서울의 도시화가 너무나 급속하게 진행되었다. 그만큼 수도계획의 상징성보다는 도시계획의 기능성을 먼저 고려하지 않을 수 없었을 것이다. 이는 평양을 '김씨 왕조' 권력의 무대공간으로 꾸민 북한의 경우와 뚜렷한 대조를 이루기도 한다.

이유 여하를 막론하고 대한민국 없는 수도 서울의 현재 모습은 크게 아쉽고 허전하다. 한편으로는 역사도시 '한양'에 머물고 다른 한편으로는 세계도시 'SEOUL'을 꿈꾸는 서울에서 정작 과거와 미래를 연계하는 근대 국민국가의 공간적 표상表象은 쉽게 접할 수 없다. 지금 서울에는 정부수립, 서울수복, 교육입국, 민주의거, 경제기적 등 대한민국의 역정歷程을 웅변하는 대표적 가로街路도 없고 광장도 없다. 2012년 말, 우여곡절 끝에 '대한민국역사박물관'이 광화문 앞에 문을 열어 그나마 다행이다. 그러나 대한민국 역사가 도시의 일상 속에 매일매일 살아 숨 쉬게 하려면 박물관 하나만으로는 절대 역부족이다.

때마침 해방 70주년을 맞이하는 박근혜 정부다. 언필칭 '문화융성'을 강조하고 '국민대통합'을 모색하는 박근혜 정부이기도 하다. 성공한 근대국가로서 만약 대한민국의 수도계획을 공론화한다면 금년(2015년)이 적기適期고 현 정부가 적임適任이 아닐까 싶다. 국가적 차원에서 직접 나서야 하는 까닭은 지자체 수준의 통상적인 도시계획으로는 수도 고유의 역사적 의미와 공간적 품격을 높이는 일이 쉽지 않기 때문이다. 다른 나라의 선례가 그러했듯, 수도계획의 주역은 서울시가 아닌 중앙정부가 맡아야 한다.

중앙정부 안에서도 이 일은 문화 관련 부처가 중심이 되어야 한다. 프랑스와 같은 많은 구미 선진국에서는 건축을 포함한 도시정책이 우리처럼 국토부가 아니라 문화부 소관이다. 또한 도시든 수도든 그것을 다루는 지식의 뿌리는 역사나 철학, 지리학이나 사회학, 정치학 같은 인문사회과학 영역에서 시작된다. 문학과 예술 부문의 각별한 기여는 물론 두말할 나위도 없다. 이에 비해 작금의 우리나라 국토부와 유관 학계는 다분히 공학이나 기술 혹은 부동산 분야로 특화되어 있다. 서울을 대한민국의 생장지生長地로 형상화하는 노력은 아무래도 문화의 힘을 통해야 한다. 서울과 대한민국은 태생이 같다.

너무 특별한
서울시

동아일보
2008/01/30

　　얼마 전(2008년 1월 22일) 이명박 대통령 당선인은 전국시도지사협의회에 참석하여 향후 중앙정부와 지방자치단체 사이의 긴밀한 협력을 약속했다. 한편 오세훈 서울시장은 연초 언론과의 인터뷰에서 자신이 앞으로 국무회의에 참석할 생각이며 이는 "따로 당선인에게 건의할 필요도 없이 당연히 될 것"이라 말했다. 이 당선인의 다짐은 마땅히 옳은 방향이다. 그러나 오 시장의 주장 또한 그런 지에 대해서는 논란의 소지가 없지 않다.

　　서울시장의 국무회의 참석은 오랜 관행이었다가 노무현 정부 하에서 중단되었다. 그런 만큼 오 시장은 국무회의 참석 재개를 일종의 원상회복으로 간주하는 듯하다. 하지만 만사를 노무현 시대 이전으로 돌리는 것이 무조건 능사는 아니다. 차제에 서울시장의 국무회의 참석 문제는 원점에서부터 논의되어야 한다. 지방자치의 대의와 지역분권의 원칙을 새삼 십분 고려해야 하기 때문이다.

잘못 꿰어졌다 싶은 첫 단추는 서울특별시라는 대한민국의 수도 이름이다. 전 세계에 무수히 많은 도시들 가운데 '특별시'라는 이름을 단 곳은 서울이 유일하다. 조선조까지 한양이었다가 일제 시대에 경성부로 불렸던 서울은 1945년 해방을 맞이하면서 자신의 본디 우리말 이름을 되찾았다. 1년쯤 뒤 미 군정 당국은 '서울특별시'를 공식 선포했다. 문제는 번역이었다. 미군정 법령의 영어 원문은 서울의 행정이 경기도 관할로부터 벗어난다는 의미에서 'Independent City'였다. 'Special City'가 아니었던 것이다. 하지만 한국인 담당 공무원은 이를 '독립시'나 '자치시'가 아닌 '특별시'로 엉뚱하게 옮겼다.

말은 씨가 되어 그 후 '특별시'는 그 이름만으로도 무언가 특별한 것이 되었다. 특별시장은 여느 시장과 달라 보였고 특별시민 또한 보통시민과 달리 여겨졌다. 정부 수립 이후 한때 부산이 특별시로 승격하고자 분투한 것도 이런 맥락이며, 정권 초기 북한이 자신의 수도를 '평양특별시'로 명명한 것 역시 특별시 명칭의 위광 때문일 게다. 따지고 보면 미국의 수도 워싱턴 D.C.District of Columbia를 '컬럼비아 특별구'로 번역하는 것도 아전인수我田引水에 가깝다. 수도의 권력화와 비대화를 막기 위해 해당 시민들의 참정권을 일정하게 제한하고자 했던 미국의 건국 정신을 감안하면 그것은 정확히 '컬럼비아 연방직할구' 아니면 간단히 '컬럼비아구'로 해야 옳다.

그러므로 서울시장의 국무회의 참석에 관련하여 먼저 '서울특별시'라는 명칭의 타당성에 대한 사회적 토론과 합의 과정이 한

번쯤은 있어야 한다. 서울시의 공식 한글이름과 영문명 사이의 명백한 불일치도 세계화 시대에 몹시 계면쩍다. 그리고 만약 서울이 특별시라는 이름값을 하느라 시장의 국무회의 참석을 당연시한다면 제주특별자치도는 왜 아닌가. 만약 서울이 현재 우리나라의 수도라는 사실을 내세운다면 세종 행정중심복합도시의 경우는 어떻게 할 것인가. 만약 서울의 막강한 인구와 경제를 앞세운다면 몇 년 전부터 경기도와 서울이 막상막하해진 현실은 또 어찌할 것인가.[33]

국무회의에 서울시장이 참석하지 말라는 뜻이 결코 아니다. 하지만 그것을 서울특별시장만의 관행적 특권으로 치부하는 것은 재고되어야 한다. 오늘날 우리가 진실로 지방화 시대를 살고 있다면 사안에 따라 유관 지방자치단체장들이 수시로 내지 교대로 국무회의장을 드나드는 것이 보다 더 효율적이고 민주적인 방식이다. 아니면 기왕 전국시도지사협의회라는 기구가 구성되어 있는바, 그 대표가 국무회의에 참석하는 것도 나름대로는 대안이 아닐까 싶다.

가뜩이나 서울의 독주에 의해 지방의 좌절감과 박탈감이 나날이 심화되는 나라다. 이럴 때 서울특별시는 당장 명칭에서부터라도 힘을 좀 빼기 바란다. 한편으로 서울은 관습헌법상의 수도

---

33 참고로 2019년 5월 문재인 정부는 "경기도 관련 사안이 있을 경우에 한하여" 이재명 경기도지사의 국무회의 배석 방침을 결정한 적이 있지만 다른 지자체장들의 반발로 아직 실행하지 못하는 것으로 알려져 있다. 당시 경기도지사의 국무회의 배석 문제가 경기도의 도세(道勢) 때문인지 이재명 지사에 대한 정치적 배려 때문인지는 알 수 없다.

이지만 다른 한편으로는 여러 광역 지방자치단체들 가운데 하나일 뿐이다. 그러기에 서울'지방'경찰청이며 서울'지방'국세청 아니겠는가. 서울의 특권적 명칭과 지위는 중앙집권 시대의 유산이다. 지방화 시대를 맞아 지방의 하나로 확실히 재정립하는 것이 서울에게도 오히려 이롭지 싶다. 이 당선인은 이 문제를 전前 서울특별시장의 입장이 아니라 지자체 단체장 출신 첫 대통령의 눈높이에서 헤아렸으면 한다.

'시민'의 서울,
'신민'의 평양

조선일보
2018/12/01

평양이 성큼성큼 서울로 들어오고 있다. 남북정상회담을 축하하는 초대형 현수막이 서울시청 건물 외벽에 한참 걸려있더니, 서울시가 시내 20곳에 설치한 '세계도시 이정표'에는 최근 평양이 추가되었다. 평양이 서울의 정식 자매도시도, 우호도시도 아닌데 말이다. 광화문 일대에는 '백두칭송위원회'나 '꽃물결대학생실천단,' '위인맞이환영단' 등의 단체들이 김정은 찬양에 나서고 있으며, '김정은 피규어'와 '으니 굿즈'를 파는 곳도 한두 군데가 아니다.[34]

그럼에도 김정은의 '연내 서울 답방'은 물 건너가는 분위기다. 그런데 생각해 보면 '평양방문-서울답방'이라는 평면적 혹은 기계적 공식 자체에 문제가 있다. 국제관계에서 정상회담이 양국 수도를 오가며 열리는 것은 지극히 자연스럽다. 하지만 분단체제 하

---

34 '으니'는 김정은을 말한다. 문재인 대통령의 애칭이 '이니'라는 것에서 나왔다.

남북한을 각각 대표하는 '수도'로서 서울과 평양은 결코 대등한 맞수가 아니다. 평양을 여느 근대국가의 수도 보듯이 하거나 여느 문명국가의 대도시 보듯이 한다면, 이는 착각이요 착시다. 평양을 정상국가의 일반 도시로 보기는 어렵다.

서울과 평양은 지금까지 걸어온 길이 너무나 달랐다. 서울은 '관습상의 수도'일 뿐, 법적으로는 아직까지 아무런 지위가 없다. 대한민국의 건국과 산업화 과정에서 '독재자'로 평가받는 이승만과 박정희는 화려하고 과시적인 수도 건설을 자제했다. 국가 안보와 경제개발에 집중하느라 겉치레 수도계획에 낭비하지 않은 점은 좋았다. 개인숭배와 도시계획을 결합하지 않은 점은 더욱더 좋았다. 그러나 결과적으로 오늘날 서울은 대한민국이 성취한 근대화의 기적을 공간적으로 형상화하는 데 있어서 너무나 약소하고 빈약한 편이다. 게다가 요새 서울은 지방분권이라는 미명 하에 툭하면 천도론에 휘둘린다.

한편, 평양은 1948년 북한의 초기 헌법에서 '임시수도'로 지정되었다가 1972년 헌법 개정 과정에서 수도로 공식화되었다. 이에 따라 평양은 철두철미 '조선민주주의인민공화국'의 상징성과 정체성을 담아내는 도시공간으로 기획되고 조성되었다. "조선인민의 심장, 사회주의 조국의 수도, 우리 혁명의 발원지" 등으로 자리매김하고 있는 평양은 사실상 김일성 왕조의 개국 왕도王都다. 도시경관을 김일성광장, 주체사상탑, 개선문, 인민대학습당, 만경대혁명사적지 등이 압도하고 있는 것은 이 때문이다.

북한식 수도계획의 특성은 북한이 '극장국가'라는 점에서 비롯된다. 인류학자 기어츠Clifford Geertz는 네덜란드 식민시대 이전 발리섬의 고전적 국가 '느가라'의 경우 통치 권력이 상징적 표상과 의례 및 과시적 스펙터클을 통해 발현하고 유지되었다고 주장했는데, 이는 북한 체제에도 정확히 해당되는 말이다. 북한이 극장국가라면 평양은 그것의 상설무대다. 김일성 사후 권력세습 과정에서 김정일과 김정은이 기량을 발휘한 것 또한 극장국가의 무대 설계자 내지 연출자로서였다. 이런 점에서 얼마 전 영국의 건축 비평가 웨인라이트Oliver Wainwright는 평양을 "거대한 연극 세트장"에 비유하기도 했다.

하지만 평양이 서울과 결정적으로 다른 점은 그곳에 사는 사람들에게 있다. 평양은 특권적 선민選民만 살 수 있는 요새要塞도시로서, 같은 북한이라지만 평양과 지방의 생활 수준은 하늘과 땅 차이다. 만약 평양 사람들에게 여유와 활기가 있다면 그것은 어디까지나 정치적으로 표백되고 이념적으로 살균된 폐쇄 공간 안에서일 뿐이다. 무엇보다 그들은 상시적 동원체제 속에 살아간다. 국가의례나 군중대회, 집체예술 등 각종 극장정치를 위한 '살아있는 인형' 혹은 엑스트라가 평양 사람들의 존재 이유 가운데 하나다.

그렇다면 문재인 대통령은 2018년 9월 방북 시 무엇을 보고 "평양의 놀라운 발전상"에 감동했다는 말인가? 그것도 김정은에게 찬사와 박수를 보내면서였는데, 참고로 올해(2018년) 북한의 경제성장률은 마이너스 5%로 전망되고 있다. 능라도 5·1경기장을 찾은 15만 군중을 "평양시민 여러분"이라 부르기도 했는데, 이때 그는 시민과 신민臣民의 개념 차이를 과연 알고 있었을까? 일반적으로 시민은 서울의 경우처럼 민주 정치공동체의 평등하고 자유로운 구성원을 의미한다.

필요하면 김정은이 서울을 열두 번 올 수도 있다. 하지만 평양을 서울과 같은 반열에 놓는 발상은 결코 온당치 않다. 아무리 남북교류협력시대라 해도 평양의 실상과 진실은 그것대로 정직하고 당당하게 말해야 한다. 서울의 자긍심과 서울 시민의 자부심으로 말이다. 그럼에도 지금 서울에는 김정은 답방을 고대하며 '평양 띄우기'에 열심인 '눈 뜬 장님'들이 보란 듯 늘고 있다.

문화도시 서울로 가는
또 하나의 길

동아일보
2008/04/23

음악회 하나를 같이 준비하는 사람들 사이에 한 통의 이메일이 바삐 돌았다. 경비 집행에 관련된 절차상의 문제로 몇 백만 원 정도가 급히 필요하니 누가 며칠만 융통해줄 수 없겠느냐는 내용이었다. 며칠 뒤에는 진행 상황을 점검하느라 관계자들이 한자리에 모였다. 이때 예산절감 문제가 제기되자 음악가 몇이 자발적으로 출연 개런티 인하를 제안했다. 이런저런 성가신 일들을 앞장서 챙기고 있는 어떤 대학교수는 매년 이맘때가 되면 무엇이 본업이고 무엇이 부업인지 모르겠다며 즐거운 비명이다.

이쯤 되면 자그마한 동네 음악회나 교내 음악회 정도를 떠올릴 것이다. 하지만 그렇지 않다. 대신 그것은 수억 원대의 예산으로 열흘 이상에 걸쳐 시민 모두를 대상으로 열리는 클래식 음악 대장정이다. 그런데 이 음악 축제의 주관단체는 유명 기획사나 유력 언론사가 아니다. 그것을 기획하고 책임지는 쪽은 세계 정상급 음악가 몇 명과 그들을 좋아하는 평범한 음악 애호가들이다. 그럼에도 그 음악회는 지금까지 신통방통 잘 굴러가고 있다. 매회 거의 전석 매진을 기록했을 뿐 아니라 중국 올림픽을 맞이하여 금년에는 베이징 공연까지 예정할 정도며 내년부턴 국내 지방 도시 나들이도 구상 중이다.

물론 믿고 기댈 언덕이 하나쯤은 있었다. 최근 '창의문화도시'로 거듭나고자 노력하는 서울시의 재정적 후원은 행사의 종잣돈으로 매번 값지게 쓰이고 있다. 더욱이 지원은 하되 간섭은 하지 않는 원칙은 문화행정의 모범 사례다. 여기에 클래식 음악을 사랑하는 기업이나 기관들의 자발적 협찬 또한 귀하고 장하다. 하지만 그 음악회를 이끌어가는 보다 유별난 힘은 토플러Alvin Toffler가 말한 프로슈머prosumer 시대가 문화영역에서 발현한 점에 있다. 이를테면 전문가professional 혹은 생산자producer와 소비자consumer가 서로 결합한 것이다.

가령 참여 예술가들은 주최자로서 스스로 문화를 생산하기도 하지만 그것을 즐기고 누리는 소비자의 역할을 공연 기간 내내 자청한다. 또한 그들의 도반道伴 혹은 프렌즈는 문화의 수요자나 수혜자에 머물기보다 그것의 창조 및 공급 과정에 동참함으로써 보통 사람의 문화주권 시대를 적극적으로 실천한다. 그 밖에도 수많은 자원봉사자들의 헌신적 노력을 결코 빠트릴 수 없다. 그 결과 이제 우리는 매년 봄마다 전문공연장은 물론이고 지역문화관, 고궁, 성당 또는 거리에서 세계 톱클래스 연주를 부담 없이 직접 접할 수 있게 되었다. 평소 클래식 음악 공연 티켓 가격으로 말하자면 세계 최고로 비싸다는 대한민국 서울에서 말이다.

연유를 묻자면 이는 실내악의 고유 특성과 깊이 관련되어 있지 않나 한다. 관현악이나 오페라가 익명의 청중을 대상으로 스펙터클을 제공하는 외향적 음악이라면 실내악은 연주자와 관객이 내밀한 감동을 가까이서 소통하는 일체형 음악이다. 또한 실내악은 연주자들끼리 서로 음악을 배우고 즐기는 좋은 기회이기도 하다. 강동석이 바이올린은 갈라미안Ivan Galamian에게 배웠지만 음악은 실내악에서 배웠다고 말한 것도 이런 취지다. 이처럼 예술적 기량과 인격적 유대를 함께 추구하는 실내악 정신이야말로 올해로 세 번째 맞는 서울스프링실내악축제의 최대 특징이자 자산일 것이다.[35]

강동석 예술감독이 꿈꾸는 것은 잘츠부르크 페스티벌을 능가하는 세계 최고의 도심형 실내악축제다. 사실 서울은 전 세계에서 우리 시대를 대표하는 음악가를 가장 많이 배출한 도시 가운데 하나면서도 그 위상에 값하는 클래식 음악 무대 하나쯤 제대로 키우지 못했다는 아쉬움이 늘 있었다. 게다가 아직도 우리나라는 실내악 불모지로 남아있다는 것이 대체적 평가다.

이런 점에서 서울의 봄 실내악축제가 불과 몇 년 만에 국제적 명성과 대중적 인기를 공히 확보한 것은 문화도시 서울의 체면을 크게 세운 일이다. 더군다나 그것이 문화권력이나 문화산

---

35 서울스프링실내악축제는 2019년에 제14회를 맞았다.

업, 문화운동 등 말하자면 세속적 동기의 산물이 아니라는 점에서 차제에 우리는 진정한 문화시대로의 진입을 예감하기도 한다. 문화의 본질은 그걸 통해 힘쓰고 뽐내고 줄 서고 돈 버는 것이 아니라 그것 자체를 즐김과 나눔의 대상으로 알고 실천하는 일이다. 그리고 그것은 진정한 문화 거장과 문화시민만이 할 수 있고 또 해야 한다.

G20은
정말 '서울'에서 열렸을까?

조선일보
2010/11/15

지난주에(2010년 11월) 열린 서울 G20 정상회의가 성공적으로 끝났다. 북미와 유럽 바깥에서 G20 정상회의가 개최된 것은 이번이 처음인데 그 주인공이 바로 대한민국이었다. G20 의장국 국민으로서 무한한 자부심을 느끼지 않을 수 없다. 이번 행사는 우리나라가 더 이상 신생국, 후진국, 개도국의 일원이 아니라 세계사의 당당한 주역이라는 사실을 만방에 선언하는 역사적인 순간이었다.

서울 G20 정상회의가 열린 장소는 서울시 강남에 위치한 코엑스였다. 관행적으로 강남은 우리나라의 정치외교 무대로서 낮익은 곳이 아니다. 하지만 현실적으로 강북에는 G20와 같은 정도의 국제회의를 유치할 장소가 따로 없다. 게다가 세계경제의 틀을 새롭게 짜려는 회의 목적을 감안한다면 강남이 오히려 적지適地일 수도 있다. 왜냐하면 강남은 자본주의 세계체제 속에서 이룩한 한국의 경제 기적을 상징적으로 보여주는 공간이기 때문이다.

그럼에도 이번에 강남을 찾은 각국 대표단 4,000여 명, 글로 벌 기업의 최고경영자, 외신 기자 1,700명 등 모두 1만여 명이 막 상 '대한민국의 서울'을 얼마나 보고 느끼게 되었을까 하는 점에 있어서는 여전히 미련이 남는다. 물론 그들의 동선動線이 강남에 한정되었던 것은 결코 아니다. 그들이 머물렀던 주요 호텔은 강남 북에 걸쳐 있었고 특히 국빈國賓들은 강북에 있는 미술관과 박물 관에서 식사를 하기도 했다. 취지는 한국 문화와 서울 생활에 대 한 폭넓은 체험이었을 텐데, 도처에 청사초롱을 밝히거나 창건 이 래 처음 경복궁이 야간에 개방된 것도 같은 맥락이 아닐까 싶다.

하지만 이번 G20 회의의 중심 무대는 역시 강북이 아니라 강 남이었다. 회의 때문에 입경入京한 절대 대다수는 코엑스 주변에 서 며칠이 아니라 몇 주 혹은 몇 달 동안, 일하고 먹고 자고 쉬고 놀았다. 따라서 강남 일대가 대한민국 수도 서울의 전부나 대표 인 양 세계만방에 알려질 개연성은 높을 수밖에 없다. 물론 이것 이 G20 회의 자체의 성공에 흠집을 낼만한 일은 아니다. 다만 국 가적 긍지가 한껏 고양되고 있는 작금의 분위기에서 수도 서울의 정체성과 장소성에 대한 진지한 성찰과 고민은 당장 발등에 떨어 진 불이 되고 말았다.

강남은 서울이면서 서울이 아니다. 급속한 산업화 과정에서 낙후한 농촌지역이 현대적 시가지로 졸지에 변모한 공간이 바로 강남인데, 태생적으로 그것은 근대 서구 도시계획의 복제품에 가 깝다. 그곳은 전형적인 격자형 계획도시로서 고밀도 압축도시의 면모를 드러낸다. 강남은 지역의 역사성을 살린 명품 도시가 아니라 자본주의의 고도·압축 성장과 관련하여 언제 어디서나 재현될 수 있는 공산품工産品 도시 가운데 하나다.

한 걸음 더 나아가 강남의 발전은 서울의 장소성 전체의 상실과 실종으로 이어지고 있다. 근본 없이 탄생한 강남이 언제부턴가 부나 지위 또는 권력의 측면에서 강북을 크게 능가하게 되자, 한강 남북의 균형 발전을 명분으로 '강북의 강남화'가 기다렸다는 듯 진행되고 있기 때문이다. 그 결과, 그나마 강북에 남아있던 서울다움의 두께나 깊이가 우리 주변에서 속속 사라지고 있다. 고층화가 심화되고 아파트가 확산되며, 차로는 늘어나되 골목길은 없어지는 등 강북과 강남의 물리적 경관은 나날이 동질화되어 가고 있는 것이다.

강남에는 서울이 없고 서울에는 한국이 없다. 물론 요 몇 년 사이 서울의 외모가 크게 개선되고 있는 것은 부인할 수 없는 사실이다. 이른바 '디자인 서울' 덕분이다. 서울이 세계도시로서의 면모를 보다 확실히 갖추기 위해서 도시 외부경관의 미학적 재구성은 반드시 필요한 일이다. 국제적 기준에서 볼 때 서울의 청결과 기초화장 수준은 아직도 갈 길이 멀다. 하지만 서울이 세계적 도시가 된다는 것의 또 다른 중요한 측면은 서울이 '한국적' 도시로 남는 일이다.

지도상에 수많은 '서울들'이 존재하는 한, 서울의 매력과 경쟁력은 모래성이자 공염불이다. 강남이 서울을 대변하고 강북이 강남을 추종하는 경향이 우려스러운 것은 바로 이런 이유에서다. 기왕 G20 정상회의를 계기로 대한민국이 글로벌 리더가 되었다

면 이제 서울은 명실상부한 세계 문화수도로 다시 태어나야 한
다. G20 정상회의가 남긴 숨은 교훈 가운데 하나는 그럴 필요성
과 가능성을 인식하는 일이다.

광화문 광장을
다시 고친다고?

조선일보
2017/04/17

　　겨우내 (2016년 겨울) 촛불시위로 뜨겁던 광화문이 새봄을 맞아 다시 뜨고 있다. 시나브로 광화문이 '핫 플레이스'로 부상하고 있는 것이다. 광화문이 새삼 주목받는 이유는 자연스럽다기보다는 다분히 정치적이다. 이는 일부 유력 정치인들이 광화문광장의 '장소 만들기'와 '장소 마케팅'에 적극 나서고 있기 때문이다.

　　지난주 문재인 더불어민주당 대통령 후보와 같은 당 소속 박원순 서울특별시장이 광화문광장에서 만났다. '37년 동지'라는 이들은 이른바 '광화문 재구조화 계획'에 합의했다. 문 후보는 광화문광장의 역사성을 회복하고 그곳에 광장민주주의 공간을 조성하겠다는 박 시장의 설명에 공감하면서, 그것은 과거 참여정부의 못다 이룬 꿈이었다고 화답했다. 그는 집권할 경우 청와대 집무실의 광화문 이전을 이미 공약한 바 있다.

　　지금의 광화문광장에 대해 그동안 이런저런 비판과 불만이 없지 않았지만, 아직 그곳은 8년도 채 되지 않은 새 공간이다. 주택 재건축도 최소한 20년은 기다려야 하는지라 문 후보와 박 시장의 광화문광장 재구조화 선언은 다분히 이례적이고 파격적이다. 덕분에 유관 건축 내지 조경업계가 또 한 번 신날지는 몰라도 일반 국민의 입장에서는 세금 낭비의 우려가 많다. 2009년, 언필칭 '한국의 대표광장'을 불과 1년 남짓 만에 뚝딱 선보이던 일을 떠올리면 졸속과 불통의 걱정도 떨치기 힘들다.

광화문 재구조화 계획에 힘을 실어준 것은 두말할 나위 없이 박근혜 대통령 탄핵을 위한 장기간 대규모 촛불집회다. 아닌 게아니라 이번 19대 대선판 자체가 광화문 촛불집회의 선물이다. 그런 만큼 촛불의 기억을 보존하고 확산하는 일이 최고의 선거전략일지 모른다. 공식 선거운동이 시작되기도 전에 광화문 재구조화 계획이 나온 것은 이런 까닭일 게다. 또한 광화문광장은 촛불시위 승리가 쟁취한 일종의 전리품으로서, 집권에 성공할 경우 정치적 우군友軍 세력의 이념적 성지聖地가 될 공산이 높다.

'광장민주주의 공간'이라는 표현에 유난히 눈길이 가는 것은 이 때문이다. 여기에는 차제에 '촛불민주주의'를 광화문광장의 대표적 장소 브랜드로 만들겠다는 정치적 의도가 읽힌다. 문제는 그럴 권리가 누구에게 있으며, 그럴 필요와 명분 또한 어디에 있는가 하는 점이다. 600여 년을 이어온 광화문의 역사와 공간을 '촛불민주주의'라는 생소한 개념 속에 담으려는 발상은 최근 탄핵 국면에서의 특정한 시대정신을 과장하고 남용하는 일이 아닐 수 없다.

광장 그 자체가 민주주의와 각별한 혹은 유일한 친화력을 갖고 있는 것은 아니다. 그곳은 민주주의의 기반일 수도 있지만 독재나 전체주의의 장치가 될 수도 있다. 모스크바의 붉은광장, 베이징의 톈안먼天安門광장, 평양의 김일성광장처럼 말이다. 그렇다면 광장이 포퓰리즘의 산실이 되지 않으리라는 보장도 없다. 하늘같이 받들어야 하는 것이 민심임에 틀림없다. 하지만 바람처럼 표변豹變하는 것 역시 민심의 실체다. 물이 배를 띄우기도 하고 뒤집기도 하는 것처럼 촛불 또한 세상을 밝힐 수도 있고 태울 수도 있다는 고민을 대권급大權級 정치인이라면 마땅히 해야 한다.

그러지 않아도 광화문광장은 이미 광장의 본래 의미로부터 한참 멀어졌다. 광화문 앞 세종로 중앙에 조성된 광화문광장은 사실상 '광화문극장'에 가깝다. 교통섬과 같은 곳이라 사색과 산책, 휴식은 원천적으로 거부된다. 평면의 원형이 아니라 고층건물로 둘러싸인 직방체直方體 형태여서 시선이 한쪽 방향으로 집중되기 좋은 구조이기도 하다. 인근의 많은 지하철역은 광화문 노천극장의 출입구 역할을 톡톡히 한다. 결과적으로 그곳은 보이든 보이지 않든 누군가의 기획과 연출에 쉽게 부응할 수 있는 무대 공간이다.

일련의 촛불시위를 거치면서 우리는 광장과 민주주의를 등식화하는 데 유난히 집착하고 있다. 민주주의 콤플렉스에 더해진 일종의 광장 콤플렉스다. 하지만 광장의 발생학적 존재 이유는 보이드void, 곧 비움이다. 시설이나 조형물도 최소화되어야 하지만 그곳 특유의 기억이나 의미 또한 집단적인 것이 아니라 시민 각자의 몫으로 주어져야 한다. 그래야 새것과 다른 것이 부단히 만나고 헤어지는 개방과 소통의 공간이 될 수 있다. 무릇 명품 광장은 만드는 것이 아니라 만들어가고 만들어지는 것이다. 광화문광장의 재구조화 계획이 호박에 줄을 그어 수박 만드는 식이 되지 않을까, 기대보다는 염려가 훨씬 더 크다.

대원군의 광화문,
박정희의 광화문

조선일보
2018/02/15

　　광화문 현판이 내년(2019년) 상반기에 다시 바뀐
다.[36] 이유는 현판 색상의 오류다. 흰색 바탕에 검은색 글씨로 되
어 있는 현재의 현판은 1902년과 1916년에 각각 촬영된 도쿄대
및 국립중앙박물관 소장 유리건판 사진을 근거로 제작되었다. 그
런데 작년 초, 1893년 무렵에 찍은 것으로 추정되는 광화문 고사
진이 미국 스미스소니언 박물관에서 발견되었다. 이에 대한 '과학
적' 분석을 통해 문화재청은 광화문 현판이 본래 검은색 바탕에
금박 글씨라고 결론 내렸다.

　　이로써 우리는 2010년 경복궁 복원 이후 10년 가까이 엉뚱한
현판을 쳐다본 꼴이 되었다. 그렇다면 새로 등장할 검정 바탕, 금
박 글씨는 과연 진짜 원형일까? 그럴 수도 있고 그렇지 않을 수도

36　일정은 다소 느리게 진행되는 것으로 보인다. 문화재청은 2019년 8월경 현판에 사용
할 단청안료와 글자마감 방식을 최종 결정하였으며, 2020년 이후 길일(吉日)을 택해 공식
교체할 방침이라고 발표하였다.

있다. 광화문 현판에 대한 새로운 물증이 언제, 어디서 또 나타날지 모르기 때문이다. 앞으로도 우리는 조선왕조 정궁의 정문 현판을 반신반의半信半疑하며 바라볼 수밖에 없는 처지다.

광화문 현판이 '뜨거운 감자'로 처음 부상한 것은 노무현 정부 시절이었다. 그때까지 걸려있던 박정희 대통령의 친필 현판을 광화문의 본래 모습이 아니라는 이유로 전격 교체하려던 시도가 발단이었다. 대원군의 지시로 광화문 중건重建을 지휘했던 임태영의 글씨가 그 자리를 차지한 것은 2006년에 시작된 광화문 복원 사업이 일단락되면서였다. 지금의 흰색 바탕에 검은색 글씨, 한문 '門化光(문화광)'이 그것이다. 훈련대장이었던 그는 천주교 박해에 앞장선 인물이었다.

1395년 조선조 개국 직후에 창건된 광화문은 자신의 원형을 스스로 기억하지 못한다. 임진왜란 때 경복궁과 함께 소실된 광화문은 19세기 말까지 약 270년 동안 황폐화되어 있었다. 대원군이 광화문을 다시 세웠지만 60년 뒤 일제는 조선총독부를 건설하면서 경복궁 동문 쪽으로 위치를 무단히 옮겼다. 그나마 6·25전쟁 때는 2층 누각이 모두 불탔다. 광화문이 지금 자리에 그나마 형상을 회복한 것은 1968년 박정희 정부에 의해서이다.

박정희는 광화문의 원형을 완벽하게 복원하지 않았고 할 수도 없었다. 창건 과정에 대한 실증적 자료가 남아있지 않기에 과거 대원군의 광화문 공사에도 한계가 많았다. 박정희는 '영구미제永久謎題'일 수밖에 없는 광화문의 원형에 집착하는 대신 1960년대 후반 조국근대화 시대의 상황을 적극적으로 반영했다.[37] 그 가운데 가장 대표적인 것이 콘크리트조組 복원과 친필 한글 '광화문' 현판이다. 바로 이 대목이 훗날 박정희 정권의 문화적 '야만'과 정치적 '독재'를 비판하는 빌미가 되었다.

돌이켜보면 당시는 목조 문화재의 콘크리트 건축이 시대적 유행이었다. 비슷한 시기, 일본 최초의 불교 사찰 시텐노지四天王寺도 시멘트 콘크리트로 복원되었다. 그 무렵 특히 우리나라는 산림자원을 보호하느라 목재를 극도로 아꼈다. 이를테면 전신주나 침목이 콘크리트로 바뀌던 시대였다. 또한 1968년은 한글전용 5개년 계획의 원년이기도 했다. 왼쪽에서 오른쪽으로 쓰는 한글 현판 자체가 발상의 전환이었는데, 서예에 조예가 있던 무인 출신 박정희 대통령이 직접 붓을 든 것이다.

작금의 광화문 현판 논쟁은 겉으로 원형 타령이지 결과적으로는 박정희 흔적 지우기의 일환이다. 최근에는 현충사의 박정희 친필 현판 철거와 도산서원 내 '박정희 금송金松' 이전 문제까지 불거져있다. 물론 명분은 하나같이 문화재의 제 모습 찾기다. 아닌 게 아니라 우리는 문화재 복원과 관련하여 전통이나 원형을 유난히 앞세운다. 하지만 10년 전 화재로 전소된 숭례문[38] 복구 과정이 보여준 것은 총체적 위선과 부실, 그리고 사기였다. 원형복

---

37 대원군의 광화문 중건 기록 부재는 필자의 오류였다. 당시의 건축 기록물 『경복궁영건(營建)일기』는 일본 와세다대학이 소장하고 있었는데, 2019년 서울역사편찬원에 의해 국역(國譯)되었다.
38 2008년 2월 숭례문 방화 사건.

원이랍시고 제막식까지 거행한 현재의 광화문 현판조차도 두 달 만에 균열되었다.

문화재 보존에 관련된 국제적 규범, 베니스 헌장에 의하면 "추정이 시작되는 순간 복원은 멈춰야 한다." 선진국들이 원형에 대한 강박관념에서 벗어나 당대의 재료와 기법을 문화재 복원 과정에 과감히 활용하는 것은 이 때문이다. 루브르 박물관 앞 유리 피라미드나 오사카성의 엘리베이터도 언젠가는 역사가 된다고 믿는 것이다. 그런 만큼 태조의 광화문, 대원군의 광화문에 이어 박정희의 광화문도 나름의 역사고 문화다. 그럼에도 박정희의 현판이 여전히 못마땅하다면, 밑도 끝도 없는 원형을 쫓아다니는 대신 첨단 테크놀로지를 이용한 신소재 현판을 21세기 한류의 힘으로 새로 만들면 어떨까. 걸핏하면 떼었다 붙였다 하느니, 저간의 경과와 쟁점을 사실대로 밝힌 채 판단과 감동은 국민 각자에게 맡기면서 말이다.

도시는
기억으로 살아간다

동아일보
2008/10/08

부쩍 빨라진 일몰日沒과 문득 쌀쌀하게 느껴진 날씨를 핑계 삼아 가을맞이 술자리에 나갔다. 찬 바람이 불면 종종 들리던 종로 1가 쪽 어느 생태찌개 집은 그러나 철거 일보 직전의 상태에서 이전移轉 광고만 나부끼고 있었다. 둘러보니 그곳만이 아니었다. 속칭 피맛골 전체가 재개발사업 대상이 되어 역사의 뒤안길로 사라질 운명이었다.

목하 서울은 세계적인 '디자인 도시'로 변신 중이다. 깨끗하고 질서 있는 도시미관을 통해 서울의 문화적 품격은 물론 국제경쟁력까지 높이겠다는 의도에서다. 20세기가 국가 전성시대였다면 21세기는 도시 중심 시대고, 도시의 위상과 역량을 가늠하는 요소로서 문화가 으뜸이라는 사실을 정확히 인식한 결과다. 겉모습이 곧 문화는 아니라며 "군자가 사는 한 누추함은 없다君子居之 何陋之有"라고 공자는 말했다지만, 필시 그건 아무나 탐할 수 있는 경지가 아닐 것이다.

그럼에도 왜 막상 우리는 도시의 건물과 가로, 혹은 간판이 시각적으로 현대화되고 기능적으로 첨단화되는 것에 대해 일말의 아쉬움을 느끼게 될까. 그것은 도시 재설계 과정에서 불이익을 받기 쉬운 사회적 약자들의 처지가 딱하기 때문일 수 있다. 아니면 그것은 오래되어 익숙한 것이 사라지는 현상에 대해 가지는 개인적 미련이나 향수 탓일 수도 있다.

하지만 보다 근본적으로는 도시의 고유한 문화적 자산과 매력이 소멸하는 데 따른 어떤 문명사적 불안감이 아닐까 싶다. 누구나 알고 있듯 지금까지 인류는 '문화'를 기반으로 엄청난 성장과 진보를 이룩해 왔다. 문화가 없기에 가령 사자나 독수리 세계의 삶은 수천 년 전이나 수백 년 전이나 지금과 다를 바가 없다. 오직 인간 사회만이 지식과 정보의 기록, 보존, 축적 및 전수를 통해 문화를 발전시켜 온 것이다.

그러한 문화의 무대이자 보고는 역사적으로 늘 도시였다. 그렇기에 도시 비평가 루이스 멈포드Lewis Mumford는 도시를 '문화의 컨테이너 혹은 용기容器'라 정의했다. 동서고금에 걸쳐 박물관, 도서관, 미술관, 공연장, 학교 따위가 도시에 밀집해 있는 현상은 결코 우연이 아니다. 미국의 시인이자 문화 평론가인 랄프 에머슨Ralph Emerson이 "도시는 기억으로 살아간다"라고 주장한 것도 같은 맥락에서다.

낡고 지저분한 구도심 지역이 신천지로 개벽하는 작금의 과정이 아무래도 섭섭한 것은 결국 그로 인해 서울이라는 도시가 자신의 오랜 역사와 다양한 문화에 대한 기억을 상실하지 않을까 하는 염려 때문이다. 또한 결과적으로 그것이 서울의 정체성을 스스로 약화시키고 창조적 경쟁력도 둔화시키는 선의善意의 부작용을 자초하지나 않을까 하는 걱정 때문이다.

이런저런 상념은 우리나라의 도시계획이나 도시재생 사업이 다분히 도시공학적 혹은 건설산업적 접근이라는 현실에서 기인한다. 물론 지난날 급속한 산업화 및 도시화 과정에서 그것이 수행해 왔던 긍정적인 역할은 나름대로 인정되어야 한다. 그러나 공학적 내지 산업적 발상에서는 사람과 역사와 문화가 아무래도 도로나 건물 혹은 자동차에 밀리기 십상이다. 또한 무언가 불규칙하고 불분명하며, 어딘가 불투명하고 불편한 모습은 눈엣가시가 되기 마련이다. 언필칭 문화도시를 강조하면서도 문화시설이나 문화행사 정도면 충분할 줄 아는 단순한 생각도 뿌리는 같다.

인구 천만의 대한민국 수도 서울이 조만간 굴지의 세계도시로 거듭나는 것 자체는 너무나 필요하고 당연한 일이다. 하지만 600년 성상星霜을 보내는 동안 여기저기 알게 모르게 쌓여있는 고도古都의 기억을 보존하고 복구하려는 노력 또한 결코 게을리 할 수는 없다. 이들은 서로 다른 것이 아니라 상승효과가 기대되는 사실상 똑같은 일이다.

서울의 디자인 도시혁명이 성공하려면 따라서 도시를 만드는 사람들의 생각부터 바뀌어야 한다. 이런 점에서 시오노 나나미는 과연 혜안을 가졌다. 『로마인 이야기』에서 그는 "로마는 하루아침에 이루어지지 않았다"라는 사실을 새삼 환기시키며 "공과대학의 도시공학과에 다니는 사람이라면 무엇보다 우선 철학이나 역

사 같은 인문학을 배우는 것이 좋다"라고 했다. 하지만 보다 중요
한 것은 도시에서 사는 일반 시민들의 생각 역시 이참에 같이 변
해야 한다는 점이다. 마침 모레 10월 10일은 작년(2007년)에 제정
되어 올해 두 번째로 맞이하는 '도시의 날'이다.[39]

---

39 10월 10일은 조선 정도대(正祖代) 수원화성 성역(城役)이 완료된 날이다.

'보이지 않는 도시'를
살리고 키워라

조선일보
2014/04/09

　예년보다 일찍 만개한 봄꽃들로 천지가 장관壯觀이다. 올해(2014년)에는 개나리, 목련, 벚꽃, 진달래가 한꺼번에 쳐들어온 바람에 도시의 춘색春色이 훨씬 더 짙어졌다. 하지만 시내에 핀 꽃들은 대부분의 경우 그저 스쳐가며 바라보기에 좋을 뿐이다. 꽃의 자태나 풍모를 완상玩賞하기가 참으로 어려운 여건 탓이다. 핸드폰 카메라로 급히 '인증샷'을 서두르는 모습은 결코 제대로 취하는 꽃 풍류가 아니다. 그것은 눈만 잠시 즐거운 인스턴트 감상일 뿐이다.

　언제부턴가 도시의 계절 맞이 꽃구경은 눈인사로 만족하는 것이 되었다. 이는 미관상 좋은 꽃나무를 일부러 골라 심는 행태와 무관하지 않다. 가령 벚나무의 경우 1995년에는 서울시내 가로수의 0.9%에 불과했지만 2012년에는 9.2%로 10배 이상 급증했다. 현재 전국적으로 가로수의 20% 이상이 벚나무 종류로 알려지고 있다. 최근에는 벚꽃 잎이 질 무렵에 거리를 하얗게 수놓는 이팝나무가 크게 늘어나는 추세다. 지자체들이 '보이는 것'에 얼마나 집착하는지를 말해주는 전형적인 사례가 아닐 수 없다.

인간의 감각으로서 시각이 유일하거나 대표적인 것은 결코 아니다. 청각, 후각, 미각, 촉각과 더불어 시각은 오감五感 가운데 하나일 따름이다. 우리가 살아가는 구체적인 현실 또한 당연히 공감각共感覺의 세계다. 시각의 우위가 두드러지게 된 것은 계몽과 이성을 앞세운 서구 근대문명의 등장 이후다. 시각 중심의 근대는 도시계획에서도 예외가 아니어서 장대한 건축과 가로, 화려하고 눈부신 볼거리, 그리고 가시적 질서가 대세로 자리 잡은 것은 그 때문이다.

그럼에도 정작 서구의 명품도시들은 우리나라의 경우와 비교하여 오감의 균형을 비교적 잘 유지하고 있는 편이다. 유서 깊은 골목마다 특유의 후각이 잘 보존되어 있으며, 미각 체험은 도시 경험의 핵심적 일부로서 전통이 아주 깊다. 걸어 다니기가 불편하지 않기에 도시의 촉감 또한 온몸을 무난히 파고든다. 이로써 각 도시 나름의 문화적 장소성이 뚜렷이 형성되고 각인되는데, 여기에 보다 결정적인 것은 소리풍경 혹은 사운드스케이프soundscape가 아닌가 싶다.

관련 연구에 의하면 모든 도시는 나름대로 바탕음이 있다고 한다. 예컨대 뉴욕에는 떠들썩한 뉴요커들의 소리 사이로 '내림 가' 음과 '내림 나' 음 사이의 낮은 베이스음이 존재하며, 시카고는 소리의 진폭을 경감시키는 거대한 호수 덕에 뉴욕보다 좀 더 명랑한 '내림 마' 음을 낸다고 한다. 건물이 높지 않은 데다가 기후가 다습한 런던의 경우에는 지나친 흥분을 자제하며 법을 잘 지키는 사람들 탓에 가장 '낮은 다'의 바탕음이 깔려있다고 한다. 그렇다면 과연 서울은 어떤 음일까? 혹시 오선五線에 담을 수조차 없는 소리가 아닐까?

우리나라 대도시 지역의 평균 소음도가 환경 기준을 초과한 것은 한참 전의 일이다. 환경 관련 민원 가운데서도 소음 분야가 가장 증가율이 높으며, 서울시민 열 사람 가운데 서너 명은 소음을 가장 심각한 환경문제로 인식한다는 통계도 있다. 이는 각종 생활 소음에 엄청난 산업 소음과 공사 소음이 합쳐진 결과다. 여기에 '정치 소음'까지 유별난 게 우리나라 현실이다. 유세나 집회 때 발생하는 소음 말이다. 얼마 전 야간시위까지 합법적으로 가능해져[40] 앞으로 시민들의 귀는 더욱더 아플 전망이다. 외부 소음에 맞서려다 보니 일상의 음성 역시 하루가 다르게 커져만 간다. 연중무휴 주야불문, 시나브로 서울은 정온靜穩이 사라진 도시가 되었다.

이런 마당에 지금처럼 며칠간 눈만 호사豪奢하는 봄날의 집단적 꽃 축제는 무언가 개운하지 않다. 게다가 그 배후에 도시문화의 감각적 균형을 배려하지 않은 채 전시적인 것과 과시적인 것을 선호하는 정책당국의 개입이 엿보이기에 한층 더 그렇다. 도시의 발전을 주로 시각적 차원에서 찾는 관행은 변명의 여지없이 후진

---

40 헌법재판소는 2014년 3월 '해가 뜨기 전이나 진 후에 시위를 금지한 집회 및 시위에 관한 법률 10조가 집회의 자유를 보장한 헌법에 어긋난다'는 결정을 내렸다.

적이다. 그런데 어쩌면 바로 이 점이 현재 한국 정치의 수준이고 현행 지방자치의 한계인 지도 모른다. 공직의 막중함에 대한 소명의식이 크게 부족한 데다가 선거는 잦고 임기는 짧기 때문이다.

『보이지 않는 도시들』의 작가 이탈로 칼비노Italo Calvino에 의하면 도시의 진정한 가치와 매력은 기억이나 상상, 추억, 그리고 침묵처럼 눈에 보이지 않는 요소에 있다. 그리고 이로부터 나오는 도시의 힘은 눈에 보이는 것이 아니라 귀로 듣고, 코로 맡고, 입으로 맛보고, 피부로 느끼는 감각들에 훨씬 더 많이 의존한다. 개발시대를 끝낸 우리나라도 이제는 소리와 향기, 빛깔과 냄새, 질감과 분위기와 같은 '보이지 않는 도시'를 살리고 키워야 한다. 속성速成 '공산품 도시' 시대는 가고 숙성熟成 '공예품 도시' 시대가 와야 21세기 도시 르네상스를 여유 있게 맞이할 수 있다.

도시계획,
'그들만의 잔치'[41]

조선일보
2018/09/03

    2007년 5월 23일은 전 세계적으로 도시인구가 비非 도시인구를 양적으로 능가한 역사적인 날이었다. 누가 일일이 세어본 것은 아니지만 인구학적으로 그렇게 추정된다는 말이다. 우리 인류가 싫든 좋든 오늘날과 같은 문명사회를 이룩한 것은 도시의 출현이 계기였고 도시의 발전이 배경이었다. 작금의 세상은 지구 전역에서 '도시의 승리'를 구가하고 있으며, 현재 우리나라의 도시화 비율은 OECD 기준 90%에 육박할 정도의 세계 최고 수준이다.

    이처럼 남들 보다 앞서고 빠른 도시화 덕분일까, 도시의 미래에 대한 관심에서도 우리나라는 남들과 유별난 측면이 있다. 이미 10여 년 전(2008년)에 세계 최초 및 세계 유일의 '유비쿼터스 도시 Ubiquitous City(약칭 U-City 유시티)' 관련 법률을 제정한 나라가 바로

---

41   원래 제목은 "정권마다 '간판정책' 바뀌는 도시계획."

한국이다. 그런데 얼마 전부터 유시티의 한계와 실패가 스멀스멀 부각되더니 마침내 금년 3월, '스마트도시 관련' 법률이 다시 만들어지기에 이르렀다. 문재인 정부는 스마트도시를 국가 차원의 전략산업으로 육성할 방침이며, 최근 부산시와 세종시에서 스마트도시 시범 사업의 팡파르가 울려 퍼지기도 했다.

솔직히 일반 국민의 눈높이에서 유비쿼터스 도시와 스마트도시의 결정적 차이를 어떻게 알 수 있을까? 전자는 정보통신혁명, 후자는 4차 산업혁명에 각각 기반을 두고 있다는 설명을 제대로 이해할 사람이 과연 얼마나 될까? 대다수 보통 사람들은 네트워크, 모빌리티, 빅데이터, 인공지능, 사물인터넷, 클라우드, 블록체인, 플랫폼 등 날이 갈수록 점점 더 현학적衒學的이 되어가는 유관 전문용어들 앞에서 그저 압도당하거나 주눅만 들기 십상이다.

스마트도시의 취지는 정보통신 과학기술을 활용하여 행정, 환경, 에너지, 교통, 방범, 방재, 의료, 교육, 복지 등에 걸친 도시 기능의 효율성을 극대화하고 이를 통해 궁극적으로 도시경쟁력을 높이겠다는 것이다. 문제는 이와 같은 선의의 목적이 초래할지 모르는 역효과와 부작용이다. 물론 이런 종류의 염려는 21세기 스마트도시 담론이 처음 제기하는 것이 아니다. 어쩌면 그것은 도시계획 자체에 내재된 원초적 딜레마다. 프랑스의 철학자 미셸 푸코가 기술 낙관주의와 과학만능주의가 지배하는 19세기 근대 도시계획에서 '감옥'의 그림자를 읽은 것은 이런 맥락에서다.

도시 기능의 효율화가 곧 도시의 존재 이유도 아니고, 도시경쟁력 강화가 곧 도시의 최종 목표도 아니다. 그런데 스마트도시는 유독 이 대목에 명운을 건다. 또한 일상생활의 일거수일투족을 처방, 기록, 계산, 평가, 예측, 관리, 배열, 조절, 감시, 처벌하는 원리에 따라 그것의 실현이 가능하다고 자신한다. 하지만 그런 도시는 유토피아 못지않게 디스토피아다. 인간의 자유의지와 자발성 및 창조성이 쇠퇴하면서 삶의 전반적인 피동화, 규율화, 식민화가 기다리고 있기 때문이다. 사람들 사이의 면대면面對面 소통, 배려, 친절, 양보, 희생, 용서 등의 가치는 사회 시스템의 원활한 기계적 작동을 오히려 방해한다고 생각될지 모른다. 영국의 사회학자 리처드 세넷Richard Sennett에 의하면 너무 똑똑한 도시는 결국 인간을 멍청하게 만들고, 각 개인들로부터 삶에 대한 소유권을 뺏어간다.

물론 스마트도시에는 나름의 장점이 없지 않다. 역사적으로도 도시의 발전과 과학·기술의 발달은 불가분의 관계였기에 우리 시대 디지털 문명 또한 어떻게든 도시의 미래에 개입하고 관여할 것이다. 바로 그렇기 때문에 스마트도시의 빛과 그림자를 둘러싼 인문사회학적 성찰과 토론은 일부러라도 적극적으로 활성화될 필요가 있다. 출중한 과학·기술 역량을 바탕으로 국가전략적 차원에서 스마트도시에 접근하는 우리나라의 경우는 특히 그렇다.

하지만 실제 돌아가는 모습은 이와 거의 정반대다. 우리나라 도시계획의 특징 가운데 하나는 시류에 따라 '끌리고, 쏠리고 몰리는' 관행이다. 권력 이동과 더불어 간판정책이 바뀔 때마다 이해 당사자들은 막대한 예산이 쏟아지는 '기회의 땅'으로 일제히 달려간다. 최소한 이 점에서는 진보와 보수, 여당과 야당, 중앙과 지방, 공공과 민간, 업계와 학계가 별반 다르지 않다. 작금의 스마트도시 열풍 역시 가치 논쟁은 없고 '그들만의 잔치'만 풍성하다. 무엇을 위한 효율성이고 누구를 위한 경쟁력인지를 묻지 않는 '철학의 빈곤'은 스마트도시에서도 예외가 아니다. 담론이든 정책이든 스마트도시라면 '스마트'라는 이름값을 제대로 해야 할 텐데 말이다.

스마트도시의
인문사회학[42]

호모 쿨투랄리스
2019/02/18

　　최근 우리나라의 도시나 도시계획 분야에 있어
서 최대의 화두는 '스마트도시'다. 스마트도시 전문가가 갑자기
늘었을 뿐 아니라 스마트도시 전공 부서나 인력을 키우는 대학
이나 연구소도 졸지에 많아졌다. 이유는 뻔하다. 문재인 정부가
스마트도시를 국가 차원의 전략산업으로 육성하고자 나섰기 때
문이다. 2018년 3월에는 '스마트도시 관련' 법률이 만들어졌고,
2019년도 관련 예산은 704억 원으로 팽창했는데 이는 전년 대비
무려 네 배 정도다. 도시계획 관련 이해 당사자들이 막대한 나랏
돈이 쏟아지는 '기회의 땅'에 몰리고 쏠리는 한국 사회의 오랜 관
행은 이번에도 결코 예외가 아니다. 진보와 보수, 여당과 야당, 중
앙과 지방, 공공과 민간, 업계와 학계를 가리지 않고 세상은 일제
히 스마트도시로 질주 중이다.

42　이 칼럼은 앞의 '도시계획, '그들만의 잔치''의 내용을 더욱 보완한 것이다.

10여 년 전 우리나라가 세계에서 최초로, 그리고 세계에서 유일하게 제정했던 '유비쿼터스 도시(유시티)' 관련 법률을 굳이 개정하면서까지 현 정부가 스마트도시에 올인하는 명분은 이른바 제4차 산업혁명 시대의 도래다. 유시티가 정보통신혁명의 몫이라면 스마트도시는 4차 산업혁명의 요구라는 것이 정부 측 설명이다. 이들 둘의 결정적 차이를 일반 국민의 눈높이에서 어떻게 제대로 알 수 있을까마는, 스마트도시 담론이 유시티 담론에 비해 훨씬 현학적衒學的인 것만은 틀림없는 사실이다. 스마트도시의 키워드는 대략 이런 것들이다. 네트워크, 모빌리티, 빅데이터, 인공지능AI, 사물인터넷, 클라우드, 블록체인, 플랫폼 등.

스마트도시 관련 관변官邊 자료들에 의하면 그것은 "첨단 IT 기술과 도시기반 시설을 융·복합하여 도시의 효율적 관리 및 시민이 필요로 하는 정보를 언제 어디서나 제공할 기반을 갖춘 도시"를 의미한다. 또한 스마트도시의 목적은 "정보통신 과학기술을 활용하여 행정, 환경, 에너지, 교통, 방범, 방재, 의료, 교육, 복지 등에 걸친 도시 기능의 효율성을 극대화하고 이를 통해 궁극적으로 도시경쟁력을 높이는 것"이다. 문제는 과연 이런 도시가 실현 가능할까 하는 점과 더불어, 보다 본질적으로 이런 도시가 삶의 질 측면에서 바람직한가 하는 점이다.

스마트도시 담론이 본격적으로 태동한 것은 2008년 전후였다. 여기에는 몇 가지 계기가 존재한다. 우선 한 해 전 2007년 5월 23일은 전 세계적으로 도시인구가 비非 도시인구를 양적으로 능가한 역사적인 날이었다. 이른바 도시종都市種 urban species이 인류의 다수가 된 것이다. 둘째, 무선 인터넷 사용자가 유선 인터넷 사용자를 수적으로 능가한 것도 그때였다. 말하자면 탈脫 유선망 시대가 도래한 것이다. 셋째, 사물인터넷Internet of Things이 인간인터넷Internet of People을 수적으로 추월한 것 또한 그 무렵이었다. 다시 말해 온라인 주도권이 인간으로부터 사물로 넘어가기 시작한 것이다.

요컨대 21세기에 들어와 인류 문명은 '도시 르네상스urban renaissance' 시대로 확연히 접어들었고, 때마침 제4차 산업혁명과 합류하면서 스마트도시 담론이 태동하게 된 것이다. 돌이켜보면 이는 18~19세기 근대 도시계획의 탄생 과정을 연상시킨다. 서구의 자본주의 발전 및 국민국가의 형성은 도시의 비약적 성장을 배경으로 하였다. 그런데 문제는 근대사회가 요구하는 새로운 인간형은 저절로 태어나거나 우연히 주어지는 것이 아니라는 점이었다. 다시 말해 '착한' 시민과 '순한' 노동자는 사회적으로 만들어질 필요가 있었는데, 여기에 동조한 것이 당시 근대 과학기술이었다. '자본 축적accumulation of capital' 개념에 착안하여 프랑스의 철학자 미셸 푸코는 이를 '인간 축적accumulation of men'이라 불렀다.

푸코는 근대사회의 인간 축적 과정에서 근대 도시계획의 담론과 실천을 발견했다. 이때 그가 주목한 것은 파놉티콘Panopticon으로 대표되는 근대 감옥 제도가 인간의 신체와 정신을 규율하는 방식이었다. 공리주의 철학자 제레미 벤담Jeremy Bentham이 발명한 원형감옥은 시선의 권력화를 통해 사회통제의 효율성을 극대화하는 것이었다. 푸코가 볼 때 이러한 '감시와 처벌' 원리는 감옥을 넘어 공장, 군대, 병원, 학교 등 대부분의 근대 조직에 파급되고 있었고, 도시 또한 결코 예외가 아니었다. 푸코는 따라서 공학·기술 중심의 근대 도시계획은 궁극적으로 그 끝이 '감옥 도시carceral city'에 이르게 될 것으로 전망했다.

푸코가 생각한 인간 축적으로서의 근대 도시계획은 프랑스의 사회학자 부르디외Pierre Bourdieu가 말하는 '아비투스habitus'[43]의 주입 과정으로 이해해도 무방하다. 우리는 도시계획에 의해 국민 아비투스, 노동자 아비투스, 시민 아비투스 등을 내재화하게 되며, 그 결과 인간은 알게 모르게 기계와 사물을 점점 닮아가게 된다. 또한 이는 프랑스의 철학자 르페브르Henri Lefèbvre가 제기하는 '리듬 이론'과도 상통한다. 그에 의하면 근대사회의 권력과 자본은 보통 사람들이 살아가는 생활세계의 리듬을 인공적 내지 타율적으로 재구성하는 경향이 있다. 사람들의 시공간 사용 패턴과 관련하여 르페브르는 이를 '조련調練 dressage'이라 부르기도 했다.

작금의 스마트도시에서 우리는 이러한 근대 도시계획의 데자뷔를 맛본다. 말하자면 스마트도시란 제4차 산업혁명 시대가 요구하는 또 하나의 인간 축적 방식일지 모른다. 스마트도시의 기본 작동원리는 인간 활동 및 동선의 완벽하고도 정밀한 처방, 기록, 계산, 평가, 예측, 관리, 배열, 조절, 감시, 처벌이다. 그 결과, 인

---

43 개인이 사회화 과정을 거치는 동안 획득하는 영구적인 성향체계이자 특정한 사회적 환경에 의해 내면화한 삶의 방식.

간의 자유의지와 자발성 및 창조성이 쇠퇴하면서 삶의 전반적인 피동화, 규율화, 식민화가 불가피해진다. 면대면面對面 소통, 배려, 친절, 양보, 희생, 용서 같은 가치는 사회 시스템의 원활한 기계적 작동을 오히려 방해한다고 생각될 정도다. 사회학자 리처드 세넷이 "너무 똑똑한 도시는 결국 인간을 멍청하게 만들고, 각 개인으로부터 삶에 대한 소유권을 뺏어간다"라고 언급한 것은 이런 이유에서다.

한 걸음 더 나아가 제4차 산업혁명 시대의 스마트도시 계획은 푸코가 예견한 감옥 도시를 현실화시킬 우려가 적지 않다. 이른바 디지털 전체주의는 이제 바로 우리 눈앞에 와 있다. 역사학자 유발 하라리Yuval Noah Harari는 기술과 독재의 선택적 친화력을 강조하며 인류가 "소규모의 슈퍼휴먼 계층과 쓸모없는 호모 사피엔스 대중의 하위계층으로 양분될 수 있다"라고 경고한다. 그것의 실증적 전조前兆는 중국에서 현실화되고 있다. 도시의 톈왕天網(하늘그물)과 농촌의 쉐량雪亮(밝고 흰 눈밭)은 이른바 '14억 총감시사회' 중국의 핵심 디지털 기반이다. 빅브라더는 이미 중국에서 살아 있다.

제4차 산업혁명 지능정보사회의 내재적 불안 또한 결코 간과할 수 없다. 2018년 11월 KT 아현지사 화재 때 우리는 네트워크 블랙아웃이 초래하는 초연결 사회의 공포를 직접 경험하기도 했다. "인류가 풍요로워질수록, 그리고 삶이 편리해질수록 위험요소도 증가한다"라는 사회학자 울리히 벡Ulrich Beck은 과연 옳았다. 세대·계층·지역 간 디지털 격차digital divide 문제도 스마트도시의 혜택과 이점을 공유하는 과정에서 여전히 걸림돌이다. 결국, 스마트도시가 새로운 유토피아가 될지, 아니면 미지의 디스토피아dystopia가 될지 누구도 쉽게 장담할 수 없는 상황인 것이다.

바로 이럴 때 절실한 것이 스마트도시의 인문사회학이다. 스마트도시 이론가 앤서니 타운센드Anthony Townsend조차 능률 지상주의로 치닫는 스마트도시 담론을 경계한다. 곧, 도시가 지니는 자생적 측면spontaneity, 뜻밖의 재미serendipity, 그리고 사람들 사이의 친교sociability는 보존되어야 한다는 주장이다.

도시는 결코 공산품이 아니다. 도시계획학의 학문적 위상은 기술·공학이 아니라 '생명과학'이라고 말하는 도시계획가 내지 도시운동가 제인 제이콥스Jane Jacobs는 우리들의 영원한 사표師表다. "공과대학의 도시공학과에 다니는 사람이라면 무엇보다 우선 철학이나 역사 같은 인문학을 배우는 것이 좋다." 이는 역사소설가 시오노 나나미가 로마사에서 절실히 배운 교훈이다. 그런데 우리나라 도시계획 분야에서 인문사회학은 여전히 찬밥이고 뒷전이다.

5

현대사와 한반도

잊혀진
건국일

조선일보
2007/08/14

　오늘이 공휴일인 것은 8·15 광복절이 국경일이기 때문이다. 광복절의 취지는 1945년 8월 15일 일제로부터의 해방과 1948년 8월 15일 대한민국 정부 수립을 한꺼번에 국가적 경사로 기념하는 것이다. 하지만 국민 대다수가 체감하는 광복절의 의미는 건국보다 해방 쪽에 훨씬 더 무게가 쏠려있다. 이로써 세계 유수의 문명국가들이 갖고 있는 '건국기념일'이 우리나라에서는 사실상 유야무야有耶無耶한 셈이다.

　물론 지금까지 제헌절이 있어서 어느 정도 보완을 해오긴 했다. 그러나 그것마저 내년(2008년)부터는 국경일에서 평일의 기념일로 격하된다.[44] 게다가 대한민국 헌법마저 노무현 대통령에 의해 '그놈'이라는 딱지가 붙은 상태다. 하긴 취임식장에서부터 "정

44　제헌절은 제정 이후 2007년까지는 공휴일이었으나 2005년 식목일과 함께 공휴일 제외 대상에 포함되었고 2008년부터 공휴일에서 제외되었다.

의가 패배하고 기회주의가 득세한" 대한민국을 단죄했던 대통령 아니던가. 사정이 이럴진대 대한민국 건국의 높고 깊은 뜻은 국민적 관심에서 점점 더 멀어질 수밖에 없다.

8·15 해방과 8·15 건국은 시간적 연속성과는 달리 인과적으로는 별개다. 해방은 독립국가 출범의 필요조건이었을 뿐 대한민국 탄생의 충분조건은 아니었다. 우여곡절 끝에 태동한 대한민국 정부는 일시적 분단을 감수한 채 자유민주주의 체제를 적극적으로 선택한 근대 국민국가였다. 그리고 그것은 한국 사회의 근대 이행이라는 시대적 과업을 수행하는 데 있어서 제3세계 동년배同年輩 국가들에 비해 절대적 혹은 상대적 우위를 구가해 왔다.

그 계기와 비결을 특정한 정변政變이나 정권 혹은 정치지도자에게서 찾는 것은 부차적이고 주변적인 일이다. 본질은 어디까지나 근대국가 대한민국의 강력하고도 안정적인 존립과 함께 자본주의 시장경제에 대한 부단한 신뢰와 신념이었다. 곧, 한국의 압축적 근대화는 국민국가라는 하드웨어에 시장원리라는 소프트웨어가 합쳐진 이념과 제도의 승리였던 것이다. 그 결과, 한국의 국가는 권력 이동과 정권교체를 초월하여 근대적 기획과제를 비교적 일관되게 추진할 수 있었다.

가령 1948년 건국에서부터 1950년대 말까지 대략 10여 년 동안에는 각종 근대적 제도 개혁과 더불어 사회의식의 문명화와 사회구조의 평등화가 진행되었다. 대표적으로 교육 기적이 그랬고 농지개혁 또한 그랬다. 그 이후 1990년대 후반까지 약 40년은 국가 주도 계획적 산업화를 통한 한국 사회의 양적 토대 증대에 주력했다. 이로써 대한민국은 얼마 안 가 세계 굴지의 경제대국으로 급성장하게 되었다.

그 사이 1980년대에는 정치적 민주화의 숙원도 달성되었고 1990년대는 시민사회의 괄목할 성장도 경험했다. 하지만 여기서 결코 간과하지 말아야 할 것은 민주적 전환이나 사회조직의 발전 역시 어디까지나 국가의 건재健在를 전제로 한다는 점이다. 미국의 경우 민주주의의 견인차로 평가되는 자발적 결사체는 연방국가와 동반성장했고, 국가가 부실不實한 상황에서 시민사회만 과도하게 활성화된 결과는 독일 바이마르 민주주의의 몰락이 웅변하는 바이다. 이런 점에서도 우리는 운이 아직은 좋은 편이다.

물론 지난 세월 한국의 국가가 성취한 크고 작은 공적이 그 이면의 폐해와 부작용을 결코 덮을 수 없다. 1998년 전후 총체적 경제 위기에 대해서도 국가는 무한책임을 자청해야 한다. 이런 점에서 한국의 국가가 과거로 돌아갈 수도 없고 그래서도 안 된다는 점은 자명하다. 오히려 문제는 IMF의 시련을 딛고 집권한 대안적 '진보' 정권들의 실적과 행보다.

2006년에 1인당 국민소득 2만 달러 시대를 연 우리나라는 경제성장의 동력을 급속히 상실하고 있다.[45] 경제 상황이 IMF 시대

45　2019년 3월, 한국은행은 2018년 현재 우리나라 1인당 GNI가 3만 1,349달러로 전년의 2만 9,745달러보다 5.4% 올랐다고 발표했다. 2만 달러 고지를 돌파한 지 12년 만의 일이다. 정부는 이를 계기로 WTO '개발도상국' 지위를 내놓기로 했다. 하지만 대부분 국민들은 1인당 국민소득 3만 달러 시대를 제대로 실감하지 못하고 있다. 오히려 문재인 정부하에서 경제위기설이 확산되고 있다.

보다 더 악화되어 있는 가운데 사회적 양극화 또한 날로 심화되고 있다. 냉전시대의 불안한, 하지만 길었던 평화 역시 북한의 핵무기 보유 선언에 따라 예측하기 힘든 안보 불안 상황으로 돌변했다. 이런 처지에서 노무현 정부에 대한 국민의 지지도가 20%대에 고착되어 있다는 사실은 정권이 자초한 당연한 창피이자 대한민국 국가의 수치가 아닐 수 없다.

그런데 바로 '잃어버린 10년'의 장본인들이 건국을 홀대하고 대한민국을 폄하하는 데 앞장서고 있다는 사실은 인간적 몰염치에 앞서 '제 얼굴에 침 뱉는' 식의 자기부정에 가깝다. 행여 외부세력이라면 모를까, 대한민국의 법통 정부 자격으로 차마 이럴 수는 없는 법이다. 그리하여 당장 오늘부터라도 내년의 건국 60주년을 성대한 국가적 축제로 맞이할 카운트다운을 시작해야 한다. 민주화 20년을 기억하려는 노력의 절반, 아니 10분의 1이라도 대한민국 건국 60주년을 기억하고 기념하는 준비에 할애되어야 하는 것이다.

공교롭게도 지난 10년은 어떠한 장기종합 국가계획도 없던 시절이었다. 물론 개발국가, 토목국가 시절의 국가주의로 회귀할 수는 없다. 하지만 지식강국, 문화대국, 통상부국으로 거듭나지 않으면 번영은커녕 생존의 희망마저 보이지 않는 21세기 현시점에서 대한민국의 국가는 결코 이대로 멈출 수 없다. 물론 대한민국의 미래 도정道程에 자유통일조국이 어찌 빠지겠는가. 하지만 그것 역시 어디까지나 대한민국 국가의 자긍심, 대한민국 국민의 자존심에 바탕을 두어야 한다.

교과서에서 박물관으로 번진
역사전쟁

조선일보
2019/05/23

　　광화문광장에 있는 대한민국역사박물관이 내 후년까지 전시공간을 전반적으로 개편하기로 한 가운데, 지난달 초부터 연말까지 상설전시실의 문을 닫는다고 한다. 이는 2012년 12월 개관 이후 처음 있는 일인데, 작금에 문재인 정부가 벌이고 있는 '역사전쟁'과 무관하지 않다는 것이 박물관 안팎의 이야기다. 이로써 대한민국역사박물관은 1919년 임시정부 수립을 앞세워 1948년 대한민국 건국의 의미를 축소하는 이른바 '기-승-전-촛불' 사관史觀의 무로 거듭날 전망이다.

　　아이러니한 것은 지금의 집권세력이 애초에 대한민국역사박물관 건립 자체를 강력히 반대했다는 사실이다. 대한민국역사박물관이 탄생한 것은 이명박 정부 때였다. 당시 이른바 진보·좌파 진영에서는 대한민국 건국의 정당성을 선양하고 대한민국 역사의 성공을 홍보한다는 이유로 현대사 관련 박물관 건립에 줄곧 시비를 걸었다. 그러다가 2년여 전 정권교체 과정에서 막상 박물관을 접수하게 되자 자신들의 '역사정치' 무기로 활용하기 시작한 것이다. 물론 이 과정에서 이 전前 대통령 글씨가 담긴 건물 표석도 보란 듯 철거되었다.

돌이켜보면 역사전쟁은 이번이 처음은 아니다. 제1차 역사전쟁은 노무현 정부 초기 '교과서 파동'이라는 이름으로 발발했다. 2002년 제7차 교육과정에 따라 〈한국 근·현대사〉 과목이 새로 도입되면서 관련 교과서들이 출간되었는데, 그것의 친북 좌편향을 놓고 사회적 갈등이 심화된 것이다. 이들의 수정 여하를 둘러싸고 2008년부터 교과서 파동이 재차 격화되자 박근혜 정부는 2015년 10월, 역사 교과서의 국정화 방침을 결정했다. 하지만 문 대통령의 취임 직후 국정화 계획은 관련자 처벌과 함께 전면 백지화되었다. 좌파·진보 세력의 완승이었다.[46]

대한민국역사박물관 전시공간 개편은 제2차 역사전쟁이라 볼 수 있다. 역사 교과서가 학교에서 청소년을 대상으로 역사를 처음부터 가르친다면, 역사박물관은 일반 국민이 역사를 다시 배우고 새로 익히는 곳이다. 만일 교과서가 역사전쟁의 전방前方이라면 박물관은 역사전쟁의 후방後方이라 말해도 좋다. 전방이 무너져도 후방은 남아 있지만, 후방이 넘어지면 모든 게 끝이라는 점에서는 더욱 그렇다. 요컨대 박물관, 특히 역사박물관은 단순한

---

46 여기서 완승이 곧 정당한 승리를 의미하지는 않는다. 현 정부하에 개정된 2018년도 초등학교 5·6학년 사회 교과서의 경우 교육부의 '불법적' 행위가 검찰에 의해 밝혀졌다. 교과서 수정 과정에서 교육부 공무원들이 민원을 조작하고 협의록을 허위로 기재했을 뿐 아니라 집필 책임자의 도장까지 도용했다는 것이다.

취미나 여가생활, 교양이나 문화영역으로 그치는 게 결코 아니다.

아닌 게 아니라 박물관은 근대 이후 국가 건설 및 민족 형성의 핵심 요소 가운데 하나였다. 정치학자 베네딕트 앤더슨Benedict Anderson에 의하면 '상상의 공동체'인 민족 혹은 국민을 만드는 데 있어서 박물관은 인구총조사population census나 지도地圖 못지않게 일등공신이었다. 박물관의 태생적 존재 이유가 사회구성원의 정치적 소속감과 정체성 고취에 있다고 해도 과언이 아니다. 박물관을 '작은 조국'에 비유하는 것은 이 때문이다. 자국사自國史 박물관의 위상은 국력과 국격에 비례하는 경향이 있고, 내로라할 만한 역사박물관 건립은 선진국 내지 강대국 진입의 징표가 되기도 한다. 2008년 건국 60주년에 즈음하여 이명박 정부가 현대사 관련 박물관을 짓기로 한 것도 이런 배경에서다.

비슷한 선례는 제2차 세계대전 이후 독일연방공화국 현대사에 초점을 맞춘 독일 '역사의 집'이다. 최초 제안자 헬무트 콜Helmut Kohl 총리의 의중대로 서독의 '성공한 역사'가 알게 모르게 반영되긴 했지만, 독일의 경우 역사 인식의 다원적 관점은 최대한 관철되었고 정치적 독립도 철저히 보장되었다. 이런 원칙과 기준에서 보자면 대한민국역사박물관의 지난 행적에 부족하고 미흡했던 부분이 하나도 없다고 보기는 어렵다. 그렇다고 해서 대한민국역사박물관이 노골적인 우파 역사 홍보관으로 일관한 것은 아니다. 현 정부의 적폐 청산 명부에 그 이름이 직접 포함되어 있지 않은 것이 그 방증이다.

바야흐로 과거를 재현하는 패러다임이 역사에서 기억으로 이동하는 시대다. 이념 갈등 또한 기억의 투쟁으로 전환하는 시대다. 이런 점에서 작금의 제2차 역사전쟁은 사실상 '기억전쟁'이다. 그런 만큼 대표적인 '기억의 장소' 박물관이 새로운 전장戰場으로 부상하는 것은 예견된 일이다. 그럼에도 제1차 교과서 역사전쟁에서 당한 패배의 충격 탓인지 '박물관 정치'에 대한 보수·우파세력의 관심은 너무나 저조하다. 교과서에 이어 박물관에서도 대한민국이 점점 더 사라지고 잊히고 있다. 개인이든 국가든, 기억이 없으면 존재도 없는데 말이다.

80년대의 장막을
거둬라

중앙일보
2006/11/02

최근 여론조사에 의하면(2006년 10월) 노무현 대통령에 대한 국민적 지지율은 12.9%까지 추락했다.[47] 그리고 국민의 63.3%는 현재가 국가적 위기 상황이라는 데 공감하고 있다. 그럼에도 이 정권의 실세 집단은 불안감이나 초조함을 별로 드러내지 않는다. 집권 과정 혹은 집권 이후 자신들의 행적을 겸허히 반성하는 모습은 더욱더 찾기 어렵다. 오히려 그들은 내년 대선에 또다시 희망과 기대를 걸고 있다.

그도 그럴 것이 민심의 또 다른 측면은 그들에게 여전히 고무적이기 때문이다. 북한 핵실험의 원인 제공자로 북한 아닌 미국을 지목하는 것이 국민 다수의 현재 생각이다. 안보 장사보다 반미反美 장사가 이문이 더 많다는 것을 익히 잘 알기에 미군부대

---

[47] 한국사회여론연구소 조사 결과. 노 대통령에 대한 지지도는 그해 연말 5.7%까지 내려갔다.

이전이나 한·미 자유무역협정FTA 체결을 둘러싼 폭력의 난장판 또한 내심 싫지만은 않을 게다. 더욱이 이른바 보수 이념의 메시지message가 아무리 좋아도 우리 사회에서 그것을 전달하는 메신저messenger의 공신력은 목하 부상負傷 중이다.

대통령의 인기가 바닥을 헤매고 집권여당이 마흔 번의 크고 작은 선거에서 전패全敗를 기록해도 그들에게는 특별히 '비빌 언덕'이 하나 있다. 그것은 다름 아닌 1980년대의 기억과 유산이다. 그때 그 시절 이후 한국 사회에는 이른바 진보와 민중, 반미와 민족, 혹은 자주와 평등이라는 담론이 굳건한 시대정신으로 자리 잡고 있다. 80년대는 그 자체가 하나의 상징권력이자 권력 자원으로서 소위 진보(라고 하는) 정권의 무능을 감싸고 실정失政과 비리를 감추는 면책특권 같은 것이다.

80년대식 사고와 정서로 점철된 학교 교과서는 반反시장적 관점과 반미적 시각을 세대를 넘어 확대재생산하고 있다. 80년대를 거치며 사람들의 눈과 귀에 익은 것이란 주로 시위 아니면 파업이었기에 불법과 탈법에 대한 우리 사회의 관용도는 가위 세계 최고 수준이다. 게다가 이른바 386[48] 출신은 정치권은 물론 법조계·교육계·언론계·출판계, 그리고 논술 과외 시장에 이르기까지 우리 사회의 막강한 중추 세력으로 자라났다. 이들에게 편승하고 아부하는 것에서 출세와 매명賣名의 방편을 찾는 관료와 지식인

---

48 1990년대에 30대가 된 60년대 출생, 80년대 학번 세대를 일컫는다. 현재는 이들이 50대가 되어 586이라고도 부른다. 혹은 이들이 계속 나이가 들어가기 때문에 아예 'X86'이라 부르기도 한다.

역시 언제나 공급초과다.

386 세대에서 보이는 안타까움의 시작은 80년대의 정치적 권력화, 집단적 사익화私益化 및 이념적 교조화다. 한국 현대사의 파란만장한 단락 속에서 유독 '80년대'만이 정의를 자임하고 진리를 독점하는 세상이 화근인 것이다. 나치 치하 아우슈비츠의 비극 이후 유대인 문제가 서구사회에서 성역화된 것과 비슷한 상황이 80년 광주 이후 우리나라에도 뿌리를 내리고 있다. 목하 한국 사회는 80년대가 '장기지속longue durée' 중이다.

역사학자 브로델Fernand Braudel에 의하면 장기지속이란 특정한 사건이나 일시적 국면을 초월하는 것으로 역사의 지주支柱 혹은 하부구조를 구성한다. 비유컨대 현재 대통령의 낮은 지지율이나 여당의 상대적 열세는 80년대 이후 한국 사회의 큰 그림과 긴 흐름에 비춰볼 때 별로 대수롭지 않을 수 있다. 이미 진보·좌파가 기준이고 반미·자주가 기본이 된 나라에서 대통령이 누구이거나, 집권당의 간판이 아무렇거나 대세에 큰 지장이 있겠는가 말이다.

따라서 이제는 80년대의 장기지속 현상을 국가이익과 사회 발전 차원에서 성찰하는 거시적 안목이 필요하다. 노무현 정부의 참담한 실패를 통해 그것이 결코 21세기 한국의 현실과 미래에 부응할 수 없는 것임이 입증된 마당에 80년대의 낡은 장막은 이제 당사자 스스로 거두는 게 최소한의 염치이자 도리다. 정치적 수명 연장을 위한 80년대의 인위적 장기지속은 궁극적으로 그들과 국민 모두의 불행으로 귀결되고 말 것이다. 누구라도 자신을 과거에 묶으면 과거 또한 그를 묶어 성장도 저해하고 전진도 방해한다.

'진실의 순간' 맞은
운동권 전체주의

조선일보
2019/08/27

개강 준비로 들뜰 무렵이지만 학교로 출근하는 발걸음은 별로 가볍지 않다. 이런 느낌의 기폭제는 서울대 법학전문대학원 조국 교수다. 얼마 전 그가 교내 인터넷 커뮤니티에서 '부끄러운 동문' 1위를 차지하면서 교정은 뒤숭숭해졌다. '폴리페서'를 비판하는 입장과 '앙가주망engagement'을 옹호하는 견해의 차이 때문이다. 최근 그를 둘러싸고 학교가 약간 더 술렁이는 듯도 하지만 전체적으로는 여전히 미동 아니면 약풍弱風이다. 아직도 대다수는 사태 추이를 지켜볼 뿐이다. 개입이나 참견 대신 '복지안동伏地眼動' 쪽을 택하는 것이다.

'부끄러운 동문' 순위를 둘러싸고 대학 내부가 어수선한 것 자체가 사실은 부끄러운 일이다. 더 부끄러운 것은 같은 대학의 선배 학자가 낸 저서를 조교수가 "쓰레기 같은 책" 또는 "구역질 나는 책"이라고 비난한 일이다. 이에 대해 당사자인 이영훈 명예교수는 학문공동체에 걸맞은 형식과 금도襟度부터 갖추라고 대응했다. 서울대 역사상 초유의 교수 사회 공개 정면충돌이다. 그럼에도 학내에는 이와 관련된 논쟁이나 토론 하나 변변히 보이지 않는다. 민감한 정치적 이슈라면 판단하지도 않고 행동하지도 않는 것을 처세술로 여기는 경향 때문이다.

과거 흔하디흔한 연대서명 하나 없고 숱하디숱한 시국선언 하나 없는 것이 대학의 현주소다. 언제부턴가 교수들은 입조심과 말조심을 미덕으로 삼으며, 현실 정치에 대한 속내를 좀처럼 드러내지 않는다. 주변 경계와 자기검열 및 자기 세뇌에 익숙해지면서 지사志士나 투사형 지식인은 천연기념물처럼 희귀해졌다. 악플과 신상털기가 두려워 사회적 발언의 기회나 수위에도 극히 신중한 분위기이다. 이로써 지금은 전반적으로 지식인들의 책무 배임背任 시대다.

'속삭이는 사람들'은 유토피아적 공동체를 열망한 볼셰비키 혁명기 소련의 평범한 개인들을 지칭하는 말이다. 영국의 역사학자 올랜도 파이지스Orlando Figes는 스탈린 치하 거대한 사회적 실험장에서 보통 사람들이 가족, 이웃, 동료로서 살아온 모습을 이렇게 표현했다. 문제는 지금 우리나라에 이와 비슷한 징후가 사회 전반적으로 확산되고 있다는 점이다. 언제부턴가 사람들은 학교, 직장, 공원, 교회, 시장, 식당, 술집, 등산로 등에서 공적 대화를 점점 더 삼가는 모습이다. 적당히 보호색保護色을 쓰면서 자신의 주장과 정체를 가급적 드러내지 않으려 하는 것이다.

전체주의는 결코 흘러간 과거 악몽이 아니다. 히틀러나 스탈린, 김일성의 전유물이 아닌 것이다. "우리는 전체주의 이후의 시대를 사는 것이 확실한가"라고 물었던 정치철학자 한나 아렌트는 확실히 옳았다. 산업화와 민주화를 누구보다 성공적으로 이뤄낸 대한민국에 이런 날벼락이 떨어질 줄 누가 예상했겠는가. 관제 이데올로기, 혐오와 배제의 정치, 배타적 민족주의는 디지털 모바일 시대의 감시체제와 여론조작, 언론공모와 결합하면서 훨씬 엉큼해지고 은밀해졌다. 포퓰리즘의 만연은 전체주의 신드롬에 대한 자각조차 마비시키고 있다. 여기에 무기력한 야당과 해바라기 시민사회의 존재도 빠트릴 수 없다.

행여 집권세력으로서는 진심으로 국가를 위하고 국민을 섬긴다고 생각할지 모른다. 언필칭 '포용국가'고 '국민의 나라'며, '사람이 먼저'라 하지 않는가. 하지만 정작 현실은 정반대다. 자신만 진리인 위선적 권력일수록 또한 자신만 정의로운 오만한 권력일수록, 포용은 멀어지고 국민은 쪼개질 뿐 아니라 사람이 이념의 노예가 될 수밖에 없기 때문이다. 모두가 '집단적 인간'으로 살아야 하는 사회는 한 명의 개인으로 사는 것을 불가능하게 만든다. 전체주의의 진정한 해악은 안보나 경제의 실패 정도가 아니라 사회적 활기 및 체온의 저하다.

그런데 다행히 문 대통령의 조국 법무장관 지명을 계기로 '죽은 시민의 사회'가 소생하고 '죽은 개인의 사회'가 회생할 수 있는 희망이 보이기 시작한다. 그의 청문회를 앞두고 '운동권 전체주의'가 마침내 '진실의 순간moment of truth'을 맞고 있기 때문이다. 본질은 조국 지명자 개인이 아니라 그가 상징해 왔던 좌파 기득권세력의 총체적 민낯이다. 이번 일로 많은 국민은 여태까지의 막연한 '진보 콤플렉스'를 벗게 되었다. 양비론兩非論의 강박 혹은 중도론의 유혹으로부터도 자유롭게 되었다. 조국 후보자의 정치적 죽음과 삶은 이제 개인적인 차원을 떠나 한국 정치사의 결정적 변곡점 가운데 하나가 될 것이다. 아니 반드시 그렇게 되어야 한다.

구로공단
50주년을 맞으며

조선일보
2014/01/30

　　2000년대 들어 서울디지털산업단지로 이름이 바뀐 구로공단이 올해(2014년) 탄생 50주년을 맞는다. 경제개발 5개년 계획의 일환으로 조성된 구로공단은 국내 최초의 산업단지다. 1980년대 말까지만 해도 구로공단은 우리나라 수출의 10%가량을 담당하며 '한강의 기적'을 주도했다. 탈산업화와 더불어 한동안 쇠퇴의 길을 걸었던 구로공단은 최근 첨단 지식산업단지로 화려하게 재기 중이다. 지역주민의 생활 및 문화 수준과 관련하여 '제2의 강남'으로 불리기도 한다.

　　차제에 구로공단 50년을 기억하고 기념하려는 움직임은 마땅히 반갑다. 그중 하나가 작년 봄에 문을 연 '노동자생활체험관'인데, 이는 1970~80년대 소위 '공순이'들의 삶을 고스란히 재현하는 공간이다. 1985년에 발생한 '구로동맹파업'에 주목하여 구로공단을 우리나라 노동운동의 메카로 자리매김하려는 노력도 눈길을 끈다. 하지만 근로자들의 애환이 구로공단 역사의 전부는 아니다. 구로공단의 또 다른 주역이던 정치가, 관료, 계획가, 기업인, 과학·기술자는 물론 일반 국민들에게도 50주년을 함께 맞이할 자격과 지분이 당연히 있다.

언제부턴가 우리는 한국 현대사를 산업화와 민주화라는 양대 축을 통해 이해하는 경향이 있다. 보수와 진보의 이념논쟁 역시 이러한 대립 구조가 출발점일 때가 많다. 그러나 기념일이나 기념공간, 기념사업 등을 통해 역사를 보존하고 회자하고 학습하는 강도나 빈도는 산업화가 아닌 민주화 쪽에 크게 치우쳐있다. 산업화 '과정'에 비해 민주화 '운동'은 누가, 언제, 어디서, 무엇을 했는지를 밝히는 절차에 있어서 보다 유리할 뿐 아니라 지난 역사를 현재 이권利權과 결합하는 능력에 있어서도 상대적으로 유능하기 때문이다.

그 결과, 불과 반세기 만에 무역 1조 달러를 달성하며 세계 10위권 경제대국으로 자라난 대한민국은 스스로 성취한 산업화를 현양顯揚하기는커녕 제대로 간수조차 못하고 있다. 단적으로 지금 우리나라에는 산업 박물관이라는 것이 없다. 파리의 국립기술공예 박물관Musée des Arts et Métiers, 런던의 과학 박물관Science Museum, 뮌헨의 독일 박물관Deutsches Museum, 시카고의 과학산업 박물관Museum of Science and Industry 등이 자국의 산업혁명 역정을 시종일관 충실히 수집·관리하고 있는 점과 참으로 대비되는 모습이다. 산업기술진흥원에 따르면 1955년부터 2000년까지 국내에서 개발된 산업 기술 유물 가운데 절반 정도가 사라졌다고 한다. 이명박 정부 때 추진된 '산업기술문화공간'도 정권이 바뀐 이후 별로 진척이 없다.

도처에 늘어나는 민주화의 추억과 유산에 비해 산업화의 기록과 유물은 하루가 다르게 잊히고 버려지는 추세다. 더 큰 문제는 산업화 자체에 대한 부정적 인식이 우리 사회에 만연되어 있다는 점이다. 산업화가 갖고 있는 작금의 이미지는 경제성장이나 국력 신장, 복리증진이 아니라 개발독재나 빈부격차, 환경오염에 더 가깝다. 산업화가 이룩한 인류 문명의 위대한 진보를 폄하하거나 외면하는 것이 마치 시대정신인 양 군림하는 경우도 없지 않다. 산업화 혁명의 세계사적 의미가 유독 우리나라에서는 민주화 운동에 가려져 있는 느낌이다.

산업혁명의 가치를 새삼 확인할 수 있었던 최근의 계기는 2012년 런던 올림픽 개막식이었다. 식전 행사의 메시지는 농경 사회가 산업혁명을 거쳐 사회복지와 미래사회를 지향하는 '경이로운 섬나라', 곧 영국의 역사였는데, 이를 통해 영국은 산업혁명의 발상지이자 종주국이라는 자부심을 세계만방에 과시했다. 오늘의 영국은 자신의 번영을 이끈 힘의 원천을 산업혁명에서 찾았다. 적잖은 부작용과 폐해에도 불구하고 산업혁명 그 자체는 결코 생략하거나 우회할 수 없는 근대화의 정석定石임을 보여준 것이다. 지금도 지구상에는 산업화를 끝낸 나라보다 산업화를 앞둔 나라가 더 많다.

선진국일수록 산업화의 역사를 아끼고 기리는 것은 바로 이 때문이다. 영국의 건축 비평가 질리언 달리Gillian Darley는 공장건축을 '문명의 쇼윈도'로 여겼다. 산업화 시대의 공장이야말로 혁명과 혁신, 그리고 힘과 활기의 상징이라는 이유에서다. 미국의 뉴딜 시대에는 공장이 사원寺院으로 인식되기도 했다. 노동의 존엄성과 신성함이 구현되는 장소라는 의미에서다. 하지만 우리나라에는 산업화 과정을 쉽게 보거나 그 결과를 우습게 여기는 별난 풍조가 있다. 전후 제3세계 최고의 산업화 모델을 제시한 국제적 명성이 무색하게도 말이다.

현재 한국에서 산업화와 민주화 사이의 '기억전쟁'은 전세가 일방적으로 기울어져 있다. 좌편향 역사 교과서의 범람은 그것의 예고된 결과일 뿐이다. 지금 이대로라면 산업화 세력은 머지 않아 정신적으로 빈 껍데기가 될 것이다. 구로공단 50주년은 따라서 해당 지역이나 일부 당사자들에게 국한될 일이 아니다. 대한민국 산업혁명의 발원지라는 측면에서 거국적이고도 범汎사회적인 관심이 필요한 사안인 것이다. 기억에서 밀리면 존재감도 사라지는 법이다.

소리 없이 맞는
'새마을의 날'

조선일보
2011/04/18

2011년 4월 22일은 국가기념일로 제정된 지 처음 맞는 '새마을의 날'이다. 2011년 2월 국회 본회의에서 결정된 사안이다. 하지만 대다수 국민은 이러한 사실을 모른다. 알고 있는 사람들 또한 그날이 공휴일이 아니라는 이유로 금방 무심해지고 만다. 하긴 새마을의 날은 국회에서 국가기념일로 '조용히' 태어났다. 표결 결과를 보면 재적 296명, 재석 209명, 찬성 191명, 반대 5명, 기권 13명으로 되어 있다. 반대가 민노당[49]의 몫이었다는 점을 감안하면 민주당(현 더불어민주당) 소속 의원 가운데 상당수가 찬성한 셈인데, 한국 현대사 평가를 둘러싼 작금의 치열한 이념 갈등을 고려할 경우 참으로 이례적인 광경이다.

김대중 전 대통령이 자서전에서 새마을운동은 '속임수'였다고

---

49 민주노동당. 1997년 민노총을 기반으로 창당했다가 2011년 통합진보당으로 재편. 2014년 헌법재판소 결정으로 통진당이 해산된 다음 2017년 이후 민중당이라는 이름으로 명맥을 잇고 있다.

결론을 내렸음에도 불구하고 민주당 의원들은 새마을의 날이 국가기념일이 되는 데 마음을 합친 것이다. 평소 그들도 내심 새마을운동에 대해 호의적이어서일까, 아니면 DJ의 마지막 저서를 아직 읽지 않아서일까, 그것도 아니면 DJ가 더 이상 이 세상 사람이 아니어서일까. 이런저런 의문은 새마을운동에 대한 민주당계系의 전력前歷을 하나 더 기억할 때 더욱더 풀리지 않는다. 새정치국민회의 시절인 1995년, 이해찬 당시 서울시 정무부시장은 서울시청에서 새마을기旗를 내리도록 지시한 바 있었다. 당시 조순 서울시장도 이에 적극 동조했었다.

새마을운동의 국가기념일 제정에 여·야가 모처럼 뜻을 같이한 것은 내년으로 다가온 2012년 총선 때문일 것이다.[50] 정치인이라면 누구도 새마을 조직의 존재를 현실적으로 외면하기 어렵다. 새마을의 날은 4월 22일인데, 전국적 기념식을 5월에 거행하려는 것도 새마을 유관단체의 정치적 영향력 탓이다. 마침 4월 27일이 국회의원 보궐선거일이기 때문에 일정 연기가 불가피했다는 것은 다름 아닌 새마을운동중앙회 측의 설명이다. 결국, 이리저리 정치적 생색과 눈치만 두드러지느라 새마을의 날을 국가기념일로 경축한다는 취지도 다소 민망스럽다.

---

50 흥미로운 것은 문재인 대통령이 취임 이후 한번도 참석하지 않았던 전국새마을지도자대회를 2019년 10월 29일 돌연 찾은 일이다. 이 자리에서 그는 오늘날 대한민국의 밑바탕에 새마을운동이 있다고 말했다. 평소 문 대통령의 언동을 감안하면 아마도 이 역시 2020년 총선용이 아닐까 싶다. 그러나 문 대통령은 새마을운동 정신을 '평화·생명·공경'이라고 했다. 이에 박정희대통령기념재단 측은 즉각 세미나를 열고 새마을운동의 기본 정신은 '근면·자조·협동'이라고 바로잡았다. 재단은 문 대통령의 새마을 정신 변질과 왜곡을 우려했다.

한국갤럽 조사는 새마을운동을 건국 60년 동안 우리 민족이 성취한 업적들 가운데 최우선 순위로 꼽았다. 오늘날 새마을운동은 또한 지역개발과 농촌운동에 관련하여 한국을 대표하는 세계적 브랜드다. 그럼에도 정작 새마을의 날에 대한 국가적 관심과 역사적 예우는 부실하기 짝이 없다. 일반 국민은 새마을운동을 대한민국 역대 최고의 정책사업으로 기억하는 데 반해 민주화 이후의 시대정신은 그것과의 정서적 거리를 한참 벌렸다. 특히 이른바 진보 성향의 정치인과 지식인들은 새마을운동에 대해 '관제官製 국민운동'이라는 낙인을 거침없이 찍었고 심지어 교육 현장에서는 북한의 천리마운동과 동격으로 취급하는 교과서도 통용되었다.

물론 새마을운동에 문제가 전혀 없었던 것은 아니다. 특히 1980년대 새마을운동의 정치적 변질과 악용은 아직까지도 치명적 상처로 남아 있다. 하지만 새마을운동을 통해 농민들이 숙명적 빈곤에서 벗어나고 농촌지역이 근대사회로 탈바꿈하는 계기를 마련한 것 자체는 동서고금을 통해 유사 사례를 찾기 어렵다. 그리고 무엇보다 새마을운동은 당시 박정희 대통령에 의해 나름 독특한 방식으로 추진된 공공계획의 일대 개가였다.

그때 그 시절 물적 인센티브는 시멘트나 철근 정도에 불과했다. 하지만 박 대통령은 모든 농촌마을에 최초의 기회는 동일하게 제공하되, 그다음부터는 스스로 노력하는 마을에 대해서 선별적·차별적 지원을 강화하는 방식을 택했다. 이처럼 근면·자조·협동 등 무형 자원이 정책수단으로 사용됨에 따라 잘사는 마을을 만들기 위한 선의의 경쟁이 전국적으로 퍼져 나갔고 바로 그 것이 새마을운동의 발단이었다. 서구 학계에 신뢰, 연결망, 공동 체, 리더십 등을 따지는 소위 '사회자본' 개념이 정립되기 이전에 박 대통령은 이를 이미 실천하고 있었던 것이다.

안타까운 점은 한국의 보수·우파세력이 이처럼 대한민국의 자랑스러운 역사적 경험과 자산을 제대로 인식하지도 활용하지 도 않고 있다는 사실이다. 언제부턴가 우리는 8·15, 4·19, 5·16, 10·26, 6·29 등 정치사적 변곡점變曲點만 주목하는 데 익숙해져 있다. 그리고 이는 좌파세력과의 비생산적 논쟁으로 귀결되기 일 쑤다. 대한민국 근·현대사의 진정한 성취와 진보는 경제적 혹은 사회문화적 측면에 있다. 마치 새마을운동이 그런 것처럼 말이다. 이명박 정부가 대한민국의 적통嫡統을 이어받은 보수·우파정권이 분명하다면 국가기념일로 제정된 이후 최초의 새마을의 날을 이 렇게 소리 없이 맞을 수는 없다.

햇볕정책은
세습독재의 동반자

동아일보
2009/06/24

봉하마을 뒷산 부엉이 바위에서 노무현 전 대통령을 최종적으로 떠민 것은 자식들일지도 모른다. 미국에 체류하던 아들과 딸이 박연차 태광실업 회장의 돈을 받았다는 사실을 처음 알게 되었을 때 노 전 대통령은 "탈진해서 말도 제대로 못했다"는 것이 문재인 전 청와대 비서실장의 전언傳言이다. 그렇다면 김영삼, 김대중 전 대통령에 이어 그도 결국에는 자식 앞에 무너진 것일까.

자식 때문에 넘어지는 경우가 어찌 이뿐이겠는가. 삼성그룹 경영권 불법 승계 논란도 사정은 비슷하다. 최근 대법원의 무죄 판결이 있기는 했지만 이건희 회장은 이미 도의적인 책임을 지고 일선에서 물러난 상태다. 2007년에는 김승연 한화그룹 회장이 맞고 들어온 아들을 위해 집단적 보복 폭행을 불사한 적이 있었는데, 이로써 그는 폭력혐의로 구속된 최초의 재벌총수가 되었다.

한국인들은 가족을 자신과 동일시하는 이른바 '가족 자아 family ego'의 성향이 강하다는 것이 일본의 임상심리학자 가와이 하야오河合隼雄의 비교평가다. 우리는 자식을 '또 다른 나'로 인식하는 정서가 두드러진다는 것이다. 이런 차이는 서양인들과 비교할 때 더 확연하다. 전통적으로 서양 문화권의 아버지들은 자식들에게 무엇이 옳고 그른지를 확실히 전달하고 가르친다. 사회정의에 관련하여 부자지간에 '단절 원리'가 심심찮게 발동하는 것도 이 때문이다. 이에 비해 우리는 아버지 중심적인 가족주의 습성을 면면히 계승하는 편이다. 아버지와 아들 사이에 동일체로서의 '포용 원리'가 많이 남아있는 것이다.

이런 한국적 부정父情의 최신판이자 결정판은 목하 북한에서 벌어지고 있는 권력의 부자父子세습 행태다. 널리 알려진 것처럼 북한은 김일성 탄생 100년이 되는 2012년까지 '강성대국'의 대문을 열고 2009년에는 그것을 알리는 분패를 달겠다고 호언했는데, 김형직-김일성-김정일로 이어지는 '만경대 3대 위인' 가계 우상화 프로젝트 속에 김정일의 3남이었던 김정은도 끼어들었다.

김정일-김정은 부자 간 권력승계는 지난 10여 년 간 북한의 여러 가지 독특한 행보와 그로 인한 남북한의 정세 변화에 대해 뒤늦게나마 진실을 웅변하는 듯하다. 헤겔이 말한 미네르바의 부엉이처럼 세월이 지나고 보니 그 뜻이 분명해진다는 의미에서다. 돌이켜보면 북한의 핵무기 개발과 남한의 햇볕정책은 처음부터 독재권력의 부자세습과 결코 분리해서는 생각할 수 없는 사안이 아니었나 싶다.

북한이 핵실험에 박차를 가하고 도처에 무시로 미사일을 쏘아대는 진짜 숨은 이유는 권력 승계자의 수중에 온 세상이 무서워하는 초강력 무기 하나를 쥐여주고 싶은 아버지의 간절한 마음이 아닐까 한다. 만약 북한이 핵보유국의 지위를 얻게 된다면 그 이상의 권력 자원이 또 있겠는가. 이와 더불어 북한 정권에 대한 남한 사회 내부의 지원세력 구축과 우호 분위기 조성은 김정은 체제의 순항을 위해서 너무나 절박했을 것이다. 그렇다면 돈보따리를 앞세운 햇볕정책이야말로 남쪽에서 '넝쿨째 굴러들어온 호박'이 아니었을까.

언제부턴가 우리 대한민국은 북한이라는 군사독재국가에 대해 거의 무장해제한 상태가 되었다. 핵 개발을 강행하거나 미사일을 발사해도 사회적 긴장감은 별로 고조되지 않는다. 햇볕정책 이후 국가 안보라는 말을 쓰는 것 자체가 촌스럽게 되었고, 권력 세습을 거론하는 것 또한 눈치 없는 행동으로 인식되고 있기 때문이다.

싫든 좋든 김정일-김정은 부자 간에 이루어지는 북한의 권력 세습은 북한 인민이 주시하고 전 세계가 주목하는 가운데 본격적인 실험무대에 올랐다. 흥미로운 것은 이러한 북한의 선택을 놓고 남한의 햇볕주의자들이 인권이나 민주주의, 평화나 진보 등에 대해 더 이상 말할 자격이 있는가 하는 점도 역사적 심판대에 함께 오르고 있다는 사실이다. 참고로 말하자면 김일성-김정일 부자 간의 권력 세습은 햇볕정책 시대 이전의 일이었다. 하지만 두 번째 독재 세습은 햇볕주의자들 눈앞에서 현재진행형이다. 그러

니 이에 대한 소감이나 평가를 어찌 피해 갈 수 있겠는가. 햇볕정
책의 명예를 위해서라도 작금의 북한 정세에 대한 진솔한 입장 정
리를 더 이상 외면해서는 안 된다.

새마을운동 시즌2는
북한에서

조선일보
2015/05/04

올해(2015년)로 분단 70년째다. 그 사이 통일에
가장 근접했던 시대는 1950년대 초였다. 물론 전쟁을 통해서였지
만 말이다. 그다음은 1980년대 말 사회주의권이 붕괴하던 무렵
이 아니었을까. 세계사적 맥락에서 볼 때 우리는 흡수통일의 호
기를 놓친 셈이다. 이에 비해 지금은 과거 어느 때보다 통일이 멀
어져 보인다. 무엇보다 북한은 핵 무장 국가가 되었고, 한반도 주
변 정세는 유례없이 불안정한 상태다. 여기에 우리 내부의 남남
갈등이나 세대 격차까지 감안하면 통일시계는 멈춰있거나 거꾸
로 가는 느낌이다.

하지만 박근혜 정부에 들어와 통일에 대한 의지만은 오히려
강해졌다. 이른바 통일대박론이 그렇고 통일준비위원회의 설치가
그렇다. 통일이 저만치 달아나는 듯한 상황에서 통일에 대한 관
심이 되레 급부상하고 있는 것은 결코 생뚱맞거나 비난받을 일이
아니다. 통일을 가시권에 포함시켜 국정 캘린더 속에 관리하는 것

은 분단국가의 당연한 책무이기 때문이다. 통일이야말로 '비정상의 정상화'라는 차원에서 접근해야 할 국민적 과제다.

한반도 통일의 핵심과제는 북한지역의 회생과 개발이다. 그 과정에서 대한민국의 다양한 발전경험은 교사 혹은 반면교사反面敎師로서 적극 활용될 필요가 있다. 새마을운동도 그 가운데 하나다. 새마을운동은 대한민국이 만들어낸 가장 독창적인 지역개발 정책이다. 대한민국 정부의 역대 업적 중에서 새마을운동을 으뜸으로 치는 국민들이 가장 많은 것은 결코 우연이 아니다. 또한 국내에서의 망각과 외면과는 대조적으로 해외에서는 새마을운동이 대한민국 국가대표 정책 브랜드다.

제2차 세계대전 이후 개발도상국의 발전전략을 둘러싸고 서구 학계에는 두 가지 이론이 맞섰다. 하나는 성장거점이론으로서 특정지역의 개발에 우선 집중한 다음 그것의 파급 내지 낙수落水효과를 기대하자는 것이다. 한정된 자원을 모든 지역에 균등하게 할당할 경우 투자는 소모로 귀결될 공산이 크다는 이유에서다. 다른 하나는 균형발전이론으로서 모든 지역의 동반성장을 시종일관 유념해야 한다는 것이다. 성장거점 지역의 확산 효과는 비현실적이며 장기적으로 공간적 발전 격차만 심화된다는 반론이다. 그런데 이 양자 사이에서 한국의 새마을운동은 제3의 길을 보여줬다.

새마을운동의 시작은 3만 3천여 전국 농촌의 행정 이·동里·洞에 똑같은 양의 시멘트와 철근을 지원한 다음, 지역의 숙원사업을 자체 해결하도록 독려한 일이었다. 최초의 기회는 균등하게 제공하되 다음 단계는 스스로 노력하는 마을에 대해 선별적으로 지원을 강화하는 것이 새마을운동의 기본정신이었다. 마을을 단위로 한 선의의 경쟁이 요원燎原의 불길처럼 퍼져나간 것은 근면, 자조, 협동과 같은 무형의 사회자본을 정책수단으로 삼았기 때문이다. 서구의 지역개발론이 경제적 인센티브 문제를 고민했다면 우리의 새마을운동은 다분히 인문사회학적 발상에서 지혜를 얻었다.

북한의 재건 및 개발과정에서 새마을운동이 갖는 가치는 첫째 통일비용의 측면에서다. 북한 전全 지역을 대상으로 충분한 재정 지원을 하려면 천문학적 규모의 예산이 소요될 수밖에 없다. 따라서 최초의 공공투자는 일정량 똑같이 배분한 다음, 성과에 따라 후속 지원을 차등화하는 방식이 보다 안전하고 효율적일 수 있다. 둘째 주민주도형 새마을운동은 통일 이후 북한 사람들의 정치적 배제와 소외를 예방할 수 있다. 새마을운동이야말로 자치와 참여를 전제로 하기 때문이다. 게다가 구체적인 현지 사정은 언제나 지역 주민들이 가장 잘 아는 법이다.

셋째는 새마을운동이 전래傳來의 지역성에 기반하고 있다는 점이다. 6·25전쟁 이후 농업 집단화를 추진한 북한에는 현재 3,000개 이상의 협동농장이 있는 것으로 알려지는데, 마침 올해부터 전국적인 차원에서 협동농장 대신 가족영농제가 실시된다는 소식이다. 이게 사실이라면 각 협동농장에 속해 있던 5~8개 전통 부락의 역할이 점차 중요해질 것이다. 아니면 북한에는 국가에 복종하면서도 지역의 생산과 소비를 완성하는 경제단위이자 생활 지리 공간에 해당하는 200여 개의 군郡도 있다. 통일 이후 북한의 농촌발전을 위한 동력을 바로 이들 지역공동체의 사회자본에서 찾으면 어떨까? 새마을운동의 성공 신화를 만들어낸 한국인 특유의 집단적 신바람을 북한에서 재연再演하자는 것이다. 물론 통일 이전 북한 스스로 새마을운동을 모방하고 도입해도 우리로선 손해 볼 것 없이 반가운 일이다. 천리마운동 아닌 새마을운동 말이다.

너무 가난하면
꿈도 없고 적敵도 없다

조선일보
2010/10/14

"모든 것은 꿈에서 시작된다. 꿈 없이 가능한 것은 없다." 이는 20세기 프랑스의 정치인이자 소설가였던 앙드레 말로André-Georges Malraux가 한 말이다. 그런데 가난은 꿈을 앗아간다. 그는 이렇게 썼다. "가난하면 적敵을 선택할 수가 없다. 우선은 가난에 지배당하고, 결국에는 운명에 지배당하게 된다." 앙드레 말로의 이러한 생각은 마치 오늘날 북한 주민의 처지를 두고 하는 말처럼 들린다. 너무나 지독하게 궁핍한 나머지 자신들의 적이 과연 누구인지를 알아보지도 못하고, 알아볼 수도 없는 그런 형편 말이다.

아니나 다를까, 송복 연세대 명예교수는 『위대한 만남—서애 유성룡』이라는 책에서 조선 왕조의 장수 비결을 사회경제적 절대 빈곤에서 찾았다. "사회가 빈곤하면 빈곤할수록 정권을 바꿀 에너지가 사회 내부에서 생성되지 못한다. 반면 정권은 일정한 무력으로 어떤 농민 반란도 진압할 수 있다"는 것이 그의 지적이다. "다이나미즘의 상실은 곧 정체로 이어지고 정체는 오늘날 북한처럼 장기집권을 가능케 한다"라는 것이다.[51]

한편으로는 굶주린 주민, 다른 한편으로는 정권의 건재라는 모순적 상황은 요즘처럼 개명開明한 세상에서 참으로 이해하기 어려운 대목이다. 하지만 위정자들이 백성의 배를 불리는 일에 대해 제대로 관심을 갖게 된 것은 역사적으로 볼 때 그리 오래되지 않았다. 근대 이전 왕조 사회에서 권력의 정당성은 민생과 직접 상관이 없었다. 권력의 유지는 대개 세습의 문제였기 때문이다. "가난 구제는 나라도 못 한다"라고 했는데, 이는 "가난 구제는 나라가 안 한다"라는 의미와 상통한다.

세계 최빈국 가운데 하나인 북한이 김일성-김정일-김정은으로 이어지는 3대 권력 세습을 지속한 행태도 이런 시각에서 해석할 소지가 있다. 무엇보다 현재 북한 사회 저변에는 이와 같은 권력 기행奇行을 비판하거나 그것에 대해 저항할 수 있는 힘이 거의 없어 보인다. 그런데 북한의 극빈 상태는 단순한 정책상의 오류나 실패 탓이 아닐 수도 있다는 점에서 사정이 보다 심각하다. 북한의 지배집단은 주민들의 한계적 생존 상황을 또 하나의 통치기반으로 활용하고 있는지 모른다.

가령 온 나라를 감옥이나 수용소 비슷한 것으로 만들어 놓고 최소한 연명할 수 있는 물질적 조건만 제공하거나 아니면 그것조

---

51 "가난한 나라가 가난한 이유는 권력을 가진 자들이 빈곤을 조장하는 선택을 하기 때문이다"라는 주장도 같은 맥락이다. 대런 애쓰모글루·제임스 A. 로빈슨, 최완규 역, 『국가는 왜 실패하는가』, 시공사, 2012.

차 제대로 못하는 경우를 상상해 보라. 그런 곳에서는 희망도 요원하지만 분노의 결집 또한 결코 쉽지 않다. 게다가 너무나 절묘하게도 북한은 세습 과정을 통해 '김일성 조선' 혹은 '김씨 왕조'를 노동당 규약에 아예 못 박아 버렸다. 전前근대국가로 확실히 회귀함으로써 '업적에 의한' 정당성 확보라고 하는 근대국가로서의 정치적 책무를 털어낸 것이다. 하긴 명색이 사회주의 계획경제라면서 북한은 1997년 이후 인민경제를 위한 아무런 계획도 없었다.

우리가 워낙 문명화된 세상에 살아서 잊고 있지만 바로 이런 것이 권력의 진면목이다. 권력이란 막강한 무력과 절대적 충성세력에다 무기력한 사회라는 조건만 덧붙인다면 생각보다 오래가는 법이다. 국가의 흥망에 외부환경이 변수이긴 하지만 북한의 경우는 어차피 핵으로 무장한 고립과 은둔의 나라다. 그렇다면 권력 이동 이후 북한 체제의 이변을 곧장 예상하는 것은 현실적으로 무리일 수밖에 없다.

문제는 기아선상에 헤매는 북한 주민의 정치적 탈진과 그것에 편승한 독재권력의 세습 행위를 용납할 수도 없고 방관할 수도 없는 우리의 입장이다. 그것은 문명사적 의무로서도 그렇고 양심의 명령으로서도 그러하다. 오히려 지금이야말로 북한의 향배와 관련하여 그 어느 때보다 더 비장한 국가적 결단과 국민적 각오가 요구되는 시점이 아닌가 싶다. 특히 북한 동포의 가난 구제에 대해 모든 전략적 노력을 집중할 때다.

이런 맥락에서 품게 되는 기대는 북한의 권력 세습 행위가 우리 측의 남남갈등을 해소할 수 있는 절호의 기회가 되었으면 하는 것이다. 우선 북한의 세습독재 강행에 즈음하여 햇볕정책은 당위성의 근거를 크게 상실하고 말았다. 따라서 좌파·진보세력은 차제에 대북관을 자연스럽게 재고再考할 명분을 확보할 수 있다. 그렇다고 해서 대북 강경론이 능사는 아니다. 북한 체제의 변화를 위한 꿈의 시작은 그곳 사람들을 조금이라도 더 먹이고 입히는 일이라는 점을 알고 또 믿어야 한다. 북한의 굶주린 주민들이 한편으로는 인도주의의 대상이지만, 다른 한편으로는 체제 변화의 동력이 될 수도 있다.

배고프면
집에 오면 된다

부산일보·매일신문
2008/09/08

　　건국 60주년을 기념하는 크고 작은 잔치가 8월 (2008년)을 지나면서 한고비를 넘긴 기분이다. 건국이라는 용어에서부터 행사의 성격이나 내용에 이르기까지 이런저런 불협화음이 전혀 없었던 것은 아니지만 대한민국이 금년 한 해를 나름대로 의미 있게 보내고 있는 것만은 틀림없어 보인다. 하지만 건국 60주년 행사의 대부분이 정치적 차원에 집중된 점은 다분히 아쉽다. 따라서 오늘날 대한민국의 경제적 성취를 일궈낸 기업인들의 역정 또한 정치인들의 그것 못지않게 각별히 평가되어야 한다는 일각의 주장에는 백번 일리가 있다.

　　그러나 정치가나 경제인만으로 충분한 것은 아니다. 사실은 우리 국민 모두가 상찬賞讚의 대상이 되어도 아무런 손색이 없다. 아울러 이참에 성공한 대한민국 60년사의 또 다른 주역으로서 나라와 겨레를 위해 묵묵히 헌신했던 공직자들을 새삼 기억해 볼 필요도 있다. 물론 모든 관료나 공무원들이 다 그랬다는 뜻은 아니다. 오히려 정반대의 행각을 보인 경우도 적지 않았다. 그럼에도 경축 대한민국 60년의 뒤안길에 수많은 공직자들의 노력과 희생이 있었다는 사실만은 누구도 부정할 수 없다. 이 점에 관련하여 최근에 나온 한 권의 자서전이 세간의 주목을 끈다. 저자는 김수학金壽鶴. 초등학교 졸업의 학력으로 대구시장, 내무부 지방국장, 충남 도지사, 경북 도지사, 국세청장 등의 고위 관직을 지낸 경력의 소유자다. 『이팝나무 꽃그늘』은 51년 8개월에 걸친 자신의 공직생활 결산서인 셈이다.

만약 누군가 이 책에 대해 정식으로 서평을 요청한다면 1960년대 이후 근대화 과정에서 우리 국민이 보릿고개를 극복하는 여정旅程을 이해하거나 새마을운동의 기원과 성과 및 그 변천 과정을 고찰하는 데 있어서 매우 소중한 자료라고 쓰겠다. '보릿고개 넘어온 눈물의 민족사'라는 책의 부제가 함축하듯, 내용인즉슨 대략 그렇기 때문이다. 하지만 그게 전부는 아니다. 이 책에서 그와 같은 공적 기록보다 훨씬 더 인간적으로 감동적인 대목은 그때 그 시절, 이른바 조국근대화라는 국가적 과업 이면에 가려져 있었던 공직자 한 사람의 사생활 부분이다.

절대빈곤으로부터 벗어나는 것이 국가적 숙원이었던 무렵, 그것은 바로 김수학 선생 자신의 간절한 소원이기도 했다. 어린 시절 그는 밥을 먹고 난 이후 좀처럼 뛰지 않았다고 한다. 어른들이 "뛰지 마라, 배 꺼진다"라며 야단을 쳤기 때문이란다. 도백道伯 혹은 새마을운동가로서 국민의 가난 구제救濟에 대해서는 발군의 능력을 발휘했던 그였지만, 정작 스스로는 늘 가난에 쫓기는 신세였다. 60년간의 결혼 생활 중 이사를 마흔두 번이나 할 정도였다. 그럼에도 그는 공직에 깃들기 쉬운 돈의 유혹에 한 번도 넘어가지 않았다고 한다. 청렴이 자신의 트레이드 마크가 된 것은 당연한 결과였다.

무정茂庭 김수학 선생을 대한민국 60년사의 대표적 청백리淸白吏로 만든 것에는 어머니의 영향이 대단히 컸던 것 같다. 그분은 평생 방 둘 부엌 하나인 전형적인 삼간三間 시골집에 거주하면서 외지에 나가 있는 자식에게 무엇보다 부정한 금전 관계를 주의시켰다. 또한 언젠가 모친이 주위 친척들의 권유에 못 이겨 관광버스를 타고 하루 나들이에 나섰다가 차가 논바닥으로 구르는 사고가 났는데, 승객들의 신원조사를 하는 경찰에게 자식이 없다고 계속 우겼다고 한다. 당시 경상북도 도지사였던 아들에게 누가 될 것 같기도 하고 지사의 어머니로서 관광이나 하고 다니는 게 창피스럽기도 해서 그랬다고 한다. 어머니에게는 그게 관광의 처음이자 마지막이었다.

과연 '그 어머니에 그 자식'이라고 말할 도리밖에 없다. 장관이나 국회의원, 혹은 전직 대통령까지도 걸핏하면 비리에 연루되어 망신하는 우리나라 현실에서 김수학 선생의 모친은 노심초사 아들이 바르게 살기를 바라며 "배고프면 집에 오면 된다"라고 말하곤 했다고 한다. 딴 데 손 벌리지 말라는 의미다. 사실 이 얼마나 쉽고 간단한 공직윤리인가! 이토록 든든한 어머니가 고향 집에 계셨기에 선생은 타지에서 의연하게 나랏일에 매진할 수 있었을 것이다. 이제 노모를 멀리 저세상으로 보내고 자신 또한 팔순을 넘긴 나이에[52] 그가 현역 공직자들에게 남기는 간곡한 부탁은 다음과 같다. "그대들의 청렴한 사고가 곧 국가에 대한 국민의 신뢰요, 그대들의 청렴한 수범이 국가의 발판이 된다는 사실을 한순간도 잊지 말아 주길 바란다." 나라의 근간인 공직사회가 건국 60년의 해를 맞고 보내는 마당에 경청하고 명심해야 할 선배의 경구警句가 아닌가 싶다.

52　김수학 선생은 2011년 작고했다.

Yes, 강원도

조선일보
2007/07/10

국제올림픽위원회 과테말라 총회가 2014년 동계 올림픽 개최지를 러시아의 소치Sochi로 결정하던 날 아침, 전국은 일제히 탄식과 한숨으로 일렁였다. 1차 투표 선두, 2차 투표 역전이라는 4년 전 악몽이 되풀이되었기에 실망감은 더 컸다. 그날 내내 평창 유치위원회 홈페이지가 다운될 정도로 많은 국민들이 강원도의 슬픔을 함께했다. 그럼에도 강원도는 쉽게 일상으로 돌아가지 못할 것 같은 느낌이다.

최소한 「조선일보」가 그날 아침 강원도청 안팎 풍경을 스케치한 기사를 보면 그렇다. 관계자들이 청사 앞마당에 모여 올림픽 유치가 확정될 경우 하늘 높이 띄우려고 그물 속에 가두어 두었던 2,014개의 풍선을 하나하나 바늘로 찔러 터뜨렸다는 내용까진 그나마 견딜만했다. 하지만 도청 인근 식당에서 밥 먹던 사람들 사이의 대화를 읽어 가는 순간 가슴은 무너지고 말았다. "평창 하나 보고 살아왔는데 이제 뭐 먹고살지?"라고 누가 말을 꺼

내자 옆에서 "올림픽도 안 하는데 다시 무시당하겠지 뭐"라며 대꾸하는 장면이었다.

아마도 이게 지금 현재 강원도 사람들의 솔직한 심경일 게다. 강원도의 패배감과 좌절감은 단순히 동계 올림픽 유치 실패 때문만이 아니다. 그러잖아도 여태까지 전국적으로 무시당하며 살아온 강원도가 또다시 같은 운명을 계속할 것 같은 예감이 싫고 두려운 것이다. 그런 만큼 '아름다운 도전'을 위로하는 말이나 '2전3기2顚3起'의 용기를 권하는 일이 현재로선 선뜻 먹혀들기 어려울 듯싶다. 너무나 많은 꿈과 희망을 2014년 평창에 걸었던 강원도민이기 때문이다.

동계 올림픽을 향한 강원도의 집념을 여느 지방자치단체의 국제행사 유치 노력과 동일한 차원에서 비교하는 것은 기계적이고 평면적이다. 그것을 나라 경제 활성화의 계기로 삼거나 국가 브랜드 강화의 기회로 여기는 것 또한 강원도 입장에서는 최우선의 절박한 목적이 아니었을 게다. 무엇보다 강원도로서는 평창 동계 올림픽을 수단으로 하여 지금까지 참고 살았던 설움을 한꺼번에 떨쳐버리고 싶었을 것이다.

한국 현대사에서 강원도는 타의에 남북으로 분단된 유일한 도道다. 애초부터 강원도는 다른 곳보다 불리하게 출발한 것이다. 냉전체제가 강원도에 주로 부과한 역할은 안보 기능이었다. 군사시설이 역내域內 개발을 원천적으로 제약하는 가운데 강원도는 후방 지역의 경제발전을 위해 열심히 보초만 섰다. '한강의 기적' 시대 또한 강원도는 각종 지하자원 개발로 자신의 몸을 조국에 바쳤다. 지금도 강원도는 수자원 보호나 상수원 보존, 환경보전과 같은 국가적 목표에 봉사하느라 능동적 지역 발전이 '그림의 떡'일 때가 많다.

항상 전국 최하위권인 강원도의 지역총생산과 30년째 지속되고 있는 도내 인구감소, 여기에 현재 복선철로나 고속도로로 서울과 맞닿지 않은 유일한 도청소재지가 춘천이라는 사실까지 상기한다면[53] 강원도는 한국 사회의 전반적인 발전과정에서 우연히 지체된 지방이 아니라 저低 발전이 구조적으로 불가피했던 지역일 수도 있다. 수도권처럼 인구가 많거나 경제력이 강한 것도 아니고 영호남처럼 정치적 힘이 있는 것도 아니며, 충청도처럼 그 사이에서 나름대로 실속을 챙길 형편도 아니기에 강원도는 쉽게, 그리고 언제나 무시되기 일쑤였던 것이다.

이젠 그동안 국가 발전에 기여한 강원도의 불편과 헌신 및 희생에 대해 감사를 표현하고 보답을 생각할 때다. 그런 만큼 비록 2014년 동계 올림픽은 물 건너갔지만 그것을 위해 계획했던 각종 개발 및 건설 사업은 원래대로 추진되어야 한다. 그것만이 실속 있는 위안이자 재도전을 위한 새 출발이다. 게다가 지역균형발전을 치적으로 꼽고 있는 노무현 정권 아닌가. 소요예산 또한 대북지원에 비하면 큰돈이 아니다. 2007년 여름 강원도는 평창만 아픈 것이 아니라 모든 일이 힘들고 모든 곳이 어렵지 싶다.[54]

---

53 서울양양고속도로 구간의 일부인 경춘고속도로는 2009년 7월에, 그리고 경춘 복선전철은 2010년 12월에 각각 개통되었다. 둘 다 동계 올림픽 유치 활동과 무관하지 않다.
54 평창 동계올림픽은 2018년 2월, '마침내' 개최되었다.

떠나는 발길 무거운
58년 개띠들

조선일보
2019/04/02

요 몇 년 사이 우리 사회 각 영역에서 이른바 '58 년 개띠'들이 속속 정년을 명命 받고 있다. 58년 개띠는 1955년부 터 1963년 사이에 출생한 베이비부머baby-boomer 연령 집단의 핵 심으로서, 약 100만 명이 태어났다가 현재 76만 여명이 대한민 국 국민으로 살아가고 있다. 바로 이들이 우리 사회의 일선 현장 에서 등 떠밀리는 신세가 된 것이다. 아무리 한 시대를 풍미했던 '황금 개띠'라도 흐르는 세월 앞에서는 어쩔 수 없는 모양이다.

무릇 사람은 떠나는 뒷모습이 아름다워야 한다는데, 베이비 부머 세대를 바라보는 신세대의 시선은 별로 곱지 않다. 오늘날 젊은 세대들의 눈에 이들 기성세대는 한 마디로 '꼰대'다. 하긴 이 런 소리를 듣는 게 딱히 억울한 일은 아니다. 그게 세상의 진화 법칙이기 때문이다. 꼰대 세대 입장에서 최근 '밀레니얼millennial' 세대가 탐탁지 않은 것 또한 놀랍지 않다. 늙은이들이 '요즘 젊은 것들'을 이해하지 못한 것은 태곳적부터의 일이었다.

인구학적으로 볼 때 베이비부머의 대를 잇는 우리 사회의 주축 연배는 이른바 '386 세대'다. 그리고 지금은 누가 뭐래도 '운동권 천하'다. 10여 년 전 집권 1기에 대한민국을 "태어나지 말아야 할 나라"로 규정했던 그들은 집권 2기를 맞아 대한민국을 "한 번도 경험해 보지 못한 나라"로 급속히 개편 중이다. 떠나는 58년 개띠들의 발길이 무거운 것은 이런 '하 수상한 시절' 때문이다. 주류 베이비부머 세대가 피와 땀으로 헌신해 왔던 세상과 너무나 다른 현실이 벼락처럼 펼쳐지고 있는 것이다.

돌이켜볼 때 58년 개띠 내지 베이비부머 세대는 1980년대 원조 386 그룹이 시도한 급진적 체제 변혁의 꿈을 좌절시킨 장본인이었다. 1987년 6월 당시 이른바 중산층 '넥타이 부대'의 결정적 공헌은 민주화는 취하되 좌경화는 막아낸 일이다. 말하자면 "목욕물 버리다가 아기까지 버리는" 역사적 오류를 제압한 것이다. 386 운동권의 입장에서는 종북적 사회혁명이 코앞에서 무산된 셈이었지만, 베이비부머야말로 산업화와 민주화 사이에 부드러운 연결고리를 만들어 냈던 자랑스러운 대한민국 세대임에 분명하다.

베이비부머 세대 입장에서 당장 불편한 존재는 물론 현재 386 집권세력이다. 하지만 보다 길게 염려스러운 것은 60년대 중반 이후에 태어난 포스트부머post-boomer 세대의 전반적인 문화와 정서, 그리고 가치관이다. 베이비부머가 볼 때 포스트부머는 서구의 자본주의 발전단계에서 곧잘 나타나는 '달콤한 인생dolce vita' 세대의 한국판版 같기도 하고, 18세기 조선의 일시적 풍요를

탐닉했던 경화세족京華世族의 현대판 같기도 하다. 그리하여 이들이 오늘날 대한민국호號의 탈선과 역주행을 결과적으로 수용, 방임 혹은 묵인하는 듯한 의구심을 감출 수 없다.

포스트부머들은 이전 세대에 비해 근검절약이나 자수성가의 절박함과 거리가 멀다. 소비주의에 익숙하고 문화자본도 풍부한 편이다. 글로벌, 디지털, 메트로폴리탄 세대 또한 바로 그들이 시작이다. 다분히 개인주의적이어서 인간관계는 비누처럼 매끄럽고 위생적이다. 남들 앞에 자신들의 정치적 입장이나 이념적 지향을 세련되게 에두르는 가운데, 이른바 '강남좌파'의 산실이 되어있기도 하다. 의리보다는 재미, 열정보다는 이익을 중시하는 성향은 포스트부머 엘리트들의 생존법이자 처세술이 되었다.

이런 점에서 58년 개띠 세대의 퇴장은 한국 현대사에서 한 시대의 확실한 고별을 상징할지 모른다. 한국의 베이비부머는 1925년에서 1930년 사이에 출생한 미국의 '공민세대civic generation'를 닮았다. 미국 역대 어느 세대에 비해 그들은 가족이나 국가 같은 공동체적 가치에 충실했다. 투표율이 가장 높았고, 사회활동이 가장 왕성했으며, 책과 신문을 가장 열심히 읽었고, 이웃에게 가장 많이 베푼 것이 바로 그 세대였다. 1928년생 저명著名 역사사회학자 찰스 틸리Charles Tilly가 "우리는 바보처럼 열심히 살았던 마지막 세대"라고 회고할 정도다.

어쩌면 우리의 베이비부머도 대한민국의 마지막 애국세대로 기억되지 않을까 싶다. "하마터면 열심히 살 뻔했다"라고 말하는 오늘날 젊은 세대의 관점에서 볼 때 그들은 나라를 세우고 지키고 키우기 위해 순진하게 살아왔던 기성세대들의 끝자락임에 틀림없다. 자부심은커녕 졸지에 적폐의 낙인까지 안은 채 58년 개띠들이 조용히, 그리고 줄줄이 무대에서 내려오고 있다. 정녕 우리는 여기까지란 말인가?

DMZ에 넘실대는
불안한 관제官製 평화

조선일보
2019/07/23

철조망은 1860년대 프랑스에서 농장의 울타리 재료로 처음 등장하였다. 특히 남북전쟁 이후 미국에서 가축의 통제와 관리를 위한 용도로 인기가 높았다. 호주의 미술사가美術史家 앨런 크렐Alan Krell에 의하면 인류가 발명한 수많은 형태의 경계물 가운데 "효율적인 지배와 소유를 위한 도구"로서 철조망만 한 것은 일찍이 없었다. 적어도 20세기까지는 말이다. 세계대전 및 냉전과 더불어 철조망이 국가 간 갈등의 상징으로 부상한 것은 이런 연유다. 남북한을 나누는 DMZ 역시 핵심 구조물은 155마일 철책선이다.

오는 7월 27일, 1953년 '한국군사정전협정'에 의해 설치된 DMZDemilitarized Zone(비무장지대)가 66주년을 맞는다. 최근 DMZ는 세계적인 핫플레이스hot place로 주목받고 있다. '4·27 판문점 선언'이나 6월의 트럼프·김정은 '번개 회동'은 모두 DMZ 한복판에서 벌어진 일이다. 대북 포용정책에 발맞추어 우리 사회에는

'DMZ 러시' 현상까지 일어나고 있다. 정부 내 모든 주요 부처나 조직은 물론이고 전국의 웬만한 지자체들도 줄줄이 'DMZ 바라기'가 되어간다. 쏟아지는 나랏돈을 쫓아 학계나 연구기관, 시민사회, 문화·예술 단체들 또한 연일 DMZ 관련 프로젝트요 컨퍼런스며, 페스티벌이요 퍼포먼스다.

이처럼 DMZ가 무슨 국운國運 융성의 노다지라도 되는 양 들떠 있는 시대 분위기를 우리는 어떻게 받아들여야 할까? 이에 대한 답변은 오늘날 우리에게 DMZ는 과연 무엇으로 존재하는가를 묻는 근원적 질문에서부터 시작되어야 한다. DMZ는 6·25전쟁의 정전 상태를 나타내는 군사분계선이자, 남북한 두 국가 사이에 존재하는 사실상의 국경선이다. 그러므로 태생적 기원을 따지자면 DMZ는 민족의 분단과 민족사의 단절을 상징하는 비극적 경계가 아닐 수 없다. 하지만 이런 식의 '민족주의' 담론이 DMZ의 총체적 진실은 아니다.

DMZ는 단순한 경계선의 의미를 넘어선다. 남북한을 지리적으로 구분하기 위해서라면 굳이 DMZ가 필요 없다. 남북이 다른 나라, 그것도 완전히 다른 나라라고 하는 사실은 DMZ가 아니라 DMZ 양쪽의 대조적 풍경이 온몸으로 웅변하기 때문이다. DMZ라는 선線 대신, 풍경이 국경인 것이다. 독일의 미술사가 마르틴 바른케Martin Warnke에 따르면 "모든 풍경은 정치적 풍경"이다. 정치적 선택이나 역학관계, 의미 부여에 따라 풍경은 다르고 또 달라진다는 뜻이다. 한반도 야경夜景 위성사진 한 장이면 삼척동자라도 남한과 북한을 정확히 구별해 낼 수 있는 게 이를 증명한다.

미국의 경제학자 애쓰모글루Daron Acemoglu와 로빈슨James A. Robinson은 국부와 국력의 불평등이 '제도' 차이에 기인한다고 주장한다. 같은 문화와 언어를 갖고 오랜 단일민족의 역사를 자랑해 왔던 한반도 사람들의 운명이 확연히 갈린 것은 분단과 전쟁 이후 남북한이 서로 다른 제도를 도입했기 때문이라는 설명이다. 자유민주주의와 시장경제를 택했던 한국과 독재정치와 통제경제를 택했던 북한은 처음부터 현재의 예정된 미래로 나아갔을 뿐이다. 이는 원래 하나였던 노갈레스Nogales시가 미국·멕시코 전쟁 직후 미국 쪽 애리조나Arizona주 노갈레스와 멕시코 쪽 소노라Sonora주 노갈레스로 나뉘면서 천양지차의 두 도시로 재탄생한 것과 비슷하다.

요컨대 DMZ는 분단의 질곡이나 민족의 고통을 말하기에 앞서, 남한의 풍요와 북한의 빈곤을 너무나 극명하게 대비시키는 미장센mise-en-scène이다. 그렇다면 DMZ는 근대와 중세를 식별하고 개화와 미망을 판별하는 일종의 문명사적 경계로 재인식되어야 한다. 북방의 퇴행적 전체주의적 세력에 맞서 대한민국의 정체성과 대성취를 담보한 자유의 방파제로 재평가되어야 할 것이다. 오늘날 대한민국의 세계사적 기적은 DMZ를 지키는 유엔사司가 있고, 주한미군이 있고, 국군이 있었기에 가능한 일이었다.

그런 만큼 요사이 DMZ를 둘러싸고 갑자기 넘쳐나는 관제官製 '평화' 담론은 불안하고 불길하다. 전통적으로 대한민국에 대한 안보위협은 대개 DMZ로부터 나왔다. 하지만 북한의 핵 무장

에 따라 지금은 군사분계선으로서 DMZ가 차지하는 위상 자체
가 원점에서 흔들리고 있다. 대한민국 전역이 북한의 '핵 인질'로
살아갈지 모르는 세상이 되었는데, DMZ 일대의 평화 '감성팔이'
가 무슨 소용이 있겠는가. DMZ의 평화는 북한의 완전한 비핵화
이후에 찾아와도 늦지 않다. 그 언젠가 DMZ는 역사적 소임을 완
수하며 한반도에서 명예롭게 퇴역해야 한다.

6

대학과 지식인

애국愛國을 말하지 않는
우리나라 대학들

조선일보
2014/08/02

얼마 전(2014년 7월) 임기를 시작한 성낙인 서울대 신임 총장은 첫 공식 일정으로 '서울대 4월 혁명 기념탑'을 찾았다. 이와 유사한 관례가 역대 총장들에게 거의 없었기에 나름 눈에 띄는 행보였다. 그런데 이 보도를 접하고 퍼뜩 생각난 것은 왜 하필 4·19 기념탑일까 하는 점이었다. 대통령을 비롯한 우리나라의 유력 정치인들이 '상징정치'의 무대로 애용하는 곳은 국립현충원이다. 그렇다면 서울대 총장의 취임 첫 나들이에 가장 적합한 학내 공간은 어디일까?

물론 그 가운데 하나가 4·19 기념탑이다. 하지만 그것 못지않게 귀중한 대학의 역사적 성소聖所는 문화관 1층 로비 벽면에 걸린 6·25전쟁 참전 전몰자 기념 패널이 아닐까 한다. 왜냐하면 6·25전쟁 당시 국군으로 참전했다가 목숨을 잃은 서울대 재학생 27명의 공훈을 기리고 있기 때문이다. 그러나 유감스럽게도 그것의 존재감은 학내에서 대단히 미약한 편이다.

우선 그것은 개교 50주년을 맞이하던 1996년에 겨우 만들어 졌다. 또한 일반 학생들의 눈길과 발길이 상대적으로 뜸한 실내에 자리 잡고 있다. 전몰자 추모시설치고 완성도가 높지 않다는 점도 크게 아쉽다. 지금까지도 서울대학교는 6·25전쟁 때 조국을 위해 몸 바쳤던 재학생과 졸업생의 숫자나 이름 전체를 제대로 확인하 지 못한 상태다. 문화관 내 참전 전몰자 기념판은 이런 현실이 그 저 '안타깝다'고 적고 있을 뿐이다.

이와 같은 사실은 선진국이나 그곳 명문대학의 경우와 사뭇 대조적이다. 일반적으로 선진국일수록 전쟁을 기념하는 데 열심 이며, 대학 또한 이에 능동적으로 동참하고 있다. 예컨대 오늘날 영국 전역에는 54,000여 개의 전쟁 기념물이 설치되어 있다. 전 사戰死한 영국인의 경우, 보통 대여섯 군데 이상에 이름이 새겨진 다고 한다. 마을 한복판 위령비는 물론이고 평소에 그가 다녔던 교회나 기업, 병원, 클럽, 학교 등에서도 어떤 형태로든 당사자의 이름을 새기기 때문이다. 그 가운데 가장 적극적으로 나서는 것 이 바로 대학들이다.

미국 대학 캠퍼스에서도 참전 전사자들의 넋을 달래는 탑이 나 종, 문이나 길을 쉽게 발견할 수 있다. 독립전쟁이나 양차 세계 대전, 한국전쟁, 베트남전쟁처럼 잘 알려진 전쟁만이 아니라 바르 바리전쟁Barbary Wars이나 멕시코전쟁 등 덜 알려진 전쟁의 경우 까지도 미국 대학들은 희생자 명단을 꼼꼼히 챙긴다. 미국 대학 에는 조국을 위해 목숨을 바친 동문들을 추모하기 위한 이른바 '메모리얼 교회'가 많다. 한나라당 전 대표 시절인 2007년, 하버

드대를 방문한 박근혜 대통령도 그곳 '메모리얼 교회' 내 한국전쟁 참전비를 참배한 적이 있다. 우리나라에 기독교 재단 대학이 무수히 많지만 전몰자 추념 대학교회가 있다는 얘기는 아직 들어 본 적이 없다.

이른바 '6월 항쟁' 20주년을 맞이하던 1997년 봄, 서울대는 '현대사의 길' 조성 계획을 발표했다. '4·19의 길,' '민주화의 길' 그리고 '한국전쟁의 길'을 만들어 학생들이 한국 현대사를 체험하는 학습의 장으로 이용하도록 할 요량이었다. 민주화 과정에서 목숨을 잃은 서울대 출신 18명의 동상과 추모비를 잇는 1.2㎞ '민주화의 길'이 조성된 것은 2009년 11월의 일이었다. 그런데 그게 끝이고 전부였다. '4·19의 길'은 '민주화의 길'에 사실상 통합되었고 이른바 '한국전쟁의 길'은 여태 감감무소식이다.[55]

숫자를 따지더라도 서울대 동문 가운데는 6·25전쟁의 전사자가 민주화의 희생자보다 더 많을 것이다. 베트남전쟁 등 해외 파병의 경우를 포함하면 더욱더 그럴 것이다. 국가와 민족을 위한 공헌도를 비교할 때도 양자 간에 차이가 있다고 보기는 어렵다. 그럼에도 전쟁에 나가 죽은 자들이 모교로부터 받는 대접이 소위 민주화 운동에 나섰다가 그렇게 된 이들에 비해 확실히 열세인 것은 부인할 수 없는 현실이다. 한 걸음 더 나아가 '한국전쟁의 길'이라는 명칭 자체도 애매하기 짝이 없다. 처음부터 그것은 '호

---

55 최근 서울대 정문을 종점으로 하여 건설이 추진되고 있는 경전철 신림선의 경우 정치권 일각에서는 고시촌 부근에 '박종철역' 신설을 요구하고 있다.

국의 길'이나 '애국의 길'이어야 했다.

구미 선진국과 그곳 대학들이 전몰자 예우에 극진한 것은 결코 전쟁을 찬양하고 국가를 숭배하려는 취지에서가 아니다. 충성스러운 열사烈士를 높이 드러낸다는 우리 식의 현충일 개념은 그곳에서 오히려 낯설다. 영국의 'Rememberance Day'나 미국의 'Memorial Day'는 나라의 부름을 받고 목숨을 바친 이들을 남아 있는 자들이 오래오래 잊지 않고 감사하자는 의미를 담고 있다. 그 결과 공동체를 위한 자기희생을 미덕이나 명예로 여기는 사회적 환경이 자연스레 형성되는 것이다. 이런 분위기 조성에 앞장서는 것이 다름 아닌 대학들이다. 말하자면 과거 선배들의 비범한 헌신과 봉사, 용기를 부단히 기억하고 기록하고 기념함으로써 미래의 지도자들로 하여금 노블레스 오블리주의 위대한 전통을 이어가도록 가르치는 것이다. 애국을 말하지 않고는 명문대학도 없고 일류국가도 없다는 진리를 그들은 잘 알고 있다.

병든 지식인의
사회

조선일보
2017/10/21

20여 년 전 대학교수가 되어 얻게 된 첫 직장은 춘천에 있는 한림대였다. 임용과정 최종 단계에서 그 대학 총장님 앞에 섰을 때, 그는 말문을 이렇게 열었다. "지금 이 자리는 제가 선생님을 심사하기 위해서가 아니라 총장으로서 감사의 인사를 드리기 위한 것입니다." 그러면서 허리 굽혀 악수를 청했는데, 그 순간 나는 감격에 겨워 거의 주저앉을 뻔했다. 그분은 우리나라 교육계의 큰 어른 정범모鄭範謨 선생이시다.

당시 그 대학에는 학식과 덕망을 고루 갖춘 원로 교수들이 많았다. 어느 날 소박한 환영 모임이 있었는데 그 가운데 한 분이 내게 말했다. "우리가 든든한 병풍이 될 터이니 교수로서 하고 싶은 거 실컷 하세요." 이어서 당부 몇 가지가 여기저기서 술잔에 실려 왔다. 하늘이 무너져도 수업이 우선이다, 재물과 권력 앞에 고개 숙이지 마라, 닭 벼슬만도 못한 게 '중 벼슬'이거늘 세속의 감투를 멀리해라 등과 같은 것이었다.

사사로운 개인사 한 장면을 소개하려는 것이 아니다. 대학가에 나름의 영혼과 품격, 그리고 아우라가 남아 있었던 그때 그 시절이 가끔은 그리워 해본 말이다. 오늘날 우리나라 지식인 사회는 하루가 다르게 무너져 내린다. 우선 현실 정치에 참여하는 이른바 '폴리페서'가 너무 많아졌다. 2017년 대선의 경우 수천 명이 선거캠프에 가담할 정도가 되었다. 언제부턴가 우리 주변에서 '어용' 지식인이라는 말도, '반체제' 지식인이라는 말도 함께 사라졌다. 정치권에 진입하는 일이 그만큼 보편화되었다는 방증이다.

한편으로 이는 유교문화가 남긴 학문의 권력 지향적 전통과 무관하지 않다. 또는 작금의 우리나라 민주주의가 정당정치가 아닌 '캠프정치'에 기반하고 있기 때문일 수도 있다. 말하자면 교수들에게 선거란 일종의 '장날'이 된 셈이다. 여기에 가세하는 것이 인구절벽 문제다. 최근 선거캠프에 지방대 교수들이 특히 많이 몰리는 것은 신입생 모집이 구조적으로 여의치 않은 상황에서 비롯된 개인적 생존전략의 측면이 없지 않다. 이래저래 교수 본연의 일에 충실한 분위기는 확실히 아니다.

대학의 정치화는 용역형用役型 학문체제의 심화와도 연결된다. 목하 대한민국은 유례가 없는 '공정公定사회'가 되었는데, 공무원이 다 정한다는 의미에서다. 5년마다 바뀌는 정권의 업적은 현실적으로 관료조직에 의존하지 않을 수 없고, 관료사회의 직업적 이익은 그때그때 권력의 선호와 취향에 부응해야 하기 때문이다. 그 결과, 관官 주도 단기 R&D 사업이 시나브로 우리나라 지식생태계의 중심으로 자리 잡고 있다. 학술정책이 이념적으로 오염되고 정치적으로 왜곡되는 가운데, 많은 대학교수들이 관변 프로젝트에 재미를 붙인 '연구업자'로 전락하고 있다.

언필칭 정보화 시대도 대학의 위상을 작고 초라하게 만들고 있다. 이런 현상 자체는 물론 범세계적이다. 하지만 세계 최고 수준의 IT 강국인지라 대한민국에서는 그 정도가 역시 훨씬 더 심하다. 진리를 추구하는 학문의 세계에서조차 다수결 원리를 떠받드는 지적 포퓰리즘이 성행하고 있기 때문이다. '집단지성'이라는 그럴듯한 이름으로 말이다. 아닌 게 아니라 자신의 신념이나 양심과 상관없이 대세나 유행부터 살피는 '여론 맞춤형' 지식인들이 확연히 늘었다. '예능 지식인'의 범람은 마치 악화惡貨가 양화良貨를 쫓아내는 모양새다.

지성의 몰락은 사상과 철학의 '기울어진 운동장'에서 절정을 이룬다. 언제부턴가 대학가에는 소위 진보의 목소리만 요란한 채 그 이외의 음성은 묻히거나 숨어있다. '문화혁명'을 방불케 하는 권력과 학문의 유착 때문이다. '약자 코스프레'에 능숙한 소위 '강남좌파'가 '개념 지식인'으로 분류되어 학계의 스타로 각광받는 시대다. 이래저래 오늘날 이 땅의 젊은 청춘들은 교양에서 시작되는 것이 아니라 이념에서 출발한다.

생각해보면 1990년대 한림대 교수 사회의 풍경이 그리 대단한 것도 아니다. 그건 최소한의 기본이었다. 일찍이 근대 학문의 대부代父 막스 베버Max Weber는 지식인 특유의 '내적' 자질을 언급한 적이 있다. 천직으로서의 소명의식, 구도자적 겸허함, 섣부

른 진리에 대한 금욕적 경계, 사실 판단에 대한 무한책임 등이 그
것이다. 물론 그 사이 세상은 변했고 우리는 토양도 다르다. 그럼
에도 이런 정신과 문화가 있고 없음은 하늘과 땅만큼의 차이를
만든다. 며칠 전 대학 평가에서 우리는 아시아권에서도 내놓을만
한 대학이 하나도 없다는 사실을 재확인했다. '병든 지식인 사회'
로는 어떠한 미래도 없다.

우리에겐
'대학'이 없다[56]

조선일보
2019/11/13

지난달 서울대에 대한 국정감사가 있었다. 국감과 무관한 삶을 일종의 직업적 보람으로 생각해 왔는데, 그게 꼭 그런 것만은 아니었다. '원활한' 국정감사를 위해 교내 차량 통제를 실시한다는 공지 때문이었다. 수업과 연구를 방해하지 않는 '조용한' 국감은 불가능한 것일까? 아닌 게 아니라 국감을 앞둔 지난 몇 달 동안 각종 자료 요청이 개별 교수들에게 쇄도했다. 자녀 입학 및 채용 특혜 사례, 미성년 저자 포함 연구물 현황, 부실 학회 참여 경험 등을 자진 신고하라는 것이다.

대학에 대한 통제와 간섭은 이 정도에 그치는 게 아니다. 고등교육법이나 교육공무원법, 사립학교법 등이 점점 더 대학을 옥죄는 가운데 지난여름에는 유례없는 '감사 태풍'이 주요 사립대를 강타했다. 소위 '김영란법'에 따라 교수 사회가 잠재적 우범지

대로 바뀐 지도 몇 년이 지났다. 출석 확인이나 성적관리도 더 이상 교수 개인의 온전한 재량이 아니다. 학생지도나 연구 윤리 등 직무연관 교육 프로그램의 반半강제적 이수 또한 크게 늘고 있다.

우리나라 대학들의 이런 처지에는 자업자득의 측면이 많다. 시나브로 비리와 부패의 온상처럼 되어버린 대학의 입장에서 유구무언有口無言이라 해도 과언이 아니다. 하긴 우리나라에는 처음부터 자유와 자율을 생명처럼 여기는 그런 의미의 대학은 존재하지 않았다. 애당초 국가로부터의 개입을 자초하고 통제를 자청하는 모양새였기 때문이다. 우리나라 대학은 '대학'의 본래 의미에 부응하는 곳이 아니라 초중고등 '학교'의 기계적 연장에 가깝다.

대학과 학교는 같은 듯 다르다. 학교는 기본적으로 지덕체智德體를 가르치고 배우는 교육기관이다. 이에 비해 대학의 사전적 의미는 프로페셔널들의 학문 공동체다. 대학의 출발은 동료colleague이며, 동료들의 집합이 칼리지college가 되고, 칼리지가 모여 대학university을 이루는 것이다. 외부의 간섭이나 규제 대신 자치와 자결自決을 원칙으로 한다는 점에서 대학은 학교와 격이 다르다. 바로 그게 선진국 명문대학들의 존재 방식이다. 세상에 대학을 대학교라 부르는 나라는 우리밖에 없다. 한자문화권에서도 도쿄대학이고 베이징대학이며, 국립타이완대학이다. 일본에 더러 있는 대학교는 방위대학교나 기상대학교와 같은 교육훈련시설이다.

우리나라가 유독 '대학교'라는 간판을 사용하게 된 데는 그 경위는 불분명하다. 구한말에 서양과 일본의 대학을 '대학교'로 표기한 경우가 있긴 하지만 대학교라는 명칭이 보편화된 것은 분

단 이후 남북한이 최고의 대학을 만들고자 경쟁하는 과정에서
였다. 세계적 기준에 비추어 '대학'이라는 명칭으로 충분할 텐데
남북한은 각각 다른 간판을 내걸었다. 그 결과가 서울'대학교'와
김일성'종합대학'이다. '대학교'도 그렇지만 대학 교명이 '종합대'
인 경우도 외국에는 잘 없다. 어쨌든 오늘날 우리나라에는 거의
모든 대학이 대학교라는 명칭을 쓰고 있다.

　여기에 덧붙여 대학교라는 한국식 작명에는 또 다른 깊은 뜻
이 숨겨져 있는지도 모른다. 대학에 학교라는 말을 합성하면 국가
가 관리하고 통제할 수 있는 명분이 상대적으로 많아지기 때문이
다. 일찍이 '국립서울대설립안(국대안) 반대운동'이 제기했던 대학
에 대한 국가주의적 관점 말이다. 그렇다면 작금의 우리나라 대학
이 정부의 간섭이나 정치적 시류에 이리저리 휘둘리는 양상은 예
고된 비극일지 모른다. 이에 비해 연구년차 현재 머물고 있는 이
곳 일본 동경의 히토츠바시―橋대학은 사뭇 대조적이다. 제국대학
에서 출발한 국립대학임에도 불구하고 일장기를 걸지도 않고 국
가인 기미가요를 부르지도 않는다. '리버럴리즘' 학풍 때문이다.
동일본 대지진과 법인화를 계기로 정부의 입김이 세진다는 볼멘
소리가 있긴 하지만 자치권과 자율성에 대한 대학 구성원들의 신
념은 오히려 더 강해지는 분위기다.

　얼마 전 서울대에 재직하다가 재계약을 포기하고 떠난 어떤
외국인 교수는 자신의 눈에 서울대는 모든 학과가 정치학과이고
모든 교수가 정치학자로 보인다고 말한 적 있다. 현실 참여든, 학
내 권력이든, 연구비 지원이든, 온통 정치판이 되어버린 듯한 우

리나라 대학을 꼬집은 것이다. 당근과 채찍을 양손에 든 정부나 정치권이 대학을 쥐락펴락하는 상황에서 '폴리페서'의 양산은 어쩌면 필연적이다. 이에 반해 일본에는 그런 단어조차 없다. 대신 존재하는 것은 학문을 천직으로 하는 학자들의 동류의식과 동업정신이다. 또한 그것을 최대한 존중하는 근대 문명사회의 전통이다. 올해에도 일본은 노벨상을 탔다. 폴리페서가 수두룩한 우리나라는 '노벨 정치상' 제정을 기다려야 할까?

정치시장은 지금
지식인 특수特需

조선일보
2007/01/09

민주화 이후 크게 달라진 것 가운데 하나는 권력 자원의 종류다. 공권력이나 재력, 혹은 보스 정치가 핵심적 권력기반으로 행세하던 시대가 퇴각하면서 지식이 권력 행사에 차지하는 비중이 획기적으로 높아진 결과다. 물론 지식과 권력의 결합 자체는 동서고금을 통해 보편적이다. 그런데 우리나라의 경우 민주화의 연륜과 더불어 이들의 결합 방식에 뚜렷한 변화가 생겼다.

5공 시절이나 소위 '3김 시대'에는 권력 스스로 먼저 존재하였다. 권력 집단과 지식인 사회가 서로 손을 벌리거나 꼬리를 흔드는 것은 대개 그 다음의 일이었다. 지식인이 참여하게 되는 명분 또한 주로 정책적 수요에 대한 부응이었다. 하지만 민주화 이후 대선大選이 대권大權을 창출하는 유일 창구가 되면서 상황은 바뀌기 시작했다. 특히 2002년 대선을 전후하여 집권준비 단계부터 지식인이 간여하는 시대의 문이 활짝 열렸다. 당연히 지식인의 역할도 정치공학 분야까지 확대되었다.

이로써 노무현 정부는 권력·지식 '동업同業 정치'의 최초이자 전형적 사례에 해당할 것이다. 그리고 신흥 권력 자원으로 등장한 지식인 집단의 위세는 앞으로도 계속되지 싶다. 더군다나 다가오는 2007년 제17대 대선은 노름판 용어로 민주화 이후 처음 찾아오는 '배판'이다. 금번 대선 승리자가 취임 직후 프리미엄에 힘입어 내년(2008년) 4월 총선까지 휩쓸 확률이 매우 높기 때문이다. 결국 한국 사회는 목하 유례없는 '정치의 계절'을 맞이하고 있다. 덩달아 지식인의 정치시장도 대선의 한 해 특수特需를 누릴 전망이다.

그러나 다른 각도에서 볼 때 지금은 노무현 시대의 특징인 권력·지식 동업정치의 폐해가 고스란히 드러나고 있는 시점이기도 하다. 노무현 정부는 지식인 특유의 관념적 세계관과 그에 따른 신념의 정치가, 단순한 권력정치의 경우보다 국민에게 더 큰 피해를 끼칠 수 있다는 사실을 깨우쳐주었다. 문제는 이대로라면 차기 정권에서도 이러한 사태가 재발할 개연성을 결코 배제할 수 없다는 점이다. 그러므로 차제에 지식인 사회의 정치적 지분 확대와 역할 증대 문제 자체가 공론화될 필요가 있다.

우리의 현실에서 가장 일반적인 형태의 정치 참여는 후보자의 선거캠프에 들어가는 것이다. 올인식all-in式의 동참인 만큼 줄서기의 위험부담이 크긴 해도 배팅으로서는 매력적이 아닐 수 없다. 최근에 성행하는 또 다른 경향은 시민운동의 이름을 걸고 사실상의 정치 활동을 하는 것이다. 이는 지식인의 입지와 체면을 적당히 유지하면서 시민단체를 준準 정부 혹은 준 정당으로 활용하는 전략이다.

선진국 지식인 사회의 경우 이와 같이 전근대적이고 비지성적인 모습은 별로 찾아보기 어렵다. 가령 싱크탱크think tank는 '정책 지식인'을 전문적으로 육성, 훈련, 공급하는 상설 기관으로서 자율성과 투명성 및 책임성에 사활을 건다. 아니면 보다 간접적이고 유연한 형태로서 각자 전문성을 지닌 다수의 지식인들이 하나의 '인식공동체epistemic community'를 형성하는 방식이 있다. 이때 지식인들은 시세時世와 현안에 대해 나름대로 의견을 개진하긴 해도 구체적 실천은 정치권의 고유영역으로 돌린다.

세상일에 무심하다는 것이 지식인에게 결코 자랑은 아니다. 초연한 척 자기 방에 묻혀 사는 것만이 지식인의 본분은 아니다. 문제는 관심의 정도와 참여의 방식일 텐데 현재 우리나라의 모습은 적잖이 우려스럽다. 대선캠프 혹은 시민단체 중심의 지식인 참여가 너무나 당파적이고 정략적일 뿐만 아니라 타산적인 데다가 상습적인 경우까지 있기 때문이다. 따라서 이제부터라도 민주화 이후 역대 정부의 초라한 성적표가 지식인의 정치 참여에 관한 반면교사가 되어야 한다. 어쩌면 한판 대선이 '5년 천하'를 결정하는 현재 정치제도가 더 큰 화근禍根인지도 모른다.

80년대 이념권력과
직면한 지식인 사회

조선일보
2017/05/20

　출범하자마자 문재인 정부는 국정 역사 교과서를 폐지했다. 청와대는 이를 '상식과 정의 바로 세우기'라고 설명했지만 쉽게 납득하기 어렵다. 우선 대통령의 말 한마디로 모든 것을 끝내겠다는 발상은 '나라다운 나라'를 만들겠다는 다짐과 어울리지 않는다. '국민 모두의 대통령'이 되겠다는 통합정치의 약속과도 거리가 멀다. 새 시대의 새 정부라면 무슨 직속 위원회라도 만들어 말도 많고 탈도 많은 역사 교과서 문제의 자초지종을 한 번쯤 진지하게 살피는 게 도리다.

　역사 교과서 갈등의 발단은 지난 2000년대 초 검정 역사 교과서의 대다수가 이념적으로 편향되어 있다는 정부 안팎의 문제 제기였다. 그런데 이에 대해 지금까지 단 한 차례, 그 누구로부터도 진정성 있는 회답이나 대응이 나온 바 없다. 말하자면 역사 교과서를 둘러싼 논쟁 자체가 국가적 의제로 성사되지 못한 것이다. 이번 국정 역사 교과서 폐지는 따라서 기존 역사 교과서의 '신성

불가침' 원칙을 재확인한 셈이다. 학문의 자유와 관련된 염려가 커지는 것은 이 때문이다.

문 대통령의 국정 역사 교과서 폐기 지시는 80년대식 역사관과 국가관에 대한 강한 결기를 반영하고 있다. 이는 과거 노무현 대통령이 한국 현대사를 "정의가 패배하고 기회주의가 득세한 역사"로 규정한 것과 같은 맥락이다. 아닌 게 아니라 문 대통령은 취임사에서 대한민국의 성공한 역사에 대해서는 함구한 채 역대 대통령들의 '불행'만 언급했다. 게다가 문재인 정부는 원조 (3)86세대에 의해 둘러싸여 있어 아무래도 80년대 발發 운동권 이념권력이 역사적으로 재기한 모양새다.

그러잖아도 80년대 이후의 '문화혁명'은 학문의 자유를 줄곧 잠식해 왔다. 학회 행사가 폭력으로 얼룩지는 경우도 적지 않았고, 학술적 논쟁의 승패가 정치나 사법에 의해 가려지는 사례 또한 잦아졌다. 교학사가 펴낸 역사 교과서는 전국 모든 학교로부터 일제히 배척당하는 놀라운 기적을 경험하기도 했다. 첨예한 이념 대립 속에 지식인들의 자기검열 현상도 눈에 띄게 늘었다. 오늘날 소위 진보 담론은 시대정신의 위상을 확실히 굳혔다. 현행 역사 교과서야말로 현 정권 출범의 숨은 공신이 아닐 수 없다.

미국의 사회학자 콜린스Randall Collins에 의하면 학문의 자유는 스스로 지켜지지 않는다. 이를 위해서는 두 가지 사회적 조건이 선행되어야 한다. 우선 사회적으로 상당한 수준의 이성과 합리성이 통용되어야 한다. 만약 세상을 미신이나 신화, 혹은 도그마가 재단한다면 과학으로서의 학문은 애당초 입지가 좁다. 또한 지식인들은 동업자로서의 강력한 학문공동체를 구축하고 있어야 한다. 지식인들이 개별적으로 산재하거나 서로가 서로를 부정할 경우 제도로서의 학문은 자력으로 존립하기 어렵다.

언제부턴가 한국의 학계는 객관과 사실을 말하는 대신 신념과 독선에 깊이 빠져있다. 진영논리에 따라 지식인 집단공동체가 쪼개지고 무너진 지도 한참 오래다. 결국 지금의 우리나라는 학문의 자유를 지켜낼 수 있는 여건과 체력이 절대로 취약한 상태다. 바로 이런 시점에 문재인 표標 '진리 레짐'이 전격 등장한 것이다. 프랑스의 철학자 미셸 푸코는 하나의 담론 혹은 시대정신이 권력이 되거나, 거꾸로 권력이 진리를 자임하며 스스로를 정당화하는 사회적 현상을 진리 레짐régime de vérité이라 불렀다.

문재인 대통령의 정치적 유전자는 2017년 제37주년 5·18 광주 민주화운동 기념식에서 뚜렷이 드러났다. 특히 5·18 정신을 헌법 전문에 담아 개헌을 추진하겠다는 발언은 국가의 정체성과 역사의 물줄기를 바꿀지도 모르는 중대 사안이다. 80년대 역사 패권주의의 관점을 이른바 촛불혁명 정신과 연결하여 대한민국을 근본적으로 재구성하겠다는 의도로 읽히기 때문이다. 이로써 애초의 '통합과 협치' 선언은 벌써부터 진정성이 의심받을 지경이다.

문제는 문재인 정부의 쾌속 질주에 대한 비판과 견제세력이 별로 보이지 않는다는 점이다. 반대를 위한 반대가 아니라 국정의 동반자 내지 조언자로서 말이다. 박근혜 정부의 황망한 몰락 이후 보수정당은 아직도 자중지란이다. 촛불시위를 거치며 주요 언론들은 크게 상처를 입거나 체면을 구겼다. 건강한 시민사회도 사실상 종적을 감췄다. 이제 그나마 남은 것은 지식인 사회의 직업적 양심과 소명의식뿐이다.

책 안 쓰는
한국의 보수保守 지식인

조선일보
2005/11/28

　얼마 전 이 자리에 실린 칼럼에서 중앙대 이상돈 교수[57]는 '책 안 읽는 한국의 보수들'을 걱정한 바 있다. 그런데 '책 안 읽는 보수'보다 더 염려스러운 것은 '책 안 쓰는 보수'라고 할 수 있다. 어쩌면 오늘날 '출판시장'에서 보수가 느끼는 좌절감은 '독서시장'에서 보수가 당하고 있는 패배보다 훨씬 더 심각할지 모른다. 우파 쪽에서 수준급 전문 도서나 중량급 교양서적을 새로 만나기란 가뭄에 콩 나듯 어렵다. 번듯한 수업용 교재라도 찾기 힘든 사정 역시 우파 쪽이다. 계간지 영역에서조차 우파 쪽은 현재 거의 전멸 상태다.

　몇 달 전 「교수신문」이 KBS와 함께 학자들을 상대로 조사한 결과에 의하면 이러한 사태는 이미 충분히 예고된 것이었다. 해방 이후 우리나라 지성사에 큰 영향을 미친 국내 저서는 『전환시

57　현재는 바른미래당 소속의 비례대표 국회의원.

대의 논리』,『민족경제론』,『해방전후사의 인식』 등 대부분 진보나 좌파 쪽에 속했다. 잡지로는 「사상계」와 「창작과비평」의 위력이 두드러졌다. 물론 비판적 지식인의 인기는 우리 사회의 특유한 현상이 아니다. 미국의 「포린 폴리시Foreign Policy」와 영국의 「프로스펙트Prospect」가 최근 독자투표를 통해 공동조사한 것에 따르면 이 시대를 압도하는 최고의 대중적 지성은 급진좌파로 분류되는 미국 언어학자·정치평론가 촘스키Noam Chomsky였다. 그는 지금까지 무려 80권 이상의 책을 출간했다.

우파 쪽이 좌파 측보다 책 쓰는 일을 본디 게을리한다고 단언하기는 어려울 것이다. 더군다나 좌·우를 막론하고 저술 활동이라는 것 자체가 워낙 매력적이지 않은 곳이 바로 한국이다. 도서시장이란 것이 겨우 손바닥만 한 데다가 책이 아닌 논문이 지식생산의 대표 양식으로 치부되는 제도권 학계의 관행 탓도 있다. 그럼에도 드러난 결과만 놓고 보자면 책을 더 열심히 쓰고 펴내는 쪽은 우파가 아니라 좌파인 것처럼 보인다.

「교수신문」 등의 앞선 설문조사에 따르면 현대 한국 지성의 흐름에 가장 강력한 충격을 준 사건은 '1980년 광주'였다. 그 이후 진보·좌파 성향의 비판적 지식인들은 책이 세상을 바꿀 수 있는 강력한 도구 가운데 하나라고 보다 확실히 여기게 된 듯하다. 이에 반해 한국의 우파들은 대개 책 안 쓰는 보수로 살아온 모습이다. 그들에게 있어서 책이란 '마음의 양식' 정도여서 '사상적 무기'라고 생각되지는 않았던 것이다. 한국의 보수는 지식을 통해 세상을 분석하거나 비판하기보다 권력에 기반하여 그것을 치세용治世用으로 사용하는 편이었다.

수십 년의 세월 동안 보수 독점시대가 고착화하면서 우리 사회에는 우파적 가치에 대한 지성적 성찰이 한 번도 제대로 이루어지지 않았다. 말하자면 너무나 '자명한' 진리가 현실을 당연히 지배하고 있는 터라 그것의 내용에 대한 학문적 연구와 대중적 계몽이 굳이 필요하지 않았던 것이다. 권력과 지식이 공생하는 상황에서 우파 지식인들은 '배부른 돼지' 형상에 안주하는 경향이 많았다. 바로 이 시기에 좌파 지식인들은 '배고픈 소크라테스'가 되어 문화혁명을 준비하였고, 마침내 이즈음 그들은 문화전쟁에서 일대 승리를 구가하기에 이르렀다.

문제는 이러한 역사적 경험이 오늘날 우파 지식인들에게 별로 뼈아프게 각인되고 있지 않다는 사실이다. 특히 2002년 대선 직후 다짐했던 한국 보수의 사상적 정비와 이념적 정화淨化 의지가 급격히 퇴색하고 있다. 좌파의 과오가 제공하는 반사이익에 편승하여 우파 재집권의 대세만 순진하게 믿고 싶어 하는 것이다.

우파 지식인들의 과업은 결코 2007년 대선에 몰두하는 일이 아니다. 그들의 시대적 급선무는 1980년대식 운동권 좌파가 장악하고 있는 문화적 헤게모니를 지성의 소명으로 되찾는 일이다. 바로 이것이 이른바 우파 지성의 노블레스 오블리주다. 세상에 공짜는 없다는 사실을 한국의 우파 지식인들은 좌파 지식인들에게 겸허히 배워야 한다.

박사의
나라

동아일보
2008/11/12

　　하버드 의대 출신으로서 『쥬라기 공원』의 원작자이자 할리우드 최고의 아이디어 뱅크로 알려진 마이클 크라이튼Michael Crichton이 지난주(2008년 11월 4일) 암으로 타계했다고 한다. 처음에 소설로 나왔다가 나중에 영화로 만들어진 『떠오르는 태양』은 그의 대표 작품 가운데 하나인데 거기에 나오는 대화 한 장면이 꽤 인상적으로 남아있다. 누군가가 세계에서 인구 대비 박사학위 소지자가 가장 많은 도시를 물었다. 이에 대해 상대방이 빤하다는 듯 미국 "보스턴"이라고 대답하자 그는 "아니야, 한국의 서울"이라고 고쳐주었다.

　　실제 통계상으로 그런지는 잘 모르나 적어도 기분으로는 퍽 공감이 가는 대목이다. 아마도 우리나라는 세계 최고 수준의 고학력 사회가 아닐까 싶다. 가령 2008년도 대학 진학률은 83.8%에 이르러 전년前年 기록을 경신했다. 1970년에 우리나라의 대학 진학률이 26.9%였고, 현재 주요 선진국의 그것이 50% 내외라는 점을 감안하면 가위 대학교육 혁명이다. 대학교육이 이처럼 보편화되다 보니 그 연쇄반응으로서 이제는 대학원이 문전성시門前成市다. 특히 IMF 위기 이후 대학에서 대학원으로 직진하는 것을 당연시하는 추세와 더불어, 요즘에는 멀쩡하게 사회생활 하다가 박사가 되기 위해 돌연 학교로 유턴하는 일도 다반사가 되었다.

최근 우리나라는 박사 양산量産 체제를 갖추었다. 1975년에 994명이던 전체 박사학위 취득자 수, 그리고 0.3명이던 인구 만 명당 박사학위 취득자 수가 2007년에는 각각 9,669명과 2.0명으로 대폭 늘어난 것이다.[58] 박사 실업자의 재고가 매년 쌓여가도 박사 사회로의 행군은 결코 멈추지 않는다. 높은 학력이 취업에 오히려 방해가 되는 이른바 '학력의 역설paradox of schooling'도 박사 지망생 당사자들의 마음을 쉽게 돌리지는 못한다. 박사가 보다 흔해질수록 박사학위가 또 하나의 필수 '스펙specification'으로 간주되는 악순환이 있을 뿐이다.

물론 그래서 안 된다는 법은 없지만 박사 개그맨도 있고 박사 가수도 있는 것이 우리나라다. 평범한 공무원이나 회사원이 형설지공螢雪之功으로 박사학위를 따냈다는 감동적인 스토리도 우리는 자주 접한다. 하긴 정부부처 5급 이상 공무원 가운데 11.8%가 박사며, 열 명 중 넷이 석사라고 하지 않는가. 여기에 급증하는 명예박사와 적지 않은 가짜 박사까지 합하면 오늘날 대한민

---

58 이 수치는 계속 늘어나 2017년에는 박사학위 취득자가 1만 4,316명이 되었다. 최근 10년 사이 연평균 증가율은 4.4%라고 한다.

국은 '박사의 나라'라고 해도 과언이 아니다. 우리나라에서 박사학위의 의미는 대학이나 연구소 등 유관업계에서나 필요할 법한 면허증이나 자격증 정도를 훨씬 능가하는 것이다.

박사의 가치를 폄하하려는 것이 절대 아니다. 특히 우리에게는 유교문화의 전통이 강하게 남아있어, 배우고 때로 익히는 가운데 학위까지 얻는다면 더욱더 즐거운 일이다. 게다가 지식 기반사회를 맞이하여 박사의 사회적 비중은 앞으로 점점 더 커질 것이다. 하지만 작금의 한국적 박사 문화가 결코 최선이나 최상은 아니다. 학문보다는 학위가 중시되고 학위가 본래의 제한적 용도를 벗어나 신분적 후광효과을 발휘하려 든다면, 그것은 배움과 지식을 남달리 귀하게 여겨 왔던 우리의 역사적 유산을 이 시대에 발전적으로 계승하는 처사가 결코 되지 못한다.

능력이나 실력을 뒤로한 채 학위를 앞세우는 현상을 영국의 경제사회학자 로널드 도어Ronald P. Dore는 '학위병the diploma disease'이라 불렀다. 후진국일수록 취업이나 승진, 혹은 급여를 결정할 때 학위가 중요한 역할을 한다는 뜻이다. 불행하게도 지금 우리 사회는 입으로는 선진화를 외치면서도 몸은 바로 이러한 후진국형 풍토병을 심하게 앓고 있다. 그리고 이러한 학위병은 유교적 학문 숭상의 논리에 가려 제대로 진단조차 되고 있지 않다.

지금 우리에게 필요한 것은 사회적 가치의 다원화와 실용화다. 그리고 모든 직업과 직군職群이 각자 나름의 치열한 프로페셔널리즘을 정립하는 일이다. 또한 유형의 박사학위가 아니라 무형의 장인정신과 직업정신에 보다 큰 의미를 부여하고 새로운 희망을 거는 것이다. 박사라고 해서 반드시 다다익선多多益善은 아니다. 다다익선이라면 오히려 성실하고 유능한 미국의 '배관공 조Joe the Plumber' 쪽이다. 다다익선이라면 오히려 평생 한 우물만 파는 일본의 '미스터 초밥왕' 쪽이다.[59]

---

59   선진국에서는 인생의 대미를 박사학위로 장식하는 경우가 많다. 말하자면 특정 직업인이나 장인으로서의 평생 경험을 은퇴 이후 박사 과정 진학을 통해 학문적으로 정리하는 방식인데, 삶과 지식의 생생한 결합이라는 측면에서 수준이 매우 높다는 평가다. 2016년 프랑스 브장송의 프랑슈콩테 대학에서는 91살 콜레트 불리에 할머니가 이주노동자 관련 연구 논문으로 박사 학위를 취득했다. 젊은 시절 그녀는 프랑스 거주 이민자들에게 프랑스어를 가르치는 일을 하다가 이주 노동자 문제에 관심을 갖게 되었다고 한다. 2015년에 독일에서는 신생아와 더불어 한평생 병원에서 근무한 잉게보르그 라포포트 할아버지가 함부르크 대학에서 디프테리아 연구를 통해 박사학위를 받았는데, 당시 그의 나이는 102세였다. 한편, 일본에서는 2018년 일본 역사상 최고령 박사가 리츠메이칸대학에서 탄생했다. 주인공은 88세의 오제키 기요코(尾關淸子)였다. 그녀는 평생 인형이나 완구, 장식품 등을 제작해 왔는데, 박사논문 주제는 "조몬(繩文) 시대의 천: 일본열도 천 문화의 기원과 특질"이었다. 언필칭 고령화 시대 혹은 평생교육 시대를 맞아 황혼기 박사의 탄생은 새로운 라이프 스타일이 되어도 좋겠다는 것이 개인적인 생각이다.

글쓰기의
몰락

조선일보
2004/04/22

수년 전 대하소설 『혼불』의 작가 최명희는 "수바늘로 한 땀 한 땀 뜨듯" 글을 썼다는 평가를 뒤로하며 세상을 떠났다. 요즘 한창 '잘나가는' 소설가 김훈이 아직도 연필을 꾹꾹 눌러 원고지에 글을 쓴다고 하니 진지한 글쓰기 문화가 행여 우리 주변에서 완전히 사라진 것은 아닐지 모른다. 하지만 대세는 역시 글의 몰락이다. 오늘날 우리 주변에서는 글쓰기의 입지가 나날이 위축되고 글쓰기 전통 또한 급속히 약화되고 있다.

이는 우선 글이 아닌 말이 이 시대의 공적 커뮤니케이션을 압도하기 때문이다. 텔레비전의 영향력은 특히 막강하여 어느새 지식인과의 교분이 너무나 돈독해져 버렸다. 몇몇 시사 프로그램을 두고 하는 말이 아니다. 지금 당장이라도 리모컨을 돌리면 채널 서너 개를 넘기지 않아 교수나 박사를 반드시 만나게 될 것이다. 그리고 텔레비전이야말로 지식인들을 구어체口語體 수사修辭와 상황적 순발력으로 조련시키는 최적 무대다. 그 결과, '말짱'과 '얼짱'[60]이 마치 지성의 상징인 양 행세하는 세상이 되었다.

　글쓰기의 미래를 더 어둡게 만드는 것은 사이버 공간이다. 인 터넷에서 이루어지는 검색과 복제, 그리고 편집 과정이 스팸 문학의 양산을 초래한 것과 마찬가지로 요즘 대학가에서는 스팸 논술이 극성을 부리고 있다. 세계적 수준의 논문을 인터넷 짜깁기를 통해 하룻밤 사이에 제작·유포하는 것이 우리의 자랑스러운 '능력'이다. 이로써 문학과 학문 공히 차세대를 기약하기 어렵게 되었다. 게다가 전국적으로 천만 개를 돌파했다는 블로거 사이트는 글쓰기의 '쾌락'을 강조한다.[61] 사실상 말하기 방식에 더 가까운 이 '게시판 저널리즘'의 목적은 인기의 발전發電과 연대連帶의 증폭이다. 또한 이른바 댓글이나 채팅에서 보는 것처럼 인터넷은 언어를 배설의 대상으로 전락시키기 십상이다.

　민주와 참여를 만끽하는 시대에 언어의 홍수 자체는 비난할 일이 아니다. 문제는 그것의 품위와 격조다. 물론 글도 글 나름이고 말도 말 나름이다. 하지만 논리와 이성, 특히 책임의 측면에서 둘 사이는 근본적으로 차등적이다. 그런 만큼 글의 퇴조는 최근 우리 사회의 전반적인 감성화, 즉흥화, 경박화와 결코 무관하지 않다. 지금 우리 사회는 지식의 가치가 시청률이나 접속률에 의해 평가받고, 글쓰기 행위가 배설과 쾌락의 수단이 되는 사태를

60　말짱은 말을 잘하는 사람을 속되게 이르는 말이고 얼짱은 말 그대로 얼굴이 '짱(매우)' 잘생긴 사람을 일컫는 2000년대 인터넷 신조어.

61　현재는 스마트폰 혁명과 트위터, 페이스북, 인스타그램, 카카오톡 등 소셜미디어의 활용으로 장문(長文)이라면 쓰지도 않고 읽지도 않는 시대가 되었다.

자초하고 있는 것이다.

속이 빈 사람이 말 잘하고 속이 허한 사람이 말 많은 것은 개인만이 아니라 사회에 대해서도 마찬가지다. 따라서 말의 성찬盛饌은 어떤 면에서 그 사회의 속이 비고 허하다는 사실을 방증할 듯싶다. 그렇다면 우리 사회의 문화적 재건과 도덕적 재기는 쾌락이 아닌 성찰, 배설이 아닌 정제精製로서의 글쓰기를 보다 근본적인 차원에서 격려하고 배양하는 것에서부터 시작될 필요가 있다. 대학 입시에 논술고사를 포함시키는 정도로 해결될 사안이 결코 아닌 것이다.

언어의 궁극적 기능을 표현이나 정보를 넘어선 삶의 지혜라고 할 때, 글쓰기란 개인의 인격적 성숙은 물론 사회 전체의 문화적 수준을 가늠하는 총체적 지표다. 따라서 명문名文과 미문美文이 사라지는 현상, 그리고 글쟁이 혹은 문필가가 줄어드는 추세는 단순한 언어의 문제에 국한되지 않는다. 말이 범람하는 대신 글이 몰락하고 타락하는 현실이야말로 문명과 역사에 연관된 일종의 국가적 비상사태다.

국어정책에
발상의 대전환을

조선일보
2015/03/30

　　　　　　　'빨간 펜' 선생님께,

얼마 전 「조선일보」에서 선생님 인터뷰 기사[62]를 재미있게 읽었습니다. '우리말 교열 박사' 이수열 씨가 신문 칼럼의 잘못된 표현을 빨간 사인펜으로 고쳐 보내는 바람에 떨고 있는 언론인이나 교수, 문인들이 적지 않다는 내용이었습니다. 선생님에 관한 언론 보도가 이번이 처음은 아닙니다. 새로운 점이 있다면 20년 전 처음 시작할 때는 열 가지 신문을 챙겨 보다가 요즘에는 두세 개만 읽는다는 것이었습니다. 80대 후반 연세 탓이겠지요. 그래도 빨간 펜의 '교정 본능'만큼은 전혀 변하지 않은 듯합니다.

　　저는 우리글을 바르게 지키려는 선생님의 열정을 존경합니다. 지금 대한민국은 변명의 여지없이 글쓰기 후진국입니다. 사실 정부나 기업, 대학 할 것 없이 선진국일수록 올바른 글쓰기가

62　기사 제목은 "언론인·文人 떨게 하는 '빨간 펜 선생님'."

정착되어 있습니다. 글쓰기 능력은 한 나라의 국력이자 경쟁력이라고 해도 과언이 아닙니다. 미국의 판사들은 법적 판단의 오류보다 작문의 과실을 더 수치스럽게 여긴다고 하지 않습니까. 이에 비해 우리나라는 일반인에서 전문가까지 글을 제대로 쓰는 이가 드뭅니다.

당연히 저도 그 가운데 하나입니다. 사실 저도 선생님의 편지를 여러 번 받았습니다. 부끄럽게도 저의 글쓰기가 좀처럼 나아지지 않고 있다는 뜻이겠지요. 아닌 게 아니라 날이 갈수록 글쓰기가 더 두려워집니다. 문제는 저뿐만 아니라 우리나라 사람들 대다수가 글쓰기를 괴로워한다는 사실입니다. 얼마 전 취업포털 '커리어'가 구직자들을 대상으로 설문조사를 실시했는데, 응답자의 64.4%가 우리말로 자기소개서를 쓰는 일을 힘들어했습니다. 가장 어렵다고 말한 것은 맞춤법이었고, 구어체와 문어체의 구분, 띄어쓰기 등이 뒤를 이었습니다.

우리말 글쓰기가 결코 녹록하지 않다는 사실은 국립국어원의 '우리말 맞춤법' 서비스 현황에서도 확인됩니다. 그곳에서는 기존의 전화 응답과 온라인 문답에 이어, 2011년부터 트위터를 통한 대국민 상담을 제공하고 있습니다. 금년 중에 서비스가 모바일 메신저로까지 확대될 정도로 대성황이라고 하니, 이 또한 평소에 글쓰기를 부담으로 느끼는 민심의 방증이지 싶습니다. 상담원들이 제일 자주 받는 질문은 띄어쓰기에 있어서 '생각하다/생각 하다', '전화받다/전화 받다' 가운데 어느 게 옳은가, 표기와 관련하여 '아니에요/아니예요', '알맞지 않은/알맞지 않는' 가운데 무엇이 바른가라고 합니다.

그런데 선생님, 과연 이런 것들이 글쓰기의 옳고 그름을 판정할 정도로 중대한 사안일까요? 오히려 사람들의 글쓰기 울렁증만 자극하는 것은 아닐까요? 저는 우리나라 사람들의 글쓰기 수준이 낮은 것에는 국어학자나 한글운동가, 교열전문가 등 어문語文 권력의 책임이 없지 않다고 봅니다. 문법이나 어휘, 문체, 구문 등에 대한 그들의 과도한 '군기軍紀 단속'과 '풍속 규제' 때문입니다. 글쓰기의 원칙과 규범을 지나치게 강조하는 나머지 글쓰기 행위 자체가 위축되고 만 것입니다.

식민지를 경험한 나라로서 해방 이후 언어의 주권 회복은 대단히 시급했습니다. 국어는 국가 건설과 국민 형성의 핵심적 요소이기도 합니다. 이런 점에서 단기간에 이룩한 국어 발전의 성과는 놀랍고 자랑스럽습니다. 그럼에도 저는 어문정책과 한글문화에 알게 모르게 내재되어 있는 국가주의적 계도와 민족주의적 강박이 불편할 때가 많습니다. 또한 이는 작금의 시대정신에 역행할 뿐 아니라 궁극적으로는 모국어의 성장 정체를 초래하고 있다고 믿습니다.

우리말이 아니라는 이유로 한자를 버린 것부터 과오였습니다. 삼국시대에 한반도에 유입된 동아시아의 국제어로서 현재 우리말의 70% 이상을 차지하고 있는 것이 한자임에도 불구하고 말입니다. 단수 표준어 정책에 따라 일거에 사투리를 배척한 것도 우리의 언어자원을 스스로 줄인 처사였습니다. 지역의 문화적 보고를 챙기지 못한 단견의 소산이지요. 영어식 문장이네, 일본식 한자입

네 하고 따지는 순혈주의 언어정책도 교류와 다문화, 공존이라는 문명사적 대세와 어울리지 않습니다. 정보화 혁명에 따라 손글씨 시대가 저무는 만큼 맞춤법 역시 키보드 등의 기계적 특성을 적절히 반영해야 할 것입니다.

물론 누군가는 올바른 우리글을 보호하려는 노력을 계속해야 합니다. 하지만 급변하는 21세기 언어 환경에 대처하기에는 '빨간 펜'이 최상의 정답은 아닐지도 모릅니다. 대신 지금은 개방과 유연화를 통해 국어의 탄력 증강과 외연 확대를 꾀할 때가 아닌가 싶습니다. 싫든 좋든 언어의 집은 현실이고 언어의 힘은 진화에 있기 때문입니다.

그들에게
영혼을 허許하라

조선일보
2019/06/24

　　더불어민주당 산하 민주연구원 양정철 원장이 지방자치단체 소속 연구기관과의 업무협력 행보를 전국적으로 확대하고 있다. 야권에서는 내년(2020년) 4월 총선을 겨냥한 '관권 선거개입'이라 비난하지만, 여권에서는 아무런 문제가 없다는 대꾸다. 또한 야당 소속 단체장이 있는 지역에도 업무협약을 요청한 상태라고 밝히며 자유한국당 산하 여의도연구원에게 이와 유사한 협력관계 구축을 권유하기도 했다. 중앙선거관리위원회 역시 현재로서는 직무상 선거법 위반 여부를 판단하기 어렵다는 입장이다.

　　이로써 정당 산하 연구원과 지자체 소속 연구원 사이의 정책 협력에는 과연 아무 문제가 없는 것일까? 만약 전자가 태생적으로 정치적인데 반해 후자는 법으로 독립적·자율적 연구 활동이 보장된 비정치적 조직이라는 이유를 들어 양자의 '잘못된 만남'을 지적한다면, 이는 번지수가 살짝 틀렸다. 지자체 연구원 자체도 이미 충분히 정치적이기 때문이다. 지방선거가 거듭될수록 이들 대부분은 선거캠프 아니면 선거벙커로 변질해 왔다. 양정철 원장의 거침없는 지자체 나들이는 말하자면 마침내 올 게 온 것이다. 이는 오늘날 한국의 공공 R&D가 총체적으로 무너지는 과정의 작은 일부일 뿐이다.

특히 문재인 정부에 들어 각급 관변 연구소들의 수난이 두드러지고 있다. 코드가 맞지 않은 기관장들의 임기 도중 사퇴 정도는 물론 이번이 처음은 아니다. 하지만 소득 주도 성장, 탈원전, 4대강 보狀 철거와 같은 '정치적' 의사결정을 위해 지금처럼 용역학문과 청부請負 지식이 무성한 적은 일찍이 없었다. 정권이 바뀌면서 과거 정부하에서의 연구 결과가 뒤집힌 사례도 노동·경제·에너지·환경·보건·통일 등 다양한 분야에 걸쳐 부지기수다.

균형 발전이나 포용성장, 건국 100년, 판문점선언 이행과 같은 간판정책의 배급줄 앞에 유관 연구단체나 기관들을 걸핏하면 총집합시키는 것이 현 정부의 학술 권력이다. '사람 중심의 과학기술'이라는 정체불명의 개념에 따라 이공理工 분야 고유의 권위와 전문성은 이념과 진영논리로 대체되고 있다. 요새는 전문가들이 모이는 국책연구원 세미나 자리에 기관장 인사에 이어 노조위원장이 축사를 하는 사례도 없지 않다. 다음 달(2019년 7월)부터 시행되는 주 52시간 근무제는 박사 연구자들을 '연구 노동자'로 전락시킬 태세다.

"나는 영혼 있는 연구자가 되고 싶다." 이는 우리나라 공공 R&D의 현실과 관련하여 안오성 한국항공우주연구원 책임연구원이 최근 한 매체를 통해 외친 절규다.[63] '영혼 없는 공무원' 얘기를 익히 들어온 우리들에게 '영혼 없는 연구자' 얘기는 새롭고 놀랍다. 행정에 이어 이제는 연구까지 영혼을 팔거나 버리는 세태가 되었나 싶어서다. 막스 베버에 의하면 관료는 영혼이 없는 게 오히려 정상일 수 있다. 그들 위에 열정과 책임감, 균형감각으로 무장한 '소명召命으로서의 정치'가 있어, 그것을 위해 일로매진할 수 있다면 말이다.

영혼 부재의 지식사회는 단지 국가출연연구소만의 문제가 아니다. 대기업 등에서 운영하는 민간연구소들도 공적 기능을 대폭 축소하면서 최근에는 입조심·말조심하는 기색이 역력하다. 대학 또한 폴리페서의 득세 이면에 냉소와 무기력, 자기검열의 분위기가 확산되고 있다. 정치적으로 "쓸모있는 바보들"을 지식의 최전선에 앞세운 '촛불 권력'의 위세 앞에 학문을 위한 자유로운 영혼은 숨 쉴 곳이 점점 더 좁아지고 있는 것이다.

선진 민주주의 국가의 저력 가운데 하나는 자유롭고 다양하고 탄탄한 지식생태계의 존재다. 객관적 사실과 과학적 논리를 숭상하고 허다한 이견과 합리적 비판을 앙양하는 것이 장기적으로는 국익에 더 큰 도움을 준다고 굳게 믿는 결과다. 그곳이라고 해서 왜 저질스러운 정쟁이 없겠느냐만 그래도 지식인의 자유로운 영혼만은 일종의 불가침 대상으로 함께 예우한다. 독단에 빠지고 위선에 취하고 인기만 쫓는 지식의 자율적 정화淨化를 기대

---

63 「중앙일보」, 2019.06.24., "성장엔진 하나 못 만드는 현실... 영혼 있는 연구자 되고 싶다."

하기 때문이다.

　이런 점에서 눈만 뜨면 선거 걱정이 전부인 정당 싱크탱크의 수장이 자나 깨나 나라 생각이 먼저이어야 할 공공지식 영역을 정치적으로 들쑤시고 다니는 전대미문의 행태는 국가 발전의 차원에서 자해自害가 될지 모른다. 그에게는 총선이 나라보다 중할까. 정치권력이란 매번 오고 가는 거지만 지식국가는 한번 무너지면 다시 서기 어렵다. 연구자에게 영혼을 허許해야 권력에는 약이 되고 나라에는 밥이 된다.

7

정치와 권력

자학하기 위해
OECD에 가입한 것 같은 나라

조선일보
2017/06/21

　　대한민국은 2003년부터 13년 동안 경제협력개발기구OECD 회원국 중 자살률 1위를 기록했다. 그런데 2017년도 세계보건통계에서 한국의 자살률은 세계 183개국 가운데 4위가 되었다. 이와 관련하여 세계보건기구WHO는 우리나라를 '모범 사례 국가'로 소개했다. 2011년 11월 이후 한국 정부의 파라콰트 paraquat(맹독성 제초제) 판매금지를 높이 평가한 결과다.

　　세계 최고 수준의 우리나라 자살률은 흔히 '헬조선'의 대표적 징후로 인식되고 있다. 빈곤과 경쟁의 심화를 자살의 원인으로 단정하려는 여론 때문이다. 하지만 자살의 실제 이유와 정황은 이것보다 훨씬 더 복잡하다. 특정 농약에 대한 접근성 제한이 음독자살을 줄이듯이, 아파트와 같은 고층 빌딩의 증가는 투신 자살을 늘일 수 있다. 자살은 항抗우울증 치료와도 밀접한 연관이 있다. 일반적으로 자살자의 80% 이상이 우울증 환자인데, OECD 국가 가운데 항우울증 치료는 우리나라가 맨 꼴찌 수준이다.

OECD 발표 세계 최고의 자살률이 세상에서 가장 살기 힘든 나라를 의미하지는 않는다. 그럼에도 우리는 OECD 통계를 인용하며 곧잘 자탄과 자학에 빠지는 경향이 있다. 노인 빈곤도 마찬가지다. OECD 발표에 따르면 65세 이상 노인 빈곤율 세계 1위가 대한민국이다. 노인의 49.6%가 빈곤계층에 속한다는 이유에서다. 그런데 이 수치는 노인의 실제 빈곤율이 아니라 수입收入 빈곤율을 가리킨다. 우리처럼 연금제도가 발전하지 않은 나라의 노인복지는 원천적으로 저평가될 수밖에 없는 계산방식인 것이다. 이 통계는 노인의 재산소득이나 임대소득을 제외하고 있을 뿐 아니라 특히 부모생활비 주主 제공자의 과반이 자녀라는 한국적 효孝 문화를 간과하고 있다.

OECD 최하위라는 한국의 출산율도 곰곰이 따져볼 여지가 있다. 일반적으로 우리는 젊은 세대의 빈곤이 혼인율을 낮추고 그것이 저출산으로 이어진다고 생각한다. 하지만 유럽에서는 혼인율이 낮아져도 출산율은 높아지는 일이 흔하다. 이는 혼인율 증가를 통해 출산율을 제고하는 고전적 방법 이외에, 비혼非婚 출산에 대한 사회적 관용과 국가의 책임도 인구문제 해결에 도움을 준다는 사실을 귀띔해 준다. 우리나라 근로자들의 연평균 근로시간이 OECD 국가 중 최장이라는 통계 역시 액면 그대로 받아들이기 어렵다. 임금체계나 노동강도의 국가 간 차이가 고려되어야 하기 때문이다.

물론 작금의 대한민국을 두고 지상낙원이라거나 태평성대라는 말은 차마 입에 담을 수 없다. 사회 양극화, 청년실업, 노후불안, 인구절벽 등 도처에 지뢰 아니면 암초다. 그러나 그 어떤 기준에서도 우리나라가 '수용소 군도'나 '아오지 탄광'은 아니다. 무엇보다 지금 시중에 돌아다니는 이른바 '헬조선 OECD 50관왕'이라는 문건 자체를 OECD는 생산한 적이 없다. 또한 그 가운데 대부분은 잘못 짜깁기하거나 사실이 아닌 것으로 최근 우리나라 통계청이 확인한 바 있다.[64] 문제는 그럼에도 많은 사람들이 'OECD 발發 헬조선 담론'을 믿거나 믿고 싶어 한다는 점이다.

오늘날 대한민국의 시대정신은 단연 '분노'다. 87년 체제 이전이 대체로 헝그리hungry 시대였다면 그 이후는 확연히 앵그리angry 사회다. 그리고 박근혜 대통령 파면 과정에서 분노는 마침내 대폭발을 경험했다. 그 여세를 따라 문재인 정부는 적폐 청산과 개혁정치을 위한 권력 자산으로 분노 에너지를 십분 활용하고 있다. 바로 이러한 분노의 감정을 자극하고 유도하고 확산하는 데 있어서 OECD 통계의 인용은 참으로 매력적이고 유혹적이다. 정치권은 물론 언론이나 시민단체, 심지어 학계에서까지 OECD 통계 사대주의가 성행하는 것은 이런 연유에서다.

분노 그 자체의 가치를 폄하하려는 것이 아니다. 분노는 세상을 바꾸는 위대한 힘이 될 수 있기에, 시인 변영로卞榮魯는 종교보다 깊은 것이 '거룩한 분노'라 했다. 그러나 걸핏하면 OECD 통계에서 비롯되는 한국 사회의 분노는 진정성의 측면에서 별로 거

---

64 2016년 3월, 통계청은 50개 지표를 검토한 결과 약 70%가 통계의 신뢰성이나 연관성의 측면에서 오류라고 밝혔다.

룩하지 않다. 국민적 분노의 출처가 오류와 과장, 그리고 통계적 왜곡에서 자유롭지 않은 자료일 경우, 잘못되거나 엉뚱한 처방의 길로 이끌 위험마저 배제하지 못한다.

20여 년 전 이른바 '선진국 클럽'이라는 OECD에 가입한 이후 우리는 오히려 불행해졌는지 모른다. 샴페인을 너무 빨리 터뜨린 탓이 아니라 모든 것을 수치와 등수로 평가하는 양적 세계화 대열에 무턱대고 합류한 결과다. OECD 성적표가 우리 사회를 성찰하는 데 도움을 준 것은 사실이지만, 그야말로 행복은 성적순이 아니다.

봉급 사회에서
배급 사회로 가는 나라

조선일보
2019/01/14

중앙정부나 지방자치단체가 제공하는 현금성 복지가 급증하고 있다. 2015년 박원순 서울시장이 청년수당 제도를 도입한 지 불과 몇 년 만의 일이다. 올해를 기준으로 할 때, 국민 일 인당 평생 받을 수 있는 현금 수당은 최대 1억 5천만 원에 이른다고 하며, 머지않아 2억 원을 초과할 것이라는 전망도 있다. 이는 무상 보육·교육·급식·교복처럼 서비스나 물품으로 받는 혜택과 기초연금처럼 취약계층을 대상으로 하는 현금 급여를 제외한 액수다. 관官은 관대로 현금 복지를 늘이기 위해 열심히 궁리 중이고, 민民은 민대로 현금을 최대한 챙길 수 있는 '경우의 수'를 열심히 공부 중이다.

아닌 게 아니라 현금 수당 종류는 나날이 다양해지고 있다. 정부는 부모가 아이를 집에서 직접 돌볼 경우 만 84개월까지 양육수당을 준다. 이와 별도로 오는 9월부터는 7세 미만 모든 자녀에게 아동수당이 지급될 예정이다. 취업 준비 중인 청년이라면 청년구직활동지원금을, 중소기업 장기 근무자이면 청년내일채움공제를 받을 수 있다. 지방정부의 경우 결혼·출산장려금은 이미 기본이다. 얼마 전에는 보훈 예우수당을 주는 곳도 생겼고, 교복비나 수학여행비 등을 현찰로 주는 사례도 늘었다. 농민수당 역시 전국적으로 확산일로에 있다.[65]

세상에 돈 준다는 데 싫다는 사람 있으랴. 문제는 재원이다. 우리는 중동의 산유국처럼 오일머니를 쌓아놓고 사는 나라도 아니고 정부 스스로 경제활동의 주체가 되는 사회주의 체제도 아니다. 현금 수당의 원천은 고스란히 국민 혈세다. 문재인 정부가 나라 곳간 사정에 유난히 신경을 곤두세우는 것도 바로 이런 이유일 게다. 최근 기재부의 적자 국채발행 시도나 국토부의 표준지 공시지가 평가 과정 개입은 결코 우연한 일이 아니다. 지속 가능한 포퓰리즘을 모색하는 과정에서 신종 적폐가 구조적으로 발생한 것이다.

시나브로 대한민국은 '봉급 사회'에서 '배급 사회'로 이행하는 분위기다. 우리나라에서 경제활동인구의 취업구조가 근대화된 것은 1960년대 이후 급속한 산업화 과정에서였다. 그 이전만 해도 정기적인 현금 수입을 경험한 한국인은 극히 제한적이었다. 한국이 봉급 사회로 변모하기 시작한 것은 제조업 분야를 중심으로 취업자 비율이 급등하면서부터다. 봉급 시대의 도래와 더불어

---

65 현금성 복지는 그 이후에도 계속 늘어가고 있다. 최근에는 '해녀수당' '어르신품위수당' '독서수당'이라는 것까지 생겼다.

국민들의 평균소득은 획기적으로 늘었고, 소득분배 또한 오랫동안 국제적 모범을 유지했다. 하지만 경제환경의 변화 및 시대정신의 반전에 따라 봉급 사회의 위세와 신화는 약화되고 있다. 대신보다 많은 국민들이 나라의 배급줄에 익숙해져 간다. 저성장·고실업의 장기화에 따라 당장에는 그것이 생명줄인 사람들도 많다.

임금노동에 기반한 봉급 사회가 인류의 이상향은 아닐지 모른다. 강제노동, 착취노동, 소외노동 등 굳이 좌파 이론을 거론하지 않더라도 조직노동 자체에 대한 거부감은 뿌리가 깊다. 하지만 이를 극복하겠다고 설계된 사회주의 배급 사회가 결코 대안은 아니다. 우선 현금복지를 포함한 사회임금이 일정 수준 이상으로 과도해지면 사람들의 자립정신과 책임의식, 자유의지가 사라진다. 공짜인 데다가 소액이라 별로 감사한 마음도 생기지 않는다. 또한 의존, 기대, 낙심, 원망, 열패劣敗 등의 감정이 만연하면서 사회는 생기와 활력을 잃고 개인은 각자도생에 하루하루 매진한다. 바로 이것이 하이에크Friedrich Hayek가 말한 "노예의 길"이다.

선진국들은 1990년대 이후 현금복지를 줄여가는 추세다. 복지정책으로서 이른바 '가성비'가 떨어지기 때문이다. 오늘날의 대세는 규제 완화와 조세감면, 노동 개혁을 통해 기업의 전통적 역할을 강조하는 것이다. 얼마 전 영국의 메이Theresa May 총리가 좌파 복지주의자들의 공세에 맞서 "일하는 것이야말로 가난에서 벗어나는 최선의 방법"이라고 주장한 것이 대표적이다. 이는 자본주의 경제의 핵심이 자유시장경제가 아닌 '자유기업경제'라는 점을 정확히 인식한 결과다. 일자리 창출의 원천이자 주역이기에 기업은 누가 뭐래도 '자본주의의 꽃'이다.

이에 반해 우리는 최악의 고용재난 속에 집권 3년 차를 맞이한 대통령으로부터 '혁신성장'이니 '포용국가'니 하는 거룩한 말만 반복적으로 듣고 있다. 밥이 나오는 곳은 복잡한 개념이 아니라 사업, 창업, 취업과 같은 간단한 원리인데도 말이다. 사람들은 국가의 자비나 시혜, 적선을 무작정 바라지 않는다. 대신 일할 수 있는 자유와 기회, 권리를 찾아 당당한 삶의 주체로 살아가길 원한다. 인간으로서의 자긍심, 국민으로서의 자존심 때문이다.

이대로면 한국에도
'불만의 겨울'이 온다

조선일보
201810/16

일자리 감소가 '일자리 정부'를 계속 비웃는다. 실업자 수는 2000년 이후 최대로 늘어나 9개월 연속 100만 명을 웃돌고 있다. 전체 실업률이 4% 안팎에 정체되어 있는 가운데 실질적 청년실업률은 20%를 넘어섰다. 지난 주말 통계청이 발표한 9월 고용동향은 특히 충격적이다. 가장家長 역할을 맡고 있을 30~50대 남성들의 고용률이 90% 이하로 내려간 것이다. 전반적으로 성장 동력은 식어가고 소득분배 양극화도 심해지고 있다. 최근에는 예·적금 중도해지가 크게 늘고, 가계 부채 또한 빠른 속도로 증가하고 있다고 한다.[66]

문재인 정부가 세간의 눈길을 아무리 '평양'으로 돌리고 싶어도 사람들의 시급한 관심은 당장 먹고사는 문제다. 내일의 안개

---

[66] 2019년 하반기에 들어와 문재인 정부는 실업률이 낮아지고 있다는 통계를 자주 제시한다. 하지만 그것은 정부의 재정 확대에 따라 50~60대 임시·단순 노무직이 증가하는 것에 따른 착시 현상이다. 실업률과 고용률이 동시에 낮아지는 기현상이 벌어지고 있는 것이다.

속 평화가 오늘의 고단한 경제를 덮을 수는 없어서, 한반도 데탕트 무드가 국정 지지도를 견인하는 힘도 확실히 처음만 못하다. 이대로라면 언젠가 '불만의 겨울Winter of Discontent'이 오지 말라는 법도 없다. 유난히 추웠던 1979년 겨울, 혼합경제와 복지국가 모델이 마침내 영국을 '무정부 상태'에 빠트렸던 것처럼 말이다.

이런 불길한 예감에 무게를 싣는 것은 고용재난과 투자절벽, 소비한파寒波 등에 대처하는 정부 당국의 태도와 자세다. 공공통계의 변형이나 왜곡, '가짜 뉴스' 의혹 제기를 통한 진실의 부정, 유관업계의 단체행동에 대한 사실상의 위협, 공공기관을 향한 단기 일자리 물량 확보 압력 등은 다분히 변칙적이고 임시적이다. "공직 생활하면서 지금까지 경제가 잘 돌아간다는 말을 들어본 적이 없다"라는 이해찬 민주당 대표의 발언은 안이한 정도를 넘어 무책임의 극치를 보여준다.

근대 이후 국가권력의 성패는 대부분 경제가 가늠한다. "문제는 경제야, 바보야"가 정치적 금언金言이 된 것도 이 때문이다. 근대 경제체제의 기본형은 두 가지 축에서 조합된다. 하나는 국가(계획)와 시장 가운데 어디가 경제 운용 주체인가 하는 것이고, 다른 하나는 합리성의 추구와 특정 이념의 실천 가운데 무엇이 경제활동 목표인가 하는 것이다. 일반적으로 '시장·합리적' 체제는 선진 자본주의국가의 방식이고, '계획·합리적' 체제는 후발 내지 신흥 산업국가의 선택이었다. '계획·이념적' 체제는 구舊사회주의권의 경험을 통해 완전실패로 판정 났다.

한편, '시장·이념적' 체제는 논리적으로 성립하지 않는다. 권력을 좋아하는 이념과 간섭을 싫어하는 시장은 반대 극성極性이기 때문이다. 문제는 이른바 'J노믹스'가 시장과 이념의 결합에 도전하고 있다는 점이다. 문재인 정부는 산업, 고용, 부동산, 에너지 등 경제 전반에 걸쳐 시장을 이념으로 물들인다. 소득 주도 성장, 최저임금 인상, 근로시간 단축, 공공부문 고용 확대, 부동산 규제 강화, 탈원전 결정 등은 말하자면 이념 지향적 시장경제다. 그리고 그 배후에는 시장 자체를 자본주의와 동일시하는 80년대식 운동권 논리가 군림하고 있다.

시장경제는 인류의 오랜 진화 과정에서 형성된 제2의 자연이다. 자본이 독점이나 반칙을 통해 시장을 교란하고 위협할 수 있지만, 그것을 바로잡는 것도 궁극적으로는 자유롭고 투명하며, 다양하고 개방적인 시장의 천성天性이다. 국가의 기본 책무는 이런 시장을 만들고, 키우고, 지키고, 살리는 것이다. 박정희 시대의 경제발전도 원리는 시장친화적이었고, 김대중 정권의 IMF 위기 극복과 노무현 정부의 한미 FTA 체결 또한 시장원리에 따른 성과였다.

영국을 '불만의 겨울'에서 벗어나게 한 것은 탈이념·친시장의 힘이었다. 정부 축소, 시장 확대, 규제 완화, 세금 인하, 노조 개혁, 법치주의, 개인주의 등을 내걸고 진행된 보수당 정권의 '영국병' 수술은 노동당 간부들조차 "우리 모두 대처주의자"라고 선언하게 만들었다. '뉴라이트New Right' 이론이 등장한 것도 그런 맥락에서였다. 엉뚱하고 황당하게도 우리나라에서는 친일과 독재 비호, 냉전수구라는 오명을 뒤집어쓰며 사전적 의미를 잃어버린 바로 그 뉴라이트 말이다.

　총체적 경제난국 앞에서 지금의 집권세력은 자신들이 당연시하고 신성시해 왔던 세계관과 역사관을 근본적으로 재성찰할 필요가 있다. 그러잖아도 야권 일각에서 '국가주의' 문제를 제기한 적이 이미 있거니와 최근에는 정부여당 내에서도 J노믹스의 한계를 나름 깨닫는 분위기다. 시장에 이기려는 교조적 좌파와 시장을 읽으려는 합리적 진보 사이에 문재인 정부가 어떤 선택을 내릴지, 죄 없고 힘없는 일반 국민들은 숨죽이며 지켜보고 있다. 이제는 정말 시간이 없다.

세상은
그런 식으로 좋아지지 않는다

조선일보
2010/12/16

　민주당이 또다시 장외투쟁에 나섰다. 종종 있는 일이긴 하지만 이번의 손학규 대표의 각오는 자못 비장하다. 그는 "세상은 저절로 좋아지지 않는다"라고 말했는데, 이는 에릭 홉스봄Eric Hobsbawm의 자서전 『미완의 시대』의 마지막 구절이다. 한나라당 출신의 민주당 대표가 좌파 역사학자이자 영국 공산당 당원을 존경한다는 사실이 흥미롭긴 해도, 바로 이것이 민주당의 현주소다.

　막스 베버가 말했듯 정당은 '권력의 집'이다. 국가권력을 주고받는 일은 정당의 본질적 존재 이유로서, 민주당이 오매불망 정권 탈환에 부심하는 것은 너무나 당연하다. 하지만 엄밀히 말해 민주당은 정권을 잡은 일도, 놓친 적도 없다. 지금의 민주당이 통합민주당으로 창당한 것은 2008년 2월이었고, 몇 달 뒤 민주당으로 개명했기 때문이다.

　불과 2~3년의 역사라고 해서 민주당이 신생정당이라는 의미는 물론 아니다. 민주당에게는 오랜 전사前史가 있다. 신한민주당, 통일민주당, 평화민주당, 새천년민주당, 통합민주당 등은 모두 민주당의 전신이자 선대先代다.[67] 간판이 지금처럼 그냥 민주당인 경우도 몇 번 있었다. 한국 정당사는 이들을 묶어 '민주당계 정당'으로 분류한다. 그리고 그 주류는 1945년에 탄생한 한민당과 1955년에 발족한 민주당이다. 하지만 현재 민주당의 정강이나 강령에는 자신의 족보가 뚜렷하지 않다. 딴에는 그게 정직한 일이다. 왜냐하면 대한민국을 일으키고 지키면서 민주주의 발전을 위해 특히 헌신했던 민주당계 적통嫡統 정당은 더 이상 없기 때문이다.

민주당계 정당의 사실상 실종은 1990년 김영삼의 3당 합당에서 시작되었다. 그리고 1997년 김대중-김종필 사이의 이른바 DJP 연합도 이에 가세했다. 전자는 12·12 신군부, 후자는 5·16 군부 잔재와의 정치적 합작이었기 때문이다. 비록 개인적으로 양김 다 대통령의 꿈을 이루었지만 그것은 정통 민주당계에 대한 자기 파괴나 자기부정을 전제로 한 것이었다. 어떻게 보면 민주당계 정당은 자력自力으로 권력을 쟁취한 적이 없다. 노무현 대통령의 탄생도 민주당의 개가가 아니라 노무현을 사랑하는 모임 곧 '노사모'의 승리였다.

작금의 민주당이 정체성을 잃고 방황하게 된 것은 이처럼 한국의 대표적 명문 정당의 위상으로부터 일탈한 이후다. 지역적으로 수축되고 진보 콤플렉스에 시달리는 모습은 원래 민주당의 전

---

67 돌고 돌아 2019년 현재는 '더불어민주당'이다.

통이 아니다. 침묵하는 다수를 멀리한 채 시끄러운 소수에 끌려다니는 양상 또한 원조 민주당의 체통과 거리가 멀다. 그 결과 현재의 민주당에게는 무엇보다 자체 동력이 없어 보인다. 대신 외부세력의 견인력 혹은 쟁점 충돌에 의한 반발력에 겨우 의존하는 모습이다. 민주당이 언제부턴가 폭력국회나 장외투쟁에 친숙해진 것도 이 때문일지 모른다.

물론 반대 자체가 잘못된 것은 아니다. 민주당 나름대로 국익을 보는 관점이 있을 것이다. 하지만 지역주민 대부분이 원하는데다가 사법부도 적법하다고 판단한 4대강 사업을, 그리고 당사자인 자동차 업계가 환영한다는 한미 FTA를 민주당이 '절대 반대'로 임하는 태도는 공당公黨의 몫이 아니다. 북한의 천안함이나 연평도 공격에 대해서도 민주당이 가장 먼저, 가장 크게 분노했어야 옳다. 햇볕정책의 장본인이 강경한 태도를 취할 경우, 그것은 북한 길들이기에도 효과적일 뿐 아니라 햇볕정책 자체의 명예를 회복할 수 있는 기회일 수도 있었다. 하지만 민주당은 남북한 정부에 대해 책임을 양분했다.

문제는 이와 같은 민주당의 입장과 방식이 현실에서 아무런 실효성이 없다는 점이다. 가령 4대강 사업은 이미 반환점을 돌아섰고, 북한의 호전성에도 전혀 차도가 없으며, 여당 단독 날치기라는 비난에도 불구하고 내년도 예산안 역시 거의 무사통과해버렸다. 무조건 반대, 물리력의 동원, 그리고 장외투쟁의 선택은 단지 외형상의 치열함일 뿐, 실제로는 정부여당의 일방통행에 빌미만 제공한 꼴이 되고 만 것이다. 보다 딱한 것은 민주당의 이러한 임전무퇴가 자신의 지지율 반등에도 하등 도움을 주고 있지 못하다는 점이다.

한나라당의 저능低能과 무능은 어제오늘의 일이 아니다. 그런데 바로 그런 한나라당에게조차 늘 당하고 밀리는 것이 지금의 민주당이라면, 반세기가 넘는 민주당계 정당으로서 치욕이 아닐 수 없다. 손 대표의 말처럼 세상은 저절로 좋아지지 않는다. 하지만 지금의 민주당 방식으로는 나라도 망치고 스스로도 망한다. 민주당이 잘해야 한나라당이 후회하고 반성한다.

민주주의의 기초는
'개인'이다[68]

조선일보
2010/07/08

전통적으로 우리들에게 익숙하던 '사회'가 하나
하나 무너지고 있다. 가족의 경우, 현재 나 홀로 사는 사람이 다
섯 중 하나다. 지금 다니는 근무처를 평생직장으로 생각하는 사
람도 열 명 가운데 하나 정도다. 계급階級을 내세우고 싶어도 노
조 가입률은 요새 기껏 10%다.[69] 세대나 성별을 기준으로 위아래
를 나누던 시대도 더 이상 아니다. 이웃사촌은 조만간 사어死語가
될 전망이다. 지역이나 학벌이 한국 사회를 할거하는 힘도 확실
히 예전만 못하다.

무엇보다 국가의 전성시대가 지나간다. 덩달아 근대 정치체제
의 입지 자체가 흔들리고 있다. 제도와 사람이 분리된 채 무소속

---

68 원래 제목은 "한국 민주주의의 자멸 가능성."
69 우리나라 노조 가입률은 이른바 '노동자대투쟁' 직후인 1989년에 19.8%로 정점을 찍
었다. 그 후 계속 하락하여 10% 전후에 머물렀으나, 문재인 정부에 들어와 10.7%로서 상
승세를 타고 있다.

이나 무당파가 오히려 대세다. 지지율만 보면 정당을 더 이상 '권력의 집'이라 부르기 어렵다. 시민사회라고 해서 사람이 많이 모인 것도 아니다. 시민 없는 시민단체가 우리나라의 현실이다. 이렇듯 이제는 가족이, 국가가, 동네가, 고향이, 동문이, 노조가, 직장이, 시민단체가, 그리고 정당이 개인의 삶으로부터 점점 더 멀어지고 있다.

시나브로 개인화 시대다. 사회제도나 조직의 배경 없이 자기 인생을 스스로 산다는 뜻에서다. 이른바 자기통치 사회의 도래는 한편으로 진보다. 사회적 구속이나 기득권이 퇴조하기 때문이다. 하지만 다른 한편에서 그것은 위기다. 사회적 보호막이나 귀속감이 약화되기 때문이다. 조직에 묻어가지도 않고 집단에 편승하지도 않는 '무적無籍'사회의 징후는 도처에 뚜렷하다. 누구보다 자신이 더 중요하다고 생각하기에, 그리고 강하지 않으면 생존할 수 없다고 믿기에 자기계발이나 자기증진 열풍은 각종 학원, 서점, 성형외과, 피트니스센터 등에서 오늘도 뜨겁다.

물론 이는 한국만의 독특한 현상이 아니라 범汎지구적 추세다. 하지만 우리나라의 개인화 시대는 유난히 부담스럽다. 전대미문前代未聞의 자기 무한책임 시대라 당장에는 너 나 할 것 없이 불안하기 때문이다. 더욱이 우리는 주체적 자아의 시민적 성숙이 취약한 상태다. 지금 한국 사회에서 개인은 정착하고 있다기보다 그저 범람하고 있을 뿐이다.

그 결과 '끌리고, 쏠리고, 들끓기'는 우리 시대의 대표적 징표다. 가령 근래 각종 선거 결과를 보면 소위 스윙 투표swing vote 경향이 확연해지고 있다. 정당이든 후보든 당장 미운 쪽 혼내주는 네거티브 선거가 관행처럼 되어가기 때문이다. 얼마 전 야간 옥외집회를 불허하는 집시법 개정이 무위로 끝나면서 세계적인 집회 천국이 임박한 것도 시대정신과 궁합이 맞는다. 하긴 언제부턴가 축구 관람조차 수만 명이 길거리에서 함께 해야 직성이 풀리는 나라 아닌가.

물론 오늘날 개인들은 미증유의 '영리한 군중'이다. 정보화 사회가 방석을 깔아준 소위 '집단지성' 덕분이고, 게다가 우리는 자타가 공인하는 세계 최고 수준의 인터넷 강국이다. 하지만 불안하고 미숙한 개인들에게 집단지성은 오히려 미혹迷惑과 선동의 온상이 될 수 있다. 개인화 시대에 대처하는 방법으로서 그들은 군중심리를 통해 위로를 얻고, 집단행동을 통해 존재감을 드러내는 것이 제일 쉽고 편한 듯하다. 이른바 '촛불 민주주의'는 준비 없이 개인화 시대를 맞이하는 한국 사회의 불길한 상징이다.

따라서 지금 우리 사회가 필요로 하는 것은 각 개인의 인격적 발심發心과 시민적 입신立身이다. 언제부턴가 우리는 자기주장과 권리만 말할 뿐, 의무와 책임에 대해서는 입을 다무는 분위기에 젖어 있다. 똑똑하고 성난 개인의 비위를 건드리는 것이 마치 사회적 금기처럼 되어 있는 셈이다. 개인화 시대로 나아가는 세계사적 길목에서 한국 사회가 특히 우려스러운 것은 바로 이 대목이다. 염치·정직·도덕·책임·배려 같은 인간적 미덕은 사회 해체에 맞서 공공선을 유지하고 배양할 수 있는 기본 역량이자 지속가능한 민주주의를 담보하는 기초 체력이다. 바로 이것의 유무가 서구의 장기성장 민주주의와 한국의 압축적 민주주의 사이의 결정적인 숨은 차이다.

한국의 민주주의가 위기라면 위기다. 하지만 그것은 민주주의에 대한 외부적 위협 때문이라기보다 민주주의의 자멸 가능성 때문이다. 지금처럼 개인의 해방 혹은 독립이 건전하고 건강한 시민의 탄생으로 이어지지 않을 경우, 대한민국의 신생 민주주의는 치명상을 입을 수도 있다.

관료집단은
대통령의 자산인가, 부담인가

조선일보
2013/08/12

　　창조경제의 가속화를 위해 박근혜 정부는 2013년
하반기부터 민관 간 협업체계를 대폭 강화할 태세다. 굳이 창조경
제가 아니더라도 관·산·학官産學 협력은 현대사회의 핵심 동력 가
운데 하나다. 미국이 정부와 산업체, 학계 사이의 제도화된 상호
협력을 통해 세계 최대의 과학기술 산업국가로 부상한 것은 벌써
1860년대의 일이다. 하긴 우리나라에서도 국가 주도 경제성장에
탄력이 붙기 시작하던 1970년대 이후 산학협동을 강조하지 않았
던 정권은 단 하나도 없었다.

　　창조경제와 산학협력의 결합은 따라서 당연한 정석定石이다.
하지만 현행 관·산·학 구조의 획기적 개선이 전제되지 않는다면
이번 역시 구두선口頭禪이나 공염불空念佛에 그칠 개연성이 높다.
무엇보다 우리나라의 산학협력은 관 주도 '갑을甲乙' 관행이 너무
나 뚜렷한 게 화근이다. 연구개발, 창업지도, 정보공유, 인력양성
등을 통해 산학의 자율적 협력을 조용히 지원하기보다는 북 치고

장구 치는 관官이 스스로 노래까지 하는 식이다.

마침 최근 청와대 참모진 개편과 더불어 공직사회에 대한 박근혜 대통령의 엄중한 경고가 나오기는 했다. 한편으로는 관료집단의 부패와 비리를 겨냥한 것이고, 다른 한편으로는 개혁 의지의 부재와 소명의식의 실종을 조준한 것이었다. 국무총리 및 장·차관의 70% 이상을 차지할 정도로 역대 어느 정부에 비해 관료 출신을 가장 중용重用하며 출범한 것이 바로 박근혜 정부이기에, 관료사회를 바라보는 대통령의 심사는 참으로 답답하고 갑갑했을 것이다.

지난날 한국의 고도성장과 관련하여 관료제가 수행해 왔던 견인차 역할은 아무리 높이 평가해도 지나치지 않다. 1950년대까지만 해도 호적 서류나 토지대장 따위를 다루던 '서기형書記形' 공무원들이 전문기술 관료로 변신한 것은 박정희 정부가 야심찬 경제계획을 주도하면서부터였다. 그들은 주로 고등고시를 통해 충원되었고 그만큼 학력 또한 출중했다. '근대화의 기수'라는 긍지와 열정으로 충만했던 이들은 말하자면 국가의 기간基幹 엘리트였다. 오늘날 대한민국의 성공은 다른 말로 테크노크라트 technocrats의 승리다.

하지만 바로 그 관료조직을 더 이상 대한민국의 든든한 미래로 보기는 어렵다. 핵심 권력 자원을 대거 장악한 데다, 능력과 권한의 증대는 필연적으로 국정 전반의 책무까지 자청하는 욕망으로 이어지고 있기 때문이다. 대표적으로 예산은 여전히 '그들만의 리그'다. 의회 감시도 없고 국민 참여도 없는 이른바 '깜깜이'

예산편성에는 개혁의 낌새조차 없다. 정부 제출 예산안이 국회에서 수정되는 비율은 고작 2~3%다. 공공정보의 개방과 공유 문제도 다르지 않다. 최근 성대한 '정부 3.0' 비전 선포에 이어서 양해각서MOU 체결이 갑자기 봇물을 이루고 있지만 정권 초기마다 등장하는 전시성 관가官街 풍속의 일환이 아닐지 내심 우려스럽다.

고위 관료들은 지식의 측면에서도 최고 전문가를 자부한다. 현재 5급 이상 공무원 다섯 중 하나 이상이 박사이고 석사가 열 중 넷을 넘는다는데, 학비의 대부분은 사실 국민 세금이 댔다. 특히 박근혜 정부는 경제팀을 중심으로 역대 내각 가운데 '가방끈'이 가장 길다고 한다. 게다가 관료사회는 이력이나 경력, 학벌 등의 측면에서 대단히 동질적이다. 물론 이러한 조건 자체가 강점일 수 있다. 그러나 이를 통해 이익단체 내지 동업자 집단이 될 공산도 다분히 크다.

'관료공화국'에서의 산학협동은 따라서 겉과 속이 사뭇 다르다. 한국식 산학협력에서는 정부의 판단과 지원이 결정적이라 기업이나 학계로부터의 창의나 이견은 상대적으로 공간이 좁다. 현재의 산학협력은 또한 비공식적 연줄망의 역할을 고무한다. 가령 초청 강연, 간담회, 세미나라는 이름의 '호텔 조찬학습' 열풍은 친분 형성이나 인맥 관리를 위한 절호의 기회로 작동한다. 관주도 산학협동은 학계의 온실화와 학문의 사막화를 야기하기도 한다. 연구비의 정부 의존이 심화되면서 정부의 용역기관으로 전락한 연구소나 학회가 부지기수다. 퇴임 관료에 대한 전관예우는 관치 산학협동의 결정판이다. 공기업, 유관기관, 각종 협회는 물론 지자체나 사기업, 대학까지도 고위 공무원들의 이모작 인생 무대로 곧잘 활용된다.

전통과 관행이 이러하거늘, 창조경제가 기대하는 산학협동의 최종 성사 여부는 대통령의 의지가 아니라 관료들의 의중에 달린 사안일지 모른다. 자신에게 불리하거나 불편한 일을 결코 하지 않는 것이 관료제의 속성이다. 더군다나 그들 나름의 '충정'이나 '애국심'에서 볼 때 5년짜리 시한부 대통령의 백년대계를 믿겠는가, 워낙 민생과는 따로 노는 국회의원들을 믿겠는가. '영혼 없는 관료'라는 비난이 얼마나 억울하겠는가 말이다. 박 대통령이 공식 석상에서 원전 비리를 질타한 것이 지난 5월 이후에만 네 차례였다고 한다. 그럼에도 공직사회는 가타부타 반응도 없고 대응도 없다. 참으로 대한민국 관료의 힘은 은밀하고 위대하다.

촛불 민주주의와
일상 민주주의의 슬픈 괴리

조선일보
2017/09/19

　　이른바 '무릎 꿇은 장애인 엄마' 영상이 우리를 한없이 슬프게 한다. 이달 초(2017년 9월) 서울 강서구에서 열린 특수학교 신설 관련 주민 토론회에서 장애아를 둔 엄마 20여 명이 학교 설립을 반대하는 지역민들 앞에 무릎을 꿇었다. 이들의 자녀는 대부분 일반학교에서 이미 고학년이라 특수학교가 생겨도 다닐 수 없는 처지였다. 하지만 이들에게 쏟아진 것은 부동산 가격 하락을 우려한 주민들의 거친 비난과 야유였다. 이래저래 지난 15년간 서울에서 공립 특수학교는 하나도 새로 문을 열지 못했다.

　　비슷한 일은 지난봄 어느 명문대 강의실에서도 일어났다. 학교 측이 '장애인 접근이 어려운 강의실 리스트'를 실수로 잘못 작성하는 바람에 장애인 학생 하나가 일반 강의실에서 수업을 받게 되었다. 이에 담당 교수가 이동 시간이 길어진 장애인 학생을 배려하여 보충수업을 따로 해주겠다는 절충안을 내놓았다. 그러자 그 학생은 학교 온라인 커뮤니티에서 졸지에 '비양심 민폐 장애인'으로 도배질되었다. 독대 수업이 특혜라는 이유에서였다.

가수 싸이가 부른 '강남 스타일'의 뮤직비디오에 나와 멋지게 춤을 추던 여덟 살짜리 소년이 '리틀 싸이'로 불리며 큰 인기를 끈 것은 4~5년 전의 일이었다. 그런데 최근 방송에 출연한 그는 그동안 주변 사람들로부터 엄청난 미움과 괴롭힘에 시달렸다고 고백했다. 엄마가 동남아시아 사람이라는 게 화근이었다. 인터넷상에는 '열등 인종 잡종'이라든가 '뿌리부터 쓰레기'라는 식의 비난 댓글이 아직도 남아있다.

교양인, 근대인 혹은 세계인의 기준에서 한국인의 자격 미달을 지적할 수 있는 사례는 이 밖에도 많다. 납골당이나 쓰레기 처리장 등이 혐오시설이 된지는 이미 오래고, 요즘에는 임대주택이나 탈북자 지원기관까지 기피시설로 인식되고 있다. 언젠가 대학 부설 어린이집에서 교수 자녀와 직원 자녀가 함께 생활하는 것이 학내 이슈가 된 적도 있다. 같은 직장이어도 교수와 직원은 다르다는 식의 신분 차별과 '갑질' 행위는 직업과 계층, 이념을 막론하고 우리 사회 전반에 번져 있다.

하긴 층간 소음이나 주차 문제를 둘러싸고 죽기 살기로 갈등하는 것이 우리의 현실이다. 이를 아파트 공동주택의 문제로 돌린다면 프랑스의 경우 앞에 설득력이 떨어진다. 아파트 주거환경 자체만을 따지면 파리가 서울보다 더 열악한 편이다. 건물이 낡고 시설이 오래되어 방음은 애당초 기대하기 어렵다. 따라서 그곳 역시 벽간 혹은 층간 소음 때문에 이웃끼리 밤새 날카로워지기 일

쑨다. 하지만 다음 날 아침 부딪힐 듯 비좁은 엘리베이터 안에서 서로 만나면 알고도 모르는 척 인사를 나눈다. '세라비C'est la vie!', 곧 그게 인생이기 때문이다. 우리처럼 이런 일로 칼부림까지 벌이는 나라는 세계적으로 드물다.

놀라운 것은 이런 비인간적이고 반反공동체적인 모습의 우리나라가 이른바 '촛불 민주주의'의 기적을 탄생시켰다는 사실이다. 더욱 놀라운 것은 '촛불 민주주의'와 상관없이 사람들 간의 적의와 혐오, 증오와 독심毒心은 그 이후에도 여전히 불변이라는 점이다. 바로 이것이 '참여민주주의의 승리,' '아시아 최초의 명예혁명,' '21세기 판 프랑스혁명,' '공화국 가치의 복원'으로 곧잘 찬미되는 2016~2017년 촛불시위 이면의 불편한 진실이다. 광장 민주주의와 일상 민주주의 사이의 이와 같은 모순과 괴리는 그들이 촛불 민주주의의 진정성까지 의심하게 만들 정도다.

'촛불 혁명'이라는 거창한 수사에도 불구하고 세상이 근본적으로 바뀐 것은 없다. 시대도 바뀌지 않았고 사람도 바뀌지 않았다. 최근 방한한 세계적인 민주주의 이론가 필립 슈미터Philippe C. Schmitter의 지적처럼 그저 "또 다른 정치세력이 권력을 잡았을 뿐"이다. '촛불 혁명'을 계기로 모든 국민이 갑자기 '천사표'로 변한 것도 아니고, 국민 모두가 일제히 '한 마음'이 된 것도 아니다. 지난날 시민의식 계몽을 위한 각종 집단 행사나 가두 캠페인이 그랬던 것처럼, '이 또한 지나가리라'는 게 우리들의 경험칙經驗則이다.

우리 자신을 비하하려는 것도 아니고, 촛불집회를 폄하하려는 뜻도 아니다. 본디 인간은 모순적 존재고 세상은 복잡한 구조며 역사는 누적적 과정인 법이다. '촛불민심'으로 모든 게 단순화되는 것이 아니다. '촛불정신'으로 모든 게 정당화되는 것도 아니다. 역사는 '촛불 민주주의' 전후로 양분되지 않는다. '촛불 정부'는 파국 직전 신神이 무대로 내려준 결정적 해결사, '데우스 엑스 마키나deus ex machina'가 아니다. 그럼에도 계속 촛불에 갇히면 정권의 미래도, 나라의 미래도 함께 닫힌다.

'386 코드정치'...
국망國亡 초래한 조선시대 도덕정치

조선일보
2018/05/29

집권 2년 차 초입의 문재인 정부는 유례없는 자축 분위기다. 『문재인 정부 1년 국민께 보고드립니다』라는 제목의 평가집에 따르면 무엇보다 '판문점 선언' 이후 한반도의 영구 평화가 눈앞에 다가왔다. 모든 사람이 더불어 잘 살게 될 시대도 얼마 남지 않았다. '촛불 민주주의' 덕분에 국민은 나라의 주인 자리를 온전히 되찾았다고 한다. 불과 1~2년 사이에 우리는 전혀 딴 세상에 살게 된 느낌이다.

그래서일까, 대통령 지지율은 고공행진을 지속하고, 다음 달 지방선거에서 여당은 압승을 기대하고 있다.[70] 급격히 기울어진 운동장 위에 비판 세력은 존재감과 자신감을 모두 잃었고, 보수·진보 사이에 제대로 된 남남갈등이랄 것도 더 이상 없다. 하지만

---

70 실제로 2018년 지방선거에서 여당은 유례없는 압승을 거두었다. 시·도지사 선거 총 17곳 가운데 14곳을 차지할 정도였다.

지금은 우파의 궤멸을 안타까워할 때가 아니다. '좌파천지' 혹은 '진보천하' 속에 대한민국 자체가 지워지고 있기 때문이다. '애초에 태어나지 말았어야 할' 대한민국이 자신을 뿌리째 흔드는 임자를 이번에 제대로 만난 것이다.

현 정부는 대한민국 건국년建國年을 둘러싼 학계의 오랜 논쟁에 기습적으로 종지부를 찍었다. 1919년 건국설의 정치적 판정승에 따라 1948년 전후 건국 과정은 그 의미가 상대적으로 격하될 전망이다. 새로 마련된 역사 교과서 집필 기준은 대한민국이 한반도의 유일 합법정부라는 사실도 부정했다. 또한 대한민국의 국가이념은 더 이상 '자유민주주의'가 아니어도 무방하게 되었다. 이러다가 지금까지 우리가 알고 있던 대한민국은 껍데기만 남을 판이다.

언필칭 분단국가, 독재국가, 종속국가, 폭력국가가 대한민국의 총체적 진실은 아니다. 크고 작은 흠결이 있어도 대한민국은 한반도 역사상 가장 성공한 근대국가다. 대한민국은 나라를 세우고, 지키고, 키울 줄 알았던 국가 건설 '방법론'의 소유자들 덕분에 여기까지 왔다. '방법인方法人'으로서 이승만과 박정희는 막연한 이상 대신 구체적 현실을 직시했고, 추상적 관념 대신 실천적 전략에 능통했다. 누가 뭐래도 단정수립과 한미동맹, 경제개발 5개년 계획 등은 대한민국의 밑그림이자 밑거름이다.

방법론을 앞세운 리더십은 한국사에서 결코 흔치 않았다. 특히 조선시대 이후 한국 정치의 본색은 도덕정치, 관념정치, 사변思辨정치에 훨씬 가까웠다. 개국 200년 만에 조선조의 적폐 청산을 절규했던 율곡栗谷 역시 당위와 원론 수준을 벗어나지 못했다. 임진왜란에 따른 국가의 존망 위기를 극복한 것은 거의 전적으로 류성룡柳成龍 덕분이었는데, 나라다운 나라를 만들기 위한 실질적 방법과 실용적 정책에 정통했다는 점에서 그는 실로 예외적 인물이었다.

하지만 국난이 끝나면서 조선은 방법론의 정치와 다시 결별했다. 류성룡은 '국정 전단專斷', '권세 희롱', '부정부패' 등 오늘날까지도 우리에게 익숙한 죄목으로 파직되었다. 류성룡 이후 조선은 윤리의 세계와 이데올로기의 정치로 유턴했고, 궁극적으로 국망의 비극으로 직진했다. 그리고 이러한 근본주의 유령은 현대 한국 정치에서 여전히 살아있다. 적폐 청산은 언제나 준비된 칼날이고, 권력농단은 아무나 향할 수 있는 창끝이다.

특히 문재인 정부 1년에서 우리는 조선조 도덕정치의 데자뷰 déjà vu를 경험한다. 닫힌 세계관에 안주한 채 가치와 정신세계를 중시하고 말솜씨와 보여주기에 치중하는 '386 코드정치'는 방법론 부재라는 측면에서 우리 시대의 주자학이다. 평화나 정의, 자주와 같은 희망적 낙관과 주관적 환상이 당장에는 정권의 인기에 거품을 일구겠지만, 밑바닥 안보불안과 무너지는 경제, 그리고 떠나는 민심을 끝내 감출 수는 없다.

교토대학京都大學 오구라 기조小倉紀藏 교수에 의하면 "한국 사회는 화려한 도덕 쟁탈전을 벌이는 하나의 거대한 극장"이다. 도덕을 통해 집권하고 부도덕을 이유로 모든 것을 잃는 정치문화라는 의미다. 하긴 작금의 적폐 청산 드라이브 와중에 문재인 정부를 겨냥한 도덕정치의 역습은 이미 시작되었다. 드루킹의 '댓글 조작' 사건이 그 전조다. 이 정권이 그나마 성공하려면 한국 현대사를 꽃피운 방법론의 정치를 배척할 것이 아니라 존중하고 계승해야 한다. 도돌이표 도덕정치의 악순환을 청산하는 게 진보의 뜻이자 힘이다.

이석기를 보며
이념과 이권을 생각한다

조선일보
2013/09/16

1980년대까지 절대 반공의 시대에는 대공對共 공안 사범들의 얼굴이 하나같이 험상궂은 반골叛骨이었다. 아니면 적어도 수배 전단지나 신문지상에는 주로 그런 모습이 실렸다. 이에 비해 요즘 통합진보당 사람들은 사뭇 다르다. 대표적으로 이석기·김재연 의원이나 이정희 대표는 누가 봐도 말쑥한 도회풍의 선남선녀善男善女다. 종북이나 내란음모의 혐의를 찾기 어려운 외모인 것이다. 그들의 입에서 나오는 말도 딱히 흠잡기 어렵다. 정당 자치를 지키겠다고 하고 민주주의를 살리겠다고 하는데 누가 토를 달겠는가.

이석기 사태를 지켜보며 쉽게 이해가 가지 않는 장면은 통합진보당 경기동부연합 세력의 유별난 단결과 격렬한 저항이다. 서로 손을 꼭 잡은 채 환호하기도 하고 눈물을 흘리기도 하는 그들의 정체는 무엇일까. 무엇이 저들을 신념과 확신으로 가득 찬 신흥 종교집단처럼 만들었을까. 주체사상을 따르고 적기가赤旗歌를 부르게 만드는 힘은 과연 어디에서 유래하는가. 대한민국을 저주하면서 반미 통일을 외치는 발상은 도대체 무엇으로부터 나오는 것일까.

관련 연구[71]에 의하면 통진당 경기동부연합의 이념에는 나름 뿌리가 있다. 그것의 역사적 기원은 급속한 산업화 과정에서 발생한 최초의 도시 봉기, 곧 1971년 광주대단지 사건이다. 박정희 정부의 철거민 강제 이주 정책으로 추진되었다가 비극적 재앙으로 끝난 광주대단지는 오늘날 성남시의 모태가 되었다. 그곳은 폭력과 빈곤의 낙인으로부터 늘 자유롭지 않았고 지역주민들은 그에 따른 차별과 배제를 겪으며 산다고 줄곧 믿어왔다. 1980년 광주민주화운동 때에는 전국에서 가장 먼저 계엄군이 배치되기도 했다.

기억사회학자 알박스Maurice Halbwachs에 의하면 인간의 기억은 사회적이어서 기억의 공유가 집단 정체성의 기반이 된다. 따라서 기억하는 내용과 방식이 서로 다르면 '기억 전쟁'이 발발한다. 기억 전쟁은 대개 국가의 '공식기억'과 그것에 대항하는 '민중기억' 사이의 문제다. 광주대단지 사건을 둘러싼 민중기억은 오랫동안 공식기억에 의해 은폐되거나 억압되어 왔다. 그러나 1980년대 후반 민주화와 더불어 사정은 달라지기 시작했다. 특히 좌파·진보 정권이 대한민국을 '정의가 패배하고 기회주의가 득세한' 국

---

71 임미리, "경기동부연합의 기원과 형성, 그리고 고립," 「기억과 전망」 28권, 민주화운동기념사업회, 2013, pp. 67-100.

가로 폄하하자 공식기억과 민중기억 사이에 일대 반전反轉이 시도되었다.

기억이 운동을 거쳐 정치를 만난 것은 1991년 경기동부연합이 '민주주의민족통일전국연합(전국연합)'의 산하단체가 되면서부터다. 2000년대에 들어와 이 조직은 잠시 민노당 소속이었다가 현재는 통진당 당권파로 성장했다. 이들이 외부에 널리 알려진 계기는 2012년 4·11 총선이었으며, 제도권 정치에 입성하는 결정적 계기는 민주당과의 야권연대였다. 보다 주목할 것은 이들의 탄탄한 물적 토대다. 통진당은 수도권 도처에서 공공기관이나 사회적 기업을 접수했을 뿐만 아니라 홍보, 행사, 기획, 연구개발, 관광, 용역 등 다양한 분야에서 사업장을 확보했다. 창당 이후 불과 1년 반 동안 정당보조금 및 선거보조금 명목으로 100억 원 가까운 국고지원을 챙긴 것이 바로 통진당이다.

말하자면 통진당 경기동부연합은 기억공동체에서 출발하여 이념공동체와 정치공동체를 경유한 다음 마침내 이익공동체로 진화해온 셈이다. 따라서 이석기 사건을 통해 드러난 그들의 절박한 위기의식도 지금쯤에는 이념의 측면에서가 아니라 이권의 차원에서 비롯되고 있을 개연성이 높다. 정치적으로 양성화陽性化된 민중기억이 언제부턴가 수익과 자산의 원천이 되어 왔기 때문이다. 어쩌면 그들 중 상당수에게 이석기란 내란음모의 수괴라기보다 '기억산업'의 CEO인지도 모른다.

물론 이념과 이익은 동전의 양면 같은 것이다. 좌우를 막론하고 이념 없는 이익은 맹목적이고 이익 없는 이념은 공허하기 때문이다. 이 점에 있어서는 오랜 세월 동안 공식기억을 독점해왔던 보수·우파 집단의 경제적 기득권도 결코 무죄나 면책이 아니다. 건강한 역사논쟁이 필요한 것도 이런 까닭에서다. 그러나 모든 이념이 이익 앞에 평등할 수는 없다. 헌법적 가치를 부정하고 공동체의 원칙을 배반하는 이념집단에게 이익 배당이란 있을 수 없는 일이다.

이념이 이권으로 변질된 본말전도의 경우는 최근 역사 교과서 논란에서도 재현되고 있다. 좌경·친북 성향의 대부분 역사 교과서는 배후에 국사학계, 공교육계, 사교육계, 문화계, 언론계 등에 걸쳐 엄청난 이권을 숨기고 있다. 기억산업에 필적하는 입시산업이 말하자면 그들의 수중에 장악되어 있는 것이다. '교학사 죽이기'에 총동원된 그들의 모습에서 '이석기 살리기'에 총집결한 통진당을 읽는다.

지금 보수세력에게 필요한 것은
강한 '권력의지'

조선일보
2018/07/16

    2018년 6·13 지방선거가 끝난 지 한 달이 지났지만 자유한국당은 여전히 지리멸렬한 상태다. 당의 회생은 고사하고 보수의 존립마저 심히 걱정되는 분위기다. 한국 정치사에서 이런 일 자체가 처음인 듯싶다. 집권여당과 수권야당 사이를 왔다 갔다 하던 거대 정당이 총선, 대선, 지선에서 3번 계속, 3년 연속 고배를 마신 것도 이례적이거니와, 특히 최근 지방선거 패배는 역대급 이상의 대참사였다. 이대로라면 2020 국회의원 선거 이후 대한민국은 일당 독재국가가 될 개연성마저 없지 않다.

    보수의 재건이 여의치 않아 보이는 것은 접근 방법이 진부하고 고루하기 때문이다. 비대위 설치, 외부인사 영입, 내부 개혁 등 위기에 처할 때마다 우리나라 정당들이 내놓는 상투적 레파토리에 국민들은 이미 식상해 있다. 이번에 조금이나마 달라진 대목이 있다면 차제에 보수의 가치나 철학을 근본적으로 재정립해야 한다는 당 안팎의 드센 목소리 정도다. 보수의 희망을 새로운 보수이념에서 찾자는 의미가 아닐까 싶다.

딴에는 그럴싸하게 들린다. 하지만 지금 보수 세력에게 정작 결여된 것은 이념 정립이 아니라 권력의지다. 보수의 이미지에는 원죄 같은 낙인이 있어서, 보수의 정체성을 새삼 왈가왈부하는 것 자체가 실익도 없이 스스로 힘만 빼는 결과를 초래할 수 있다. 노무현 전 대통령이 정리한 것처럼 "합리적 보수, 따뜻한 보수, 별놈의 보수 다 갖다 놔도 보수는 바꾸지 말자는 것, 힘센 사람이 좀 맘대로 하자는 것"이라는 게 세간의 인식이다. 진보에게는 있는데 보수에게는 없는 것, 그것은 참한 정치이념이 아니라 강한 권력의지다.

작금의 진보세력이 연전연승을 거두는 이유를 아일랜드의 신경심리학자 이안 로버트슨Ian Robertson에게 묻는다면 '승자효과 winner effect'라고 답할 것이다. 이는 한번 이겨본 개체는 그다음 대결에서도 이길 확률이 높다는 생물학적 이론이다. 맞수가 되지 않던 존재라도 한차례 승리를 경험하게 되면 다음번에도 강자를 이길 공산이 커진다. 또한 승리가 거듭될수록 공격성과 자신감도 늘어나 상대와의 권력 격차는 더 크게 벌어진다. 가진 자는 더 가지고 없는 자는 있는 것마저 뺏긴다는 '마태오 효과Matthew effect'는 권력 관계에서도 마찬가지다. 소위 '좌파 장기집권 플랜'이 예사롭지 않은 것은 이 때문이다.

1980년대 전후 386 권력은 그야말로 절벽처럼 '기울어진 운동장'에서 출발했다. 당시 누가 오늘날 그들의 영광을 예상했는가. 그들이 처음부터 권력의 정상부頂上部만 쳐다본 것은 아니다.

대신 그들은 사법, 행정, 교육, 기업, 노동, 종교, 지역, 언론, 여성, 문화 등에 걸쳐있는 우리 사회의 낮은 권력, 숨은 권력, 작은 권력, 연한 권력에서 승수勝數를 쌓고 승률勝率을 높여나갔다. 목표를 위해서라면 수단이나 방법은 가리지 않았다. 그 과정에서 축적된 승리의 경력이 승자효과가 되어 마침내 국가권력을 장악하기에 이른 것이다.

보수집단이 배워야 할 것은 이와 같은 권력 자체에 대한 헝그리 정신이다. 말로만 풍성한 이념논쟁은 아직 배가 덜 고프다는 반증이다. '체제 전환' 및 '주류세력 교체' 대공세에 맞서려면 권력에 대한 동기부여 자체가 비장하고 절박해야 한다. 또한 보수는 정치판을 가늠하는 게임의 법칙이 예전 같지 않다는 점을 뼛속까지 수용해야 한다. 벼락치기 혹은 천우신조天佑神助로 국가권력을 얻던 시대는 더 이상 아니다. 지금은 저변底邊의 생활정치, 지방정치, 미시정치, 감성정치에서부터 이기는 경험을 꾸준히 쌓아가는 시대다.

로버트슨이 지적했듯이 승자효과가 반드시 축복만은 아닌 것도 사실이다. 개인이든 집단이든 승자효과는 뇌의 화학적 상태를 바꿔놓기 때문이다. 거듭된 승리의 부작용으로 권력에 대한 도취 내지 중독 현상이 발생하는 것은 이런 이유에서다. 그 결과, 멋대로 세상을 바라보고 함부로 권력을 흔들어 파멸의 길을 자초하기 쉽다. 지지율에 취하고 지지자만 챙기는 문재인 정부도 이 점에서 예외가 아닐 수 없다. 하지만 이를 감시하고 비판하는 것과 보수의 새로운 출발을 고민하는 일은 별개의 이슈다. 집권 세력의 예고된 불행으로부터 얻는 반사이익이 행여 자유한국당 혼자만의 몫이 되지 않을까 오히려 걱정이다. 지금 필요한 것은 자유한국당의 위선적 재기가 아니라 싸울 줄 아는 보수, 이길 줄 아는 보수의 위대한 탄생이다.

박근혜 시대와
21세기 경향분기京鄕分岐[72]

조선일보
2013/07/08

박근혜 대통령은 서울 성심여고를 다녔다. 물론 이승만 대통령도 배재학당을 마쳤고, 최규하 대통령도 경기고보 출신이다. 하지만 한말의 학당과 일제시대 고보(고등보통학교)는 지금의 고등학교와 성격이 달랐기에, 서울 소재 고교 졸업자가 대통령이 된 것은 사실상 이번이 처음이다. 박 대통령은 대구에서 태어났고 국회의원 시절 지역구 또한 그곳이었지만, 지방색은 별로 강하지 않다. 주로 살았던 곳을 감안하면 그는 서울 사람에 더 가깝다. 우리가 표준말을 제대로 구사하는 대통령을 만난 것은 참으로 오랜만이다.

이는 특정 정치인의 개인사에 관한 한담閑談이 결코 아니다. 오히려 우리 사회의 전반적인 구조와 경향을 반영하는 역사적 사건으로 읽힐 수 있다. 우선 그것은 서울 인구의 절대적 증가와 무

관하지 않다. 서울의 인구 흡인력은 실로 막강하여 국민의 절반 가까이가 수도권에 사는 나라가 되었을 정도다. 하지만 보다 주목할 것은 나날이 가중되는 서울 사람의 상대적 선민화選民化다.

분단과 전쟁, 그리고 산업화 과정에서 수도 서울은 지방으로부터의 급속하고도 방대한 인구 유입을 경험했다. 이러한 지방 발發 서울행行 인구이동은 압축적 근대화의 원동력으로 작용한 측면이 있다. 국가 건설에서 경제발전을 거쳐 민주화에 이르기까지 대한민국의 발전을 기획하고 추진한 힘은 '상경上京 1세대'로부터 대거 나왔다. 본시 서울 지역에는 거시적 사회변동을 위한 자체 동력이 없거나 적은 편이었다. 오늘날의 대한민국을 있게 만든 공功 가운데 적어도 과반過半은 그 원천이 이북以北이나 남도南道라고 보아야 한다. 이는 역대 대통령 대부분의 사투리 억양이 웅변한다.

대한민국의 고도성장과 더불어 상경 1세대는 사회 각계각층에 뿌리를 내렸다. 그 사이 지방 방언은 서울에서 점차 사라지는 운명이다. 상경 1.5세대만 하더라도 서울말과 사투리가 혼재했다. '콩글리시'처럼 말이다. 하지만 상경 2~3세대는 서울말이 자연스럽다. 이민 2~3세에게 현지어가 모국어이듯 말이다. 게다가 일단 서울말이 상급 언어로 인식되면 방언의 소멸은 가속화된다. 결국, 박 대통령의 서울말에는 한국 현대사의 언어사회학적 결산이라는 함의가 담겨있다.

문제는 서울말이 한 나라의 표준어라고 하는 수단적 가치에 한정되지 않는다는 점이다. 오히려 그것은 소위 '인in 서울'에 내재된 문화자본을 과시하고 중류층에 특화된 문화권력을 발산하는 성향이 있다. 서울말이란 사고나 생활의 '서울 스타일'과 결코 분리될 수 없기 때문이다. 서울말은 한국 사회의 전반적인 서울 지향성을 확인할 수 있는 대표적 징표다. 오죽하면 요새 개그 콘서트에 나오는 경상도 출신의 '촌티 나는 남자'가[73] '마음만은 턱별시'라고 주장할까.

오늘날 서울 중심주의의 문화적 심화는 조선조 후반의 '경향분기京鄕分岐'를 상기시킨다. 17세기 말부터 한양에는 지방으로부터의 인구 전입이 크게 늘었고 그만큼 외연도 넓어졌다. 여기에 상업의 발달이 가세하면서 19세기 초반의 서울은 도시적 번영과 도회적 기분을 한껏 누렸다. 양반 인구의 급증 속에서도 요직은 '경화사족京華士族'이라 불리는 도시귀족 연줄망이 거의 독점했다. 이들 세도가勢道家들은 나름의 문화자본을 배양했고, 이를 바탕으로 강력한 문화권력을 형성했다. 현실에 대한 지배 세력의 안주는 당연히 개혁 의지의 실종을 낳았고 머지않아 이는 반드시 대가를 치렀다. 지방으로부터의 내부저항과 일제에 의한 국권 상실이 바로 그것이다.

18세기 중반 이중환李重煥은 『택리지』에서 사대부들이 사색당파四色黨派를 통해 다투는 서울은 인심이 고약하고 풍속이 고르지 않다고 썼다. 지역을 볼모로 권세를 부리고 양민을 괴롭히는 데다가 자신의 부덕한 행실을 감추는 재주가 뛰어나기 때문이라는

---

73 KBS 개그 콘서트 '사가지'라는 코너에 나온 개그맨 양상국.

것이다. 하지만 그들끼리 공유하던 서울의 문화정치는 "성난 기운으로 피나게 싸우던 버릇"이 줄어든 자리에 "부드럽고 매끄러운 새로운 병통"을 보태고 있다는 것이 이중환의 진단이었다. 요컨대 사회갈등의 교양화敎養化 내지 문명화文明化다.

지금 서울은 그때 한양을 닮아가고 있다. 세련된 '서울깍쟁이'의 규범적 대세화라는 점에서도 그렇지만 기득권의 문화적 용광로라는 점에서는 특히 그렇다. 지방이 무너지고 민생이 흔들리는 상황에 서울이 사회적 위기감에 둔감하고 시대적 소명의식에 무심한 듯 여겨지는 것 또한 같은 맥락이다. 이 대목에서는 보수와 진보가 다를 바 없고, 강남좌파나 그것의 신종 아류 또한 마찬가지다. 언제부턴가 한국 정치에는 국가와 민족을 위한 어떤 비장감이나 치열함이 보이지 않는다. 자기 우월과 자기만족, 그리고 자기도취로 치닫고 있는 서울의 문화적 위상과 역량이 미래 한국을 위해 약이 될지 독이 될지, 지난날의 역사는 걱정스레 지켜보고 있다.

지방선거에
지방이 없다

조선일보
2014/02/26

2014년 6·4 지방선거까지 채 100일도 남지 않았다. 그만큼 국민적 관심도 점점 더 높아지고 있다. 그런데 작금의 지방선거 열기는 온전히 지역발쪓이라기보다 중앙의 권력무대가 주도하고 선동하는 측면이 더 크다는 점에서 꽤나 우려스럽다. 가령 '전략공천', '중진 차출', '거물 영입', '경선 흥행' 따위는 지방선거가 굳이 필요로 하는 용어가 아니다. 이른바 '정권심판론'이나 '야권연대론' 역시 지방선거가 감당하기에는 벅찬 개념이다. 선거를 앞두고 더욱 깊어지는 정당 내부의 계파 갈등 또한 지역의 일반 유권자와는 별로 상관없는 일이다.

현실적으로 우리나라의 지방선거는 '지방의, 지방에 의한, 지방을 위한' 선거가 아니라 직전直前 대선의 연장전 혹은 차기 대권의 전초전에 더 가깝다. 지방선거가 중앙권력의 수요나 영향으로부터 결코 자유롭지 않은 만큼 지역 현안이나 지역 발전을 둘러싼 구체적인 정책 논쟁은 대개 뒷전으로 밀리는 처지다. 공천 폐지 논란이 뜨거운 기초 지방자치단체는 몰라도 광역 지자체의 경우는 확실히 그런 양상이다. 6·4 지방선거의 최대 관전 포인트로 수도권 광역 자치단체의 판세와 이른바 '안철수 신당'의 향배가 부상한 사실이 이를 방증한다.

하긴 우리나라의 지방자치는 처음부터 이런 식이었다. 한국에는 유럽이나 일본과 같은 분권이나 자치의 전통이 워낙 없었다. 6·25전쟁 와중에 지방자치제가 전격 도입된 것이나 5·16 정변과 더불어 그것이 돌연 유보된 것은 모두 당시 집권자의 자의적 판단에 의한 것이었다. 1980년대 말 민주화 이후 지방자치제의 점진적 시행 역시 국민적 숙원의 실현이라기보다 김영삼, 김대중으로 대표되던 야권 유력 정치인들의 대권 행보에 긴밀히 연계되어 있었다.

그러기에 지방자치의 전반적인 발육부진은 현행 지방선거 제도에 의해 충분히 예고되어 있다. 우선 지방정당을 허용하지 않는 규제가 지방정치의 정상화를 가로막는다. 우리나라 정당법은 지역정당을 부인한 채 전국적 규모의 정당만을 인정하고 있어서 결과적으로는 중앙권력의 기득권을 유지시키는 데 기여한다. 물론 지역정당이 지방정치를 독점할 이유도 없고 모든 지방에 지역정당이 설립되어야 할 당위도 없다. 하지만 지방정치 차원에서 전국정당과 지역정당 간의 다양하고도 공정한 경쟁만은 헌법에 의해 보장되어야 한다.

보다 궁극적으로는 지방정부의 자치권을 선진국 수준까지 획기적으로 높여야 한다. 국방이나 외교, 국가적 차원의 기획·조정이나 연구·개발 기능 정도만 중앙권력의 몫으로 남긴 채 나머지 대다수 민생 분야는 지방정부에게 권한과 책임을 넘기는 것이 명실상부한 풀뿌리 민주주의의 실천이다. 인구, 산업, 주택, 교육, 문화, 복지 등 생활정치의 차원에서 지역 간 다양성을 최대한 존중하고 지향하는 것이야말로 지방자치의 원칙이자 정석이다.

이와 같은 지방 분권화는 역설적으로 국가 전체의 사회통합에도 유리하다. 중앙정치에서 시종일관 이념으로 격돌하고 사사건건 당론으로 반목하는 것이 아니라 정책별로 각 지방 나름의 차별성이 확실히 구현된다면 모든 갈등이 한 곳에 집중되어 온 나라가 통째 홍역을 앓게 되는 소위 '소용돌이 정치'의 폐해도 상당 부분 극복할 수 있다. 더군다나 세계화와 지방화가 대세인 현대사회에서 국민국가는 더 이상 유일한 정치단위도 아니고 최상의 발전 주체도 아니다. 지금은 국가를 넘나드는 도시나 지역 르네상스 시대다.

지방자치제의 요체는 지역 간의 확실한 우열 경쟁이다. 이런 점에서 각종 중앙집권적 제약에도 불구하고 우리나라에서도 그 조짐이 조금씩 표출되는 것은 나름의 성과다. 비록 기초 자치단체의 경우이긴 하지만 주민의 행복도와 인구 유출·입 사이에 통계적 연관성이 일부 발견되고 있는 것이다. 말하자면 살기 나쁜 곳에서는 인구가 빠지고 살기 좋은 곳에는 인구가 몰리는 현상이다. 아닌 게 아니라 박근혜 대통령도 지난 연말 무역투자진흥회의 석상에서 '개인들이 지자체 간에 자유롭게 이동하면서 선호하는 지자체를 스스로 선택하는 과정'을 긍정적으로 평가했다.

박 대통령의 언급은 미국의 지리학자이자 경제학자인 찰스 티부Charles Tiebout의 '발로 하는 투표vote by feet' 이론에 입각한 것이다. 그는 개인들이 가장 마음에 드는 곳으로 쇼핑 가듯이 자신의 선호에 따라 거주지를 자유롭게 옮길 수 있는 분권체제의 효율성을 논리적으로 정리했다. 우리나라에서 주민들이 보다 자유롭게 발로 투표하기 위해서는 지자체 사이의 경쟁이 지금보다 훨씬 더 뚜렷하고 치열해야 한다. 그리고 이를 위한 최대의 관건은 지역의 현안과 인물 및 주민이 지방선거의 대상이 아니라 주역이 되는 일이다. 지방선거에 대한 중앙권력 무대의 과도한 관심과 개입은 '무늬만 지방자치'를 재생산하고 영속화할 뿐이다.

헝그리 사회가 앵그리 사회로

'문재인표 지방분권형 개헌^{改憲}' 정답 아니다

조선일보
2018/04/03

　　2018년 6·13 지방선거가 눈앞에 다가왔다. 이번 선거는 개헌 이슈와 맞물려 열기가 더욱 뜨겁다. 이틀 전(2018년 4월) 문재인 대통령은 국회에 발의한 개헌안에 "연방제에 버금가는 지방분권제", "강력한 지방분권 공화국" 구상을 담았다. 다가오는 지방선거가 대통령 개헌안에 대한 국민투표를 동시에 치를 개연성은 거의 없다. 하지만 개헌 추진의 불씨가 살아있는 한, 추후라도 지방분권이 헌법사항으로 다뤄질 공산은 높아진 상태다.

　　우리나라 지방자치의 이상과 현실 사이에 깊은 간극이 존재한다는 사실은 누구나 안다. 하지만 문재인표票 지방분권형 개헌이 과연 정답인가는 솔직히 의문이다. 무엇을 위한 자치이고 누구를 위한 분권인지 따져 봐야 하기 때문이다. 중앙과 지방 간의 권력 비대칭과 불균형 발전이 그 책임을 통째 지자체의 어정쩡한 헌법적 위상에 돌릴 수는 없다. 자치분권의 발육부진에는 다른 요인들도 적지 않다.

무엇보다 지자체 숫자가 너무 많아졌다. 지금 현재 우리나라의 광역자치단체는 모두 17개이다. 고려 시대 오도양계제五道兩界制나 조선 시대 팔도강산에 비교하면 남한 내 광역 지방단위는 세 배 이상 늘어난 셈이다. 이 가운데는 지방자치제 부활 이후 새로 생긴 곳도 많다. 이번 6·13 선거를 앞두고도 세포분열을 꿈꾸는 광역자치단체가 있다. 해묵은 '경기북도' 설치론에 한강 이북 10개 시·군을 관할하는 '평화통일특별도' 설치안까지 보태졌다.

사실은 이렇게 '특별'이라는 말이 들어가는 광역자치단체 이름 자체가 우스꽝스럽다. 안 그래도 제주도와 세종시는 이미 특별자치도와 특별자치시인데, 그렇다면 나머지는 모두 '일반자치'라는 말인가. 지자체의 들쑥날쑥한 지위와 간판 사례는 이것으로 끝이 아니다. 광역자치단체 유형 가운데 하나로 '광역시'가 따로 존재하는 것은 개념상 중복과 혼선이다. 하긴 세계 유일의 서울'특별시'라는 명칭부터 문제다. 서울 아니면 모두 '보통시'란 말인가. 정부 개헌안에 따라 세종시가 '수도'로 격상된다면 이 역시 시대착오적이다. 지방분권시대가 요구하는 상식과 순리는 수도의 이전이 아니라 수도의 축소다.

덕지덕지 누더기 이불처럼 되어버린 작금의 지방자치 편제는 국가권력의 입장에서 분할통치를 위한 정치적 호재好材다. 정체성도 떨어지고 자생력도 시원찮은 마당에 숫자만 불어난 개별 지자체들은 중앙집권적 권력 구조 앞에 자꾸만 작아질 수밖에 없다. 설령 '지방정부'로 개명하고 자치재정과 자치 입법을 보장하더라도 칼자루를 손에 쥔 중앙정부와의 주종 관계에는 근본적 변화가 일어나기 어렵다. 특히 제왕적 대통령이라면 지방자치에 아무리 생색을 내고 선심을 쓴들, 밀릴 것도 없고 잃을 것도 없다.

지자체의 난립과 증식은 또한 행정이나 투자의 측면에서 중복과 낭비를 당연히 야기한다. 비용·편익 대비 이른바 '규모의 비非경제'다. 기간 인프라나 공공시설을 위시하여 경제 및 복지정책, 이벤트 사업에 이르기까지 지자체들의 소小지역주의에 따른 예산 소모와 주민불편은 도를 넘은 지 오래다. 오죽하면 남경필 경기도지사가 자살골 같은 '광역서울도道' 제안을 했을까. 기초자치단체의 경우는 보다 심하다. 법정 인구를 지키려는 처절한 몸부림을 보노라면 지역민을 위해 지자체가 존재하는지 지자체를 위해 지역민이 존재하는지를 묻고 싶을 정도다.

문제는 그럼에도 작금의 현실이 정치인이나 공무원의 입장에서는 하등 나쁠 게 없다는 점이다. 지자체의 증가는 공무원의 증원을 줄곧 동반해 왔다. 작년 봄 지방공무원은 역사상 처음 30만 명을 돌파했다. 지방선거는 또한 직업 정치인을 양산하고 부양하는 흥행불패의 정치시장이다. 4년 전(2014년) 지방선거 때만 해도 도합 9,000명 가까이가 공식 후보자로 활동했다. 게다가 지방정치가 주로 보고 배운 것은 한국 정치의 고질적 병폐와 악습이다. 부정부패에서부터 제왕적 시·도지사에 포퓰리즘까지, 지자체에도 없는 게 없고 못하는 게 없다.

오늘날 우리나라 지방자치에는 지방의 몰락과 지자체의 불패가 묘하게 동거 중이다. 이를 해소하는 데 개헌이 필요조건일 수는 있어도 충분조건은 못 된다. 무작정 지방분권형 개헌으로 몰려가는 게 능사가 아니다. 선행되어야 할 것은 누구나 지역주민이기도 한 일반 국민의 눈높이에서 지방자치의 현주소를 진지하고 냉철하게 성찰하는 일이다. 평소 때 '무늬만' 지방자치, 선거 때 '기분만' 지방자치는 하나 마나고, 있으나 마나다. 지금은 지방분권의 당위성이 아니라 진정성을 고민할 때다.

야망 시대의
조락

조선일보
2007/11/28

우리나라 학생들은 교사를 장래 희망 직업 1위로 삼는 것으로 나타났다.[74] 최근 한국직업능력개발원이 전국 590여 개 초중고 재학생 1만 5천여 명을 대상으로 실시한 설문조사 결과다.[75] 이는 초등학생, 중학생, 고교생에게 공히 나타난 현상이었다. 교사 다음으로 선호하는 직업으로는 의사, 공무원, 회사원 등이 손꼽혔고, 연예인이나 운동선수의 경우 초등학생이나 중학생 사이에서는 인기가 높았으나 고등학생 집단에서는 순위가 뒤로 밀려났다.

학생들 사이에서 교사직이 구가하는 인기는 전혀 새삼스럽지 않다. 2년 전(2005년) 한국사회조사연구소에서도 비슷한 결과를

---

74 2018년 12월 교육부와 한국직업능력개발원이 초중고 진로 교육 현황 조사 결과를 발표한 바에 따르면, 중고등학생 사이에서는 여전히 교사가 부동의 1위였다. 초등학생의 경우는 교사가 2위, 운동선수가 1위로 나타났다. 다만 새로운 직업이 많이 등장하면서 학생들의 희망 직업군이 다양화, 구체화되는 경향이 드러났다. 유튜버 관련 직업이 대표적이다.
75 (수탁연구) 손유미 외, "청소년 희망세상 비전 2030: 직업진로분과." 한국직업능력개발원, 2007.10.31.

발표한 적이 있다. 하긴 금년에도 교육대학 입시 열풍은 여전히 뜨겁다. 입시학원 또한 과거에는 '서울대 반班', '연·고대 반' 하는 식이었으나 요즘은 '의·치·한 반'이나 '교·사대 반' 단위로 학생들을 모집하는 일이 많다. 의대나 치대, 한의대와 더불어 교대나 사대의 높은 주가株價가 반영된 것이다.

청소년들의 교직 선호 현상은 그것이 우리 사회의 가장 안정적인 직업 가운데 하나이기 때문이다. 1997년 외환위기와 함께 공무원과 교사의 인기가 급상승했는데 현재의 장기불황을 감안한다면 이런 추세는 앞으로도 지속될 전망이다. 따라서 학생 당사자의 입장에서야 당연한 선택 아니겠는가. 그러므로 인기 직업이란 시대에 따라 가변적이라며 학생들에게 신중한 결정을 당부하는 것은 말발이 약하다. 인적 자원의 효율적 배분 논리가 학생들한테 쉽게 납득되기도 어렵다.

문제는 이와 같은 학생들의 안정 위주 미래설계가 단순한 직업 선택의 수준을 넘어 일종의 시대정신 혹은 세대문화로 자리 잡고 있다는 점이다. 언제부턴가 우리 사회의 청소년들은 세상에 대한 식견에 있어서 점점 '애 어른'이 되고 있다. 우선 이는 산업화와 민주화라는 역사적 대업大業을 성취한 이후 일상적 삶과 개인의 행복이 보다 더 중요시되는 추세와 관련이 있어 보인다. 말하자면 '소년이여, 야망을 가져라! Boys, be ambitious!'라는 개발연대의 격언이 역사적 소임을 다한 느낌이다.

그런데 오늘날 청소년 사회의 야망 부재 현상에는 모종의 '보이지 않는 손'도 작용하는 분위기다. 그것은 평등주의 에토스의 만연 및 민중주의 이데올로기의 득세와 결코 무관하지 않을 성싶다. 10년 가까이 자칭 진보세력이 집권하면서 우리 사회에는 권력이나 부귀富貴 자체에 대한 반감과 증오가 조건반사적으로 팽배해 있다. '묻지 마' 반反엘리트주의가 이처럼 무성한 나라에서 누가 국가와 사회를 위해 봉사할 동량棟樑으로 자처할 것이며, 어떻게 세계적 지도자가 되기 위한 원대한 꿈을 키울 수 있겠는가.

미래직업과 관련하여 청소년들이 경제적 안정을 최우선으로 고려하는 것은 개인적 차원에서 분명히 합리적이다. 하지만 행여 그것이 장차 우리 사회를 책임지고 이끌 엘리트 계층의 위축과 리더십의 부실을 초래한다면 사회 전체적 차원의 손실에 대한 경계는 아무리 강조해도 지나치지 않다. 물론 엘리트 양성과 리더십 배양을 위한 교직의 역할은 실로 막중하다. 그러므로 교직에 대한 호감 자체는 백번 바람직하다. 하지만 그것이 차지하는 부동不動의 인기 1위가 장기적으로 구조화되는 측면은 직업 간 균형을 위해 반드시 바람직한 것은 아니다.

미래 세계는 '창조적 소수'의 선도적 역할을 점점 더 요구하고 있다. 미래사회의 주역인 청소년들의 패기와 자신감 및 도전 의식도 따라서 과거에 비해 가일층 절실해지고 있다. 이런 처지에 우리의 청소년들이 안정적 직업군에 쏠리는 듯한 경향은 안타까운 일이다. 하지만 그들을 나무랄 수만은 없다. 전 지구적 무한경쟁 시대에 직업 선택의 여지를 그 정도 밖에 만들어주지 못한 기성 사회의 책임이 훨씬 더 크기 때문이다. 부끄럽고 미안한 것은 오히려 어른 쪽이다.

달력이 없는
청와대

조선일보
2014/09/24

　"청와대에는 달력이 없다." 이는 전두환 대통령 시절 청와대 비서실장을 지냈던 분이 퇴임 후 사석에서 들려준 말이다. 예고 없이 수시로 터지는 사건·사고에 대처하는 일이 마치 도처에서 출몰하는 두더지를 망치로 내려치는 놀이 같았다고 했다. 매일매일 벌어지는 일을 뒤치다꺼리하기에 바빠 나라의 최고 권부權府는 달력을 들여다볼 틈이 없었고, 그만큼 국가의 일을 장기적으로 고민하고 결정하는 것이 현실적으로 어려웠다는 회고였다. 그나마 그때는 '5개년 계획'이 살아있던 시절이었는데도 말이다. 그렇다면 요즘 청와대는 사정이 어떨까?

　'신은 밤낮을 만들었고 인간은 달력을 만들었다'고 한다. 시간을 구분하고 날짜의 순서를 매기는 역법曆法의 발전 덕분에 인류 문명에 꽃이 피기 시작했다는 의미다. 독일의 고전문헌학자 뤼프케Jorg Rupke에 의하면 고대에 만들어진 물건 가운데 달력만큼 형태의 큰 변화 없이 인간 사회에서 계속 사용되고 있는 것도 없다.

원래 달력은 연중 행사표의 성격을 갖고 등장했다. 캘린더calendar의 어원인 칼라레calare도 로마 시대 제관들이 뿔피리를 불어 바뀐 새 달을 선포하는 것에서 비롯되었다. 요컨대 달력은 계획의 수단이자 미래의 준비다.

달력의 종류는 다양하다. 한 달이 한 면씩 차지한 12장짜리나 2달씩 묶어진 6장짜리가 일반적인데, 누구라도 최소한 한두 달 정도는 내다보며 살라는 뜻일 것이다. 한 장에 하루만 표기하여 매일 뜯어내는 일력日曆은 하루 벌어 하루 사는 시장통 서민들의 삶을 대변한다. 반면에 지위가 높아질수록 달력의 매수는 적어지는 경향이 있어서, 열두 달을 한 면에 담은 연력年曆을 선호하는 경우가 많다. 사회적 영향력이 막강한 중요한 위치에 올라갈수록 보다 멀리 바라보는 관점이 필요해서일 것이다.

사회적 영향력으로 말하자면 자고로 정치 권력이 으뜸이다. 그런 만큼 좋은 정책이 만들어지기 위해서는 가급적 멀리 내다볼 수 있는 달력이 보다 유용할 법하다. 하지만 작금의 현실 정치에서는 계획의 동반자 혹은 미래의 전령사인 달력 자체가 사라지는 낌새다. 이와 관련하여 미국의 미디어 이론가 러시코프Douglas Rushkoff는 『현재의 충격』이라는 책에서 우리 시대는 '산만한 현재'에 줄곧 머무는 경향이 있다고 했다. 또한 모든 것이 생중계이고 실시간이며 현재진행형인 속보速報 상황에서, 걸러지지 않은 뉴스와 변화무쌍한 여론이 정치인들을 즉각적 반응과 단기적 판단의 벼랑으로 내몰고 있다고 주장한다. 오늘날 정책은 더 이상 원대한 계획도 아니고 장기적 서사도 아닌 현재 상황에 대한 임기응변에 불과하다는 것이 그의 결론이다.

이와 같은 이른바 'CNN 효과'는 현재 우리나라 언론 환경에서 한껏 고조되어 있다. 우선 요 몇 년 사이 상시常時 뉴스 매체의 숫자가 폭발적으로 늘어났다. 게다가 소셜 네트워크의 비약적 발전은 국민 대다수를 정보의 생산자와 유통자, 그리고 소비자로 동시에 만들었다. 한 걸음 더 나아가 한국정보통신연구원의 최근 조사에 의하면 소셜 미디어 이용자 대부분이 '중독' 수준이라고 한다. 시시각각 뉴스와 정보, 혹은 루머나 괴담에 연루된 채, 숨 돌릴 틈 없이 정치적으로 과민한 상태가 되어있는 것이 현재 우리들의 자화상이다. 오늘날 한국 사회에서 '라이브live' 정치 평론은 가위 국민적 도락道樂이 되었다.

안타까운 점은 "청와대에 달력이 없다"의 오래전 기억이 박근혜 정부에서도 별로 빈말이 아닌 것처럼 보인다는 사실이다. 당일치기 숙제에 분주한 모습이 어쩌면 옛날보다 더 심해진 분위기다. 시나브로 집권 중반기로 접어들고 있지만 이 나라의 수십 년 뒤는커녕 불과 몇 년 뒤 혹은 바로 몇 달 뒤조차도 계획 부재 내지 예측불가 상태다. 창조경제, 문화융성, 통일대박, 경제혁신, 국가개조 등 이 정부가 내건 목표는 하나같이 거창하고 비장하다. 하지만 이들의 구체적인 실천을 예고하고 약속하는 달력은 과연 있기라도 한지 의문스럽다. 현재 박 대통령이 이끌고 있는 대한민국호號의 방향이나 속도에 대해 일반 국민들이 별로 '동승감同乘感'을 못 느끼는 것도 바로 이 때문이다.

아무리 오늘만 알고 지금만 사는 세상이 되었다고 해도 국정을 책임진 청와대 사람들의 시간관념은 무언가 달라야 한다. 세간의 '현재주의 정치'에 대한 청와대의 안주나 영합, 혹은 모방은 그 누구를 위해서도 이롭지 않다. 청와대는 멀리 내다보고 길게 바라보는 대통령 고유의 시각과 시야에서 국정과제를 의연하고 뚝심 있게 밀고 나갈 의무와 권리가 있다. 이때 달력은 그것의 실천 방도이자 점검 장치다. 바로 이것이 청와대에 달력이 꼭 있어야 할 이유다. 그것도 최소한 몇 년은 앞서가는 달력 말이다. '현재가 중요하다'는 '카르페 디엠carpe diem'이 진가를 발휘하는 것도 어디까지나 달력을 보면서다.

당당한 개인주의가
우리의 미래다

조선일보
2017/12/02

얼마 전 교수회의 때 '국군장병 위문성금'을 다음 달 봉급에서 공제하겠다며 동의를 구해 왔다. "어려운 환경에서 국가 안보를 위해 헌신하는 국군장병의 노고를 위로"한다는 취지도 가상하지만 요즘처럼 바쁜 세상살이에서 그나마 남에게 온정을 베풀 기회라고 생각하면 오히려 감사한 마음까지 든다. 그래서 그런지 이런 단체 선행은 그동안 관행처럼 굳어져 왔다. 아마도 조만간 연말 불우이웃 돕기 성금을 내게 될 것이다.

게다가 최근에는 사후에 성금의 사용내역이 공개되는 경우가 많아 한때 시끄러운 적이 있던 사회적 논란도 많이 가라앉았다. 그럼에도 마음 한구석에 찜찜한 기분이 남는 것은 감출 수 없다. 우선 머지않아 복무기간이 18개월로 짧아지고 병장 월급이 20만 원을 넘어서는 OECD 회원국가에서 아직도 국민성금으로 국군장병을 '위문'한다는 사실이 왠지 멋쩍다. 보다 근본적으로는 말이 '정성으로 내는 돈,' 곧 성금이지 사실은 범정부적으로 부과되는 반半 강제적 준準 조세라는 점이 영 달갑지 않다. 돈이 아까운 게 아니라 선행의 자기결정권 제약이 아쉬운 것이다.

물론 남을 위한 선한 행동을 각자의 판단과 개인의 선택에 맡길 경우 모두 함께 사는 세상을 향해 나아가는 길이 멀고 험하게 느껴질 수 있다. 시장 상황에서의 이기적인 동기가 사회적 협력 의사를 억누를 개연성 때문이다. 하지만 이와 같은 시장실패를 극복하는 데 있어서 공동체주의가 반드시 더 낫다는 보장은 없다. 시장의 힘만으로 역부족인 공동체 건설에 있어서 성숙한 개인주의가 오히려 유능할 수 있다. 아닌 게 아니라 시장경제가 발달할수록 약육강식 대신 사회적 협동을 위한 이타적 행동이 늘어난다는 연구 결과도 나와 있다. 사람들이 이전에 비해 보다 착해져서가 아니라 그렇게 하는 것이 궁극적으로 모두에게 이익이 된다는 점을 알게 되었기 때문이라는 설명이다.

우리의 경우가 사회윤리의 구축을 통해 공동체를 만들고자 한다면 선진국은 개인윤리의 성숙을 통해 공동체를 이루고자 하는 편이다. 그곳에서는 공동체를 형성하는 과정에 개인들이 자발적으로, 그리고 적극적으로 동참하는 전통이 있다. 그런 만큼 비자발적 방식의 성금 모집은 처음부터 상상하기 어렵다. 기업의 사회 공헌 활동에 있어서도 굳이 '보이지 않는 손'이 동원될 필요가 없다. 복지공동체가 작동하는 기본 원리 역시 국민 모두의 십시일반十匙一飯이다. 그런 만큼 조세부담률이 전반적으로 높을 뿐 아니라, 소득이 적으면 적은 대로 작게나마 세금 내는 일 자체를 당연한 의무로 여긴다.

작금의 우리 사회에 결핍되어 있는 것은 튼튼한 공동체의 모태라고 볼 수 있는 당당한 개인주의다. 국가공동체, 민족공동체, 도시공동체, 지역공동체 등 각종 거창한 담론이 별다른 실속 없이 대개 구호에 그치는 이유도 여기에 있다. 20세기 한국 현대사는 국가 건설과 산업화, 민주화를 연달아 성취하면서도 근대적 인간형의 핵심에 해당하는 '개인'의 탄생을 제대로 경험하지 못했다. 자결自決과 자조自助, 자율, 자립 등의 가치를 최우선시하는 가운데 자신의 삶과·독대하고 자신의 운명에 직면하는 고독하면서도 자유로운 근대적 영혼 말이다.

여태껏 우리가 이룩한 근대화의 기적은 뭉치고 엮이고 쏠리는 연고나 집단의 힘을 빌린 측면이 많다. 그런 관성은 현재까지도 이어져 걸핏하면 공동체의 이름을 걸고 '떼법法'을 외치거나 '떼창唱'을 부르는 양태로 나타나고 있다. 하지만 공동체를 위한 실질적인 기여에는 정작 무심한 편이다. OECD 평균 근로소득세 면세자 비율이 16%라는데 우리나라는 무려 48.1%다. 이는 많은 국민들이 남의 돈으로 복지를 편하게 누린다는 의미다. 이런 점에서는 '노블레스 오블리주'에 인색한 우리나라 상류사회도 크게 다를 바 없다. 선진국의 경우 사회 지도층일수록 공동체에 대한 봉사와 배려, 희생을 통해 품격 높은 개인주의를 발현하기 때문이다.

오늘날 한국의 길 잃은 보수 혹은 갈 곳 놓친 우파가 새로운 희망을 준비할 수 있는 지점은 개인주의의 재발견 혹은 재인식에 있다. 이를 통해 그동안 말만 화려하고 이론만 무성했을 뿐 지금까지 우리 역사에서 한 번도 제대로 걸어보지 않았던 자유주의와 시장경제의 길을 넓히고 닦아야 한다. 자신의 태생적 뿌리를 잊은 채 공동체주의 프레임에 매몰되어 좌파와 집권 경쟁을 벌이는 한, 어쩌면 우파는 영원히 정치적 '2중대' 신세를 면하기 어렵다. 평등하고 자유로운 개인은 이념의 문제가 아니라 인류 역사의 위대한 승리다. 지금의 보수정당은 도대체 '낫 놓고 기역 자도 모른다.'

'순한 양 떼'는
없다

조선일보
2011/03/21

　　일본의 지하철에서 한국인을 판별하는 간단한
방법이 나름대로 하나 있다. 다리를 꼬고 앉거나 양팔 벌려 신
문 읽는 사람들이다. 일본인들은 이처럼 주변이나 이웃을 불편
하게 하는 일을 좀처럼 하지 않는다. 이것이 남에게 폐를 끼치지
않는다는 이른바 '메이와쿠迷惑 문화'의 일면이다. 전후 최대 국
난國難이라는 3·11 대지진 상황 속에서도 일본의 이러한 국민정
신은 특유의 저력을 발휘했고, 외국 언론으로부터 극찬을 받기
도 했다.

　　실로 엄청난 공포 속에서도 일본인들은 냉정과 침착을 유지
했다. 항의나 원망을 표출하지도 않았고 집단행동 또한 일으키지
않았다. 사람들은 슬퍼도 조용히 울었고 행여 기쁜 일이 생겨도
감정을 속으로 삼켰다. 남을 배려하는 마음에 자발적 헌혈은 오
히려 늘었다. 약탈 행위는커녕 사재기도 거의 없었다. 학교 운동
장에 뱀 모양으로 그려진 선에 맞춰 하루 한 끼 주먹밥과 된장국

을 묵묵히 기다리는 피난민 광경은 일본의 성숙한 시민문화를 유감없이 보여줬다.

어찌 이럴 수가 있을까? 극단적인 대재앙의 경우 사람들의 생존전략이 경쟁에서 협동으로 바뀐다는 주장이 있지만 그것은 무정부 상태를 가정할 때 그렇다. 하지만 일본에서 국가는 건재健在하다. 천재지변을 숙명으로 받아들이는 일본인들의 전통적 가치관이 거론되기도 한다. 그러나 그런 사회가 어찌 일본뿐이랴. 혹시 일본인들은 본래 그렇게 태어나는 게 아닌가 싶기도 하지만 평상시 철두철미한 재난대비 교육과 훈련 탓으로 돌리는 것이 보다 상식적이다. 이처럼 환난 중에 예의 바른 일본인을 설명하기 위해 여러 가지 요인들이 거론되고 있지만 가장 근본적으로는 국가공동체에 대한 개인의 높은 신뢰가 아닌가 한다.

아닌 게 아니라 일본은 자타가 공인하는 세계 최고의 방재防災 선진국이다. 이를 지원하고 보강하는 사회조직 역시 두텁고 촘촘하다. 특히 일본의 지방자치단체들은 주민의 안전에 최대의 역점을 둔다. 지진과 같은 자연재해가 잦은 나라인지라 방재의 성공이 정치의 출발이고 행정의 근본이라는 인식이 매우 강한 편이다. 재임 기간 동안 올지 안 올지 모르는 재난에 소리 없이 대비하기보다, 가시적 단기성과나 대중영합적 정책사업에 요란스레 몰입하는 작금의 우리나라 지자체 현실과는 사뭇 다른 것이다.

하지만 요 며칠 사이 동일본 대지진의 성격이 천재天災에서 인재人災로 바뀌면서 사정은 점차 달라지는 분위기다. 지진이나 해일 자체는 어쩔 수 없다고 해도 정부의 서툰 대응에 의한 '2차 재앙'이나 '2차 피해'는 마침내 일본 국민들의 불만과 불안을 자극하기 시작했다. 후쿠시마 원전 폭발을 둘러싼 도쿄전력의 사실 은폐와 축소 보고 의혹에 더하여 원전 설계 및 시공이 애당초 부실했다는 말까지 나오는 상황이다. 여기에 간 나오토菅直人 정부의 아마추어 리더십이 도마 위에 오르면서 사람들은 '정부는 도대체 무엇을 하는가'라고 분노하고 있다. 한때 일본 국민들의 시민의식을 높이 평가했던 다른 나라들이 슬슬 자국민 철수를 서두는 가운데 도쿄에서는 생필품의 '이상異常 수요' 조짐에 이어 국지적 시위까지 생겨나고 있다고 한다.

감추는 정부, 속이는 정부, 무능한 정부, 무책임한 정부까지 이해하고 수용하는 착한 국민은 세상 어디에도 없다. 아무리 국가 방재 시스템이 모범적이라고 해도 그것이 개인의 생존과 이익에 관련된 합리적 기대를 저버리는 한, 모범생 일본 국민이라는 신화는 더 이상 버티기 어렵다. 지배와 복종의 문제를 필생의 연구주제로 삼아왔던 미국의 정치학자이자 인류학자인 스콧James Scott에 따르면 무조건 순종하는 백성은 자고自古로 없다. 마치 양이 그렇듯이 말이다. 실제로 양을 치기도 하는 그의 주장에 의하면 '순한 양 떼'란 지난 8000년 동안 인간이 양을 기르고 길들이는 과정에서 지어낸 희망적 관념일 뿐이다. 결국 처음부터 일본은 이상한 나라도 아니고 부러운 나라도 아니다.

일본 사람들과 비교하여 우리나라 국민은 순한 양 떼의 이미지로부터 특히 거리가 먼 것으로 여겨질 때가 많다. 대형 재난이나 위기가 발생할 때마다 피해자들의 흥분이 들끓고 덩달아 민심의 동요 또한 유난스럽기 때문이다. 하지만 이것 역시 천성이나 민족성의 문제는 아닐 것이다. 국민의 안전을 보호하고 안녕을 책임져야 할 국가가 아직도 정직, 소통, 능력, 책임 등의 측면에서 별로 미덥지 않은 게 더 큰 이유다. 천재보다 인재가 더 다반사茶飯事인 후진국형 위험사회가 어찌 감히 순한 국민을 바랄 것인가. 양 떼가 착하고 거친 것은 목자牧者 하기 나름이다.

8

미국 이야기

8. 미국 이야기[76]

우리는 그들을
얼마나 아는가

동아일보
2001/07/18

　　신문에 '출국' 및 '입국' 코너가 있어 주요 인사의 해외 나들이를 알리던 '호랑이 담배 먹던 시절'이 있었다. 미국에서 박사 학위를 취득했다는 사실이 뉴스가 됐던 '그때 그 시절'도 있었다. 그러나 오늘날 미국은 우리에게 더 이상 미지와 동경의 대상이 아니다. 속된 말로 발에 차이는 것이 미국 박사요, 지천으로 깔린 것이 미국 패스트푸드점이 아닌가. 요즘 세상에 미국 여행은 자랑거리 축에도 못 낀다.

　　하지만 미국이 지리적으로 크게 가까워지고 미국 사회와의 체감 교류가 대폭 늘어났다는 사실이 곧 그 나라에 대한 우리의 이해를 비례적으로 증진시킨 것은 아니다. 또한 우리 사회의 친미적 전통이 목하 일부 진보진영의 반미 공세로부터 이래저래 욕보는 세상이 되었다고 해서 미국의 실상에 보다 가깝게 다가간 것도 아니다. 해방 이후 반세기 이상 한국 현대사를 실질적으로 '공저共著'해 왔던 나라, 미국의 진면목은 여전히 많은 부분 우리에게 굴절돼 있다. 싫든 좋든 '미국의 시대'를 살아오는 동안 우리는 미국을 잘 알고 있다는 착각에 그저 익숙해져 있을 따름이다.

이러한 현상은 미국의 책임이 아니라 우리의 잘못이다. 매년 수많은 한국 유학생들이 미국 대학에서 무수한 학위 논문을 쏟아내고 있지만 정작 미국 사회나 문화, 역사 등에 관한 내용은 거의 찾아보기 어렵다. 국내 언론사들이 미국 주요 도시에 기자들을 경쟁적으로 '특파'하고 있지만 그들이 명실상부한 미국 전문가로 입신하는 사례 역시 극히 드물다.

재미 한인 교포가 200만 명을 훨씬 넘어섰다고 하지만 체계적인 미국 연구서는 물론 번듯한 미국 입문서조차 없다시피 한 것이 솔직한 현실이다. 미국에 가서 공부하고 취재하고 여행하고 생활하는 일들이 미국의 본질을 제대로 읽어내고자 하는 진지한 노력으로 이어지지 않은 것이다.

따지고 보면 우리가 미국을 잘 알기보다 미국이 우리를 훨씬 더 많이 알고 있다. 이는 이른바 지역연구라고 하는 것이 워낙 '제국주의'와 무관하지 않은 탓도 있지만, 그렇다고 해서 그냥 인정하고 넘길 일은 물론 아니다. 미국 내에서 한국학이 양적 질적으로 빠른 성장세를 드러내는 것과 대조적으로 우리나라에서의 미국학은 취약하기 짝이 없다. 국내 도서관에 비치된 미국 관련 한국어 전문 서적도 그 반대의 경우보다 훨씬 더 빈약하다. 우리 대학에서 미국 학생이 자기 나라를 분석한 논문을 한국어로 쓰는 일은 거의 전무하지만, 한국 학생이 우리나라를 연구한 논문을 영어로 쓰는 일은 가히 보편화되어 있다. 미국 사회가 그들 손에 더러 쥐여주는 장학금이란 것도 어쩌면 쉽고도 싼값으로 한국에 대한 귀한 정보를 획득할 수 있기 때문일 것이다.

고백하거니와 그런 점에서 나도 예외는 아니었다. 따라서 비록 젊은 한때 미국으로부터 물질적인 빚을 지기는 했지만, 미국 자체를 깊이 성찰하지 못했다는 정신적 부채는 언젠가 모국에 갚아야 할 몫이라고 생각해 온 터였다. 그런 만큼 10여 년 만에 유학생이 아닌 교환교수 자격으로 미국 땅을 다시 밟는 심경에는 불안도 없고 흥분도 없다. 그저 미국 사회의 내면을 가급적 있는 모습 그대로 들여다보고 싶은 희망에 따라, 먹고 싶은 찬거리를 내정하고 슈퍼로 향하는 '주부'의 입장이 아니라 먹거리를 찾아 숲속을 마냥 헤치는 '사냥꾼'의 모습을 보다 닮고 싶을 뿐이다.

미국 사람들이 가장 살고 싶어 하는 도시 가운데 하나로 선망하는 이곳 시애틀은 때마침 바로 지난주(2001년 7월), 우리나라 국민의 가슴속에 가까이 다가갔다. 여기 세이프코 필드Safeco Field에서 열린 제72회 메이저리그 올스타전에 박찬호 선수가 출장했기 때문이다. 그러나 내심 국내의 뜨거운 박찬호 열기가 우리의 입맛에 따라 미국 사회를 자의적으로 각색하는 습관을 반복할까 걱정이다.

마치 한미관계가 미국 대외정책의 중심이 아니듯, 박찬호가 미국 프로야구를 대표하는 것은 아니기 때문이다. 따라서 경계해야 할 것은 미국이 아니라 미국에 대한 우리 식의 편의적 재단裁斷이리라. 미국이라는 사냥감을 사회학적 화두로 잡기 위한 고민 탓에 '시애틀의 잠 못 이루는 밤'은 도착 첫날부터 시작됐다.

갈수록 복잡해지는
인종 지도

동아일보
2001/08/08

　글로벌 시대를 맞아 흔히 거론되는 것이 '세계의 미국화'다. 이는 패권주의를 동반한 미국의 '세계경영'을 지칭한다. 그러나 자칫 간과하기 쉬운 것이 '미국의 세계화'다. 미국 영토 안에는 세계 만국世界萬國이 마치 전시장의 작은 모형들처럼 들어서 있다. 미국 사람들이 나가 있지 않은 나라가 지구상에 별로 없듯이 거의 모든 나라 사람들이 미국에 들어와 사는 것이다.

　내가 머무르고 있는 시애틀만 하더라도 마음먹기에 따라서는 '한국적으로' 살기에 아무런 불편이 없다. 한글로 운전면허 필기시험을 치를 수 있을 뿐만 아니라 PC방이나 노래방은 일종의 '한인 해방구'다. 베트남 사람, 쿠바 사람, 혹은 레바논 사람의 경우도 사정이 별로 다르지 않다. 그리고 이런 '미국의 세계화' 현상은 '세계의 미국화' 추세에 의해 가속화되고 있다. 미국으로 들어오는 불법 이민자의 급증이 하나의 증거인데 몇 주 전에 나온 공식 통계에 의하면 지난 5년 동안 불법 이민자는 500만

명에서 700만 명 정도로 늘어났다. 한국인 3만여 명을 포함해서 말이다.[77]

　사실상 미국을 방문할 때마다 이 나라는 하나의 국가라기보다 세계 그 자체라는 느낌을 받곤 한다. 이는 '합중국合衆國'이라는 다소 특이한 국호國號 탓만이 아니다. 대신 바깥 세계로부터의 이주 및 이민 행렬이 15세기 이후 현재 모습의 미국을 형성해 왔기 때문이다. 여기서 합중국을 수식하는 '아메리카America'의 어원은 우리가 간여할 바가 아니다. 교과서에서 배운 대로 이탈리아의 해양탐험가 '아메리고 베스푸치Amerigo Vespucci'면 어떻고 최근 시애틀 출신의 한 전기작가가 주장하는 것처럼 영국의 무역상 '리처드 아메리크Richard Ameryk'면 어떤가. 분명한 점은 아메리카라는 간판 밑에 다양한 인종과 수많은 민족이 함께 살고 있다는 사실이다.

　물론 역사적으로나 현실적으로 이들이 하나의 공동체로 사이좋게 융합된 것은 결코 아니다. 오히려 그 반대가 보다 사실에 가깝다. 이른바 '차별과 격리'는 다인종 다민족 사회의 핵심 요소로 기능해온 것이다. 그리고 전통적으로 이 문제를 둘러싼 미국 사회의 갈등은 주로 다수의 백인과 소수의 흑인 사이에 집중되었다. 하지만 근자에 들어 미국 사회의 인종 지형은 급변하고 있다. 특히 최근 20년 동안 미국 역사상 동일한 기간으로는 최고 수치의

77　2017년 기준 미국의 총인구 3억 2,571만 여명은 백인 60.7%, 히스패닉·라티노 18.1%, 흑인·아프리카계 13.4%, 아시아인 5.8% 등의 순으로 구성되어 있다. 미국 내 불법체류자는 현재 1,200만 명 정도로 추정된다.

이민자 유입을 기록했는데 대부분이 아시아와 남미 출신이었다.

흥미로운 것은 이들 신규 이민 집단의 사회적 위상이다. 흑인과 함께 분명히 그들도 미국 사회의 마이너리거에 해당하지만 막상 그들의 이민사는 100여 년 전 대서양을 건너온 유럽계 백인들의 행적에 보다 가깝다. 곧 양자 사이에는 정착 패턴의 유사성이 존재하는데 '리틀 이탈리아'나 '코리안 타운' 등 과도적인 '자치구'에 자발적으로 모여 살며 일단 경제적 기반을 구축한 다음, 두어 세대에 걸쳐 신분 및 계급 상승을 도모하는 것이다. 이런 점에서 대체로 '언제나 그 자리'에 '그대로' 머무르고 있는 흑인 집단과는 크게 대조적이다.

문제는 미국이 이처럼 '확대된' 다인종 다민족 사회로 나아가면서 '차별과 격리' 양식이 과거에 비해 매우 불안정해지고 있다는 점이다. 그 결과 최근 몇 년 동안 부쩍 늘어난 한흑韓黑갈등에서도 알 수 있는 것처럼 향후 미국 사회에는 소수 종족 상호 간의 대립이 점차 심화될 전망이다. 그리고 이러한 인구 구성의 변화에 따라 백인 주류사회가 어떤 소수민족 집단과 정치적으로 연계하는가 하는 점도 큰 관심거리가 아닐 수 없다.

바로 이런 측면에서 지난달 부시George W. Bush 행정부가 미국 내에 사는 100만 명 이상의 멕시코계 불법 체류자들을 법률적으로 일괄 구제하는 법안을 제출한 것은 결코 예사로운 일이 아니다. 혹시 부시 대통령 자신이 멕시코와 접경한 텍사스주 출신으로서 그들을 차기 대선에서 유권자로 확보하는 것이 아닐까 하는 의심을 받는 것도 바로 이 때문이다. 한 걸음 더 나아가 다인종 다

민족 사회의 구축은 소수 종족 사이의 '이이제이以夷制夷'를 꾀할 수 있다는 점에서 주류 백인 사회의 전략적 선택일지도 모른다. 어쨌든 '흑백' 필름으로는 미국 사회의 진면목을 더 이상 제대로 담을 수 없게 되었다.

시시콜콜한 규정들
숨 막힌다

동아일보
2001/08/29

　　이곳 시애틀에서 나는 주로 노선 버스를 타고 학교에 다닌다. 대학 캠퍼스의 주차비가 워낙 비싸기 때문이다. 그런데 공중 버스의 내부 벽면에는 승객이 지켜야 할 이른바 '행동 강령'으로 무려 열 가지가 게시돼 있다. 물론 이 가운데는 금연이나 인화물 반입 금지처럼 우리에게 낯익은 것들도 있다. 하지만 나머지는 대부분 지극히 상식적이거나 당연한 것들이다. 버스 운임을 정해진 대로 낼 것, 자리에 눕거나 한 사람이 좌석 두 개 이상을 차지하지 말 것, 차내 통로를 가로막지 말 것 등이 대표적이다. 그리고 이런 규정을 위반하면 체포되거나 벌금을 내야 하고 차에서 추방된다는 등의 벌칙까지 자세히 적혀 있다.

　　몇 주 전에 운전면허 시험을 치르기 위해 읽어본 '워싱턴주 운전자 가이드'도 이와 매우 유사했다. 주 정부 면허국이 발행한 이 공식 책자는 안전운행에 관한 금과옥조金科玉條들을 총망라하고 있다. 하지만 굳이 명문화하지 않아도 괜찮을 것들도 너무나 많다. 운전 중에 도로에서 눈을 떼지 말라는 충고라든가, '핸즈프리' 휴대전화의 사용도 가급적 자제하는 것이 좋다는 권유까지는 있을 수 있다고 치자. 하지만 주행 중 다른 사람이 교통위반 딱지를 떼이는 장면을 쳐다보느라 속도를 늦춰서는 안 된다는 구절은 아무래도 지나치다. 환경 보호를 위한 당국의 노력은 비난할 수 없지만, 주법州法이 50달러 미만의 벌금을 걸고 쓰레기봉투의 차내車內 비치를 의무화한 것은 쉽게 납득하기 어렵다.

운전 교습을 위한 '주정부 교과서'에는 심지어 이런 내용도 들어 있다. 일반적으로 개들은 자전거 페달이 돌아가는 모습에 쉽게 매료되는 경향이 있는데, 다음 세 가지 종류의 방법으로 뒤따라오는 개를 퇴치하라고 안내한다. '개를 무시해버리거나, 단호하고도 큰 목소리로 '노'라고 고함칠 것, 그래도 통하지 않으면 자전거로 개와 사람 사이를 차단할 것.' 운전을 잘하기 위해 잠을 푹 자두라는 것이나 위에 부담을 덜어주기 위해 운전하기 전에는 소식小食이 좋다는 것도 시시콜콜한 주문이기는 마찬가지. 운전 중에 화가 잔뜩 나 있는 다른 운전자를 만나면 그 사람과 눈을 마주치지 않는 것이 상책이라는 내용도 운전면허 시험 준비 책자에 꼭 실려야 할 정도로 중요한 것인지 의문이다.

그런데 미국의 일상생활에는 이와 같은 규범의 법제화와 상식의 성문화成文化가 전반적으로 충만해 있다. 물론 이들이 개인의 안전과 자유를 도모하고 사회적 공익과 효율성을 신장하는 데 효과적이라는 사실은 부인하기 어렵다. 하기야 미국처럼 역사와 전통이 일천하고 관습과 연줄이 미약한 신생 이민국가라면 이런 사회제도적 장치는 애초부터 불가피한 선택일지도 모른다. 서로를 쉽게 신뢰할 수 없는 데다가 타인의 기본 도덕성에 대한 기대마저 불안한 상태에서, 규범과 상식은 단순한 개인적 차원의 선호나 선택이 아니라 공적인 규제와 법적인 통제를 동반하는 사회자본으로 최대한 전화轉化돼야 하기 때문이다. 그런 만큼 법과 질서의 가치를 지속적으로 환기시키기 위한 공공부문의 '과잉 친절'이 생활의 일부가 되어 있는 나라가 바로 미국이다.

규범이 크게 헝클어져 있고 최소한의 상식마저 통하지 않을 때가 많은 우리나라의 처지에서 미국 사회의 이런 단면이 일면 부럽지 않은 것도 아니다. 법치주의의 성숙이 요원한 가운데 국가로부터 과잉은커녕 기본적인 서비스조차 제대로 받아본 기억이 없는 우리이기 때문이다. 그럼에도 우리가 미국을 무조건 본받거나 따라갈 필요는 없어 보인다. 왜냐하면 규범의 자생적 발현이 억제되고 상식의 창의적 준거가 약화되는 동안, 미국 사회의 인간관계는 점차 '작아진' 개인들 사이의 '사소한' 법적 문제에 집중돼 가고 있기 때문이다. 권리, 손해, 이익, 책임 등의 개념에 주로 의존하면서 과연 사람이 행복해질 수 있을까? 근년에 부쩍 활발해지고 있는 소위 '좋은 사회good society' 논쟁은 바로 이러한 미국 사회의 숨은 고민을 반영하고 있다. 한국이 답답하다면 미국은 갑갑하다.

테러가 불붙인
내셔널리즘

동아일보
2001/09/19

그날 아침, 필자는 한국인 동료 교수들과 함께 골프장에 있었다. 10번 홀에 이르렀을까, 그 넓은 골프장이 우리들의 독무대로 변했다. 우리 팀을 앞서거나 뒤따르던 미국인들이 갑자기 사라져버렸기 때문이다. 그것이 미국을 강타한 테러 공격 때문이었다는 사실을 깨달은 것은 나중이었다. 골프를 도중에 그만두는 희귀한 사태, 하지만 그것은 작은 시작에 불과했다. 왜냐하면 그 순간 미국은 모든 것이 '일단 멈춤' 상태에 돌입했기 때문이다. 비행기는 발이 묶였고, 증시證市도 문을 닫았으며, 메이저리그 야구 또한 휴업에 들어갔다.

한 주일이 지난 지금, 많은 것들이 점차 정상화되어 가고 있다. 워싱턴의 국방부와 뉴욕 맨해튼의 피해 수습이 차분히 진행되고 있는 가운데 월스트리트가 업무에 복귀했으며, 미식축구NFL도 경기를 재개했다. 그럼에도 이번 9·11 테러 사태가 남긴 마음의 상처만은 여태껏 아물 기미조차 보이지 않는다. 세계무역센터를

테러 여객기가 뚫고 들어가는 장면을 생중계로 본 대다수 미국인들에게 그것은 아직도 심장에 박힌 탄환으로 남아 있는 듯하다.

이번 사태로 인해 미국인이 치르고 있는 정신적 고통은 다양하고 복잡해 보인다. 우선 인간과 인간성 자체에 대한 깊은 회의가 자리 잡고 있다. 어떻게 사람이 그렇게까지 담대하게 잔인할 수 있을까 하는 윤리적 허무주의인 것이다. 또한 미국 본토가 외부의 공격으로부터 더 이상 안전하지 못하다는 사실이 처음으로 확인된 데 따른 불안감도 무시할 수 없다. 여기에 가세하는 것이 미국인 특유의 구겨진 자존심이다. 세계 최강국이라고 자타가 공인하는 미국이 '당했다'는 사실 하나만으로도 엄청난 치욕을 느끼고 있다.

한편으로는 '준비된' 테러를 사전에 막지 못한 자국 정부의 무능과 나태를 비난하는 마음도 미국인들 사이에 결코 적지 않다. 게다가 반反테러 전쟁 불사의 실제적 효과에 대해서도 내심은 기대 반, 걱정 반이다. 무력행사가 또 다른 보복을 자초할지도 모른다는 우려와 함께, 제3세계와의 전쟁에서 한 번도 '화끈하게' 승리한 적이 없는 미국으로서는 아프가니스탄과의 일전─戰에서 과거 월남전의 악몽을 떠올리는 눈치다. 어쩌면 바로 이러한 정서적 불안과 동요야말로 테러 집단이 가장 원했던 것일지도 모른다.

그러므로 이번 참사를 수습하는 과정에서 미국이 심리적 차원의 위무慰撫나 재활사업에 높은 비중을 두고 있는 점은 매우 인상적이다. 사고 직후부터 교회나 성당 등 종교기관들이 문을 활짝 열었고, 연방재난관리청Federal Emergency Management Agency, FEMA 등에서도 각종 상담 및 정신치료 프로그램을 직접 운영하고 있다. 퍼스트레이디가 어린이들의 정신적 안녕에 깊은 관심을 표명하는가 하면, 테러리즘 분석 전문가 못지않게 매스컴에 자주 등장하는 사람이 심리학자들이다. '민관民官 합동'으로 국가적 위기를 극복하는 것처럼 보이는 것도 같은 맥락이다. 민의를 수렴하기 위한 타운 미팅이 확산되고, 정책 결정자들은 생방송을 통해 하루에도 몇 번씩 일반 국민을 상대로 정보와 의견을 교환하고 있는 것이다.

바로 이런 현상의 기저에서 목하 극도로 고조된 것이 미국 내 셔널리즘이다. 전국적으로 넘쳐나는 성조기의 물결과 '갓 블레스 아메리카God bless America'의 선율이 미국인의 단결력과 자긍심 및 자신감을 전례 없이 고취하고 있는 것이다. 대내적으로 이런 현상 자체는 말릴 수도, 욕을 할 수도 없다. 문제는 그것의 대외적 의미와 파장이다. 전쟁을 포함한 미국의 최종 선택은 물론 그들 고유의 몫이다. 하지만 그것은 자국을 위한 반테러 응징 행위로 그쳐야 한다. 미국이 그것을 세계의 전쟁으로 확대시킬 권리는 없는 것이다. 특히 이번 기회를 통해 미국이 세계 각국의 '충성도'를 시험하겠다는 발상은 지나친 감이 없지 않다.

몸에 이로운 약이 되기도 하고 독약이 되기도 하는 것이 내셔널리즘이다. 작금의 시련을 극복하는 과정에서 분출되고 있는 국가주의적 미국 정서가 적지 않게 불안한 것도 이 때문이다. 진정한 패권주의는 강국이 아니라 대국에서, 민족주의가 아니라 국제주의에서 나온다는 사실을 스스로 이해하기에 역사는 일천하고 경험은 빈약한 나라가 바로 미국인 듯싶다.[78]

---

78 사실 9·11 테러가 불붙인 미국의 내셔널리즘은 그리 오래가지 못했다. 어떤 의미에서 미국은 점점 더 정신적 구심점이 없는 나라, 자기 스스로의 가치를 부정하는 나라로 변해가고 있는 중이다. 9·11 테러를 '도덕적 상대주의' 관점에서 이해하려는 입장도 그 중 하나다. 미국 사회가 옳고 그름에 대한 판단으로부터 멀어지고 있는 이유를 좌파적 편견과 의식화에 의해 크게 일그러진 미국 대학교육으로부터 찾는 책으로, 벤 샤피로, 이남규 역, 『세뇌』, 기파랑, 2018 참조.

'성공의 전도사'
오프라 윈프리

동아일보
2001/10/17

'9·11 테러 사건'이 발생한 지 일주일째 되던 날, 미국의 퍼스트레이디 로라 부시Laura Bush 여사가 찾아간 도시는 뜻밖에도 시카고였다. 그곳에서 제작되는 한 TV 토크쇼에 직접 출연해 전국의 부모와 교사들에게 테러 공격에 의한 정서적 충격을 어린이들이 잘 극복할 수 있도록 각별히 노력해 달라고 부탁하기 위해서였다. 이 프로그램의 이름은 사회자의 이름을 딴 〈오프라 윈프리 쇼The Oprah Winfrey Show〉. TV 토크쇼 역사상 최고의 시청률을 구가하고 있는 이 프로는 미국에서 하루 1,400여 만 명의 시청자를 확보하고 있으며 주한미군 채널을 포함해 전 세계 132개국에서 방영되고 있다.

〈에미Emmy〉나 〈피바디Peabody〉 등 권위 있는 방송 대상을 거의 매년 석권하는 것으로도 유명한 오프라 윈프리 쇼가 지난달로(2001년 현재) 16돌을 맞았으니 우리에게도 오프라라는 이름은 별로 낯설지 않을 때가 됐다. 물론 우리는 그녀를 〈컬러 퍼플The

Color Purple)과 〈비러비드Beloved〉에 출연한 영화배우로 기억할 수도 있다. 게다가 지난 몇 년 동안 국내 매스컴에도 그녀에 대한 기사가 곧잘 등장했다. 대부분은 가난하고 불우한 가정에서 태어난 그녀가 흑인과 여성이라는 이중의 장벽을 넘어섰다는 성공담이었다.

그럼에도 오프라가 그저 성공한 방송인이나 연예인 정도라면 우리가 각별히 주목할 필요는 없다. 하지만 실제로 그녀는 그 이상이다. 현재 그녀는 출판·영화·음반·미디어산업에 활발히 진출하는 한편 각종 교육, 복지 및 자선사업을 맹렬히 추진하고 있다. 2000년 4월 창간된 「오O, 오프라 매거진」은 최근 몇 십 년 동안 미국에서 시도된 새로운 잡지 가운데 가장 성공적으로 정착했다. 또한 1993년 태동한 '전국아동보호법'은 그녀의 노력을 반영하여 '오프라 빌Oprah Bill'로 통칭될 정도다. 1998년 시사주간지 「타임」이 20세기 100대 유력 인물 가운데 한 사람으로 꼽은 데 이어 2001년 초 시사주간지 「뉴스위크」가 그녀를 '세기의 여성'으로 부른 데에는 다 그만한 사정이 있는 것이다.

그렇다면 이처럼 날이 갈수록 뜨거워지는 미국 사회의 오프라 열기는 도대체 어디서 나오는 것일까. 흔히 거론되는 것은 그녀의 탁월한 화술, 솔직한 자기 고백, 그리고 친한 친구 같은 느낌이다. 하지만 이것들이 오프라만의 전매특허가 아니라면 오프라 열풍의 실체는 다른 곳에서 찾아야 할지 모른다. 남녀 흑백 노소를 불문하고 미국인들이 오프라를 좋아하는 진짜 이유는 그녀의 메시지 속에 미국적 이데올로기가 깊이 용해돼 있기 때문인 것으로 보인다. 그런데 오프라는 그와 같은 미국적 이데올로기를 살짝 변형시켰다. 그것은 흔히 '오프라이즘Oprahism'으로 불린다.[79]

언필칭 '기회균등의 나라' 미국에서 '성공'이라는 것은 다른 나라에 비해 특히 중요하다. 그런데 기회가 균등한 만큼 성공과 실패의 책임은 남이 아닌 본인의 몫이 될 수밖에 없다. 인생의 성공 여부는 스스로의 노력에 의해 가능된다고 보는 오프라의 생각도 이 점에서 매우 미국적이다. 하지만 기회균등의 신화가 미국에서 날로 퇴색하고 있다면 성공의 개념 자체가 달라질 필요가 있다. 바로 이 문제를 개인적으로나 사회적으로 해결하는 데 커다란 도움을 주는 것이 오프라이즘이다. 왜냐하면 성공의 의미는 객관적으로 규정되는 것이 아니라 주관적 자기 긍정과 부단한 자기계발 및 자기만족에 달려있는 것이라고 보기 때문이다.

오프라에게 있어서 삶이란 계급이나 성별, 인종 등 사회구조적인 차원이 아니라 건강과 독서 가족, 그리고 영성靈性처럼 사적이고도 일상적인 영역에서 보다 중요하다. 말하자면 노동자나 여성 혹은 흑인이라는 사회적 범주가 개별 인생의 승패에 직결된 것은 아니다. 그 결과 기회균등의 원칙은 형식상 무한 지속될 수 있으며, 대다수 미국인은 체제의 정당성을 믿는 가운데 자신의 성

79　오프라 윈프리는 자신의 이름이 붙은 몇 개의 신조어를 갖고 있다. 오프라이즘은 "인생의 성공은 타인이 아닌 자신에게 달렸다"라는 의미이다. 오프라피케이션(Oprahfication)은 대중들 앞에서 고백하고 치유받는 현상을 뜻하며, 오프라히제이션(Oprahization)은 그녀가 토크쇼 등에서 이슈로 다루면 반드시 사회적 파장을 몰고 온다는 뜻이다.

공을 꿈꾸기도 하고 실패를 달래기도 한다. 혹자는 사회문제를 개인화하고 역사의식을 파편화한다는 점에서 오프라이즘을 미국식 보수 이데올로기의 일환으로 비판할지 모른다. 하지만 오프라를 좋아한다는 이유로 미국의 보통 사람들을 딱하게 여기거나 욕할 수는 없다. 개인에 대한 배려나 개성에 대한 존중 자체는 이데올로기와 무관하기 때문이다.

메이저리그의
정치 논리

동아일보
2001/11/07

　　미국 프로야구도 9·11 테러 참사의 충격을 피할 순 없었다. 마이너리그의 대부분은 포스트시즌을 생략한 채 한 해 일정을 서둘러 끝냈고, 메이저리그 또한 예정보다 1주일가량 늦게 월드시리즈를 마쳤다. 만약의 사태에 대비해 공군기가 피닉스와 뉴욕 상공을 경계 비행한 것도 매우 이례적인 광경이었다.

　　하지만 이런 와중에 야구의 존재 가치는 모처럼 돋보였다. 페넌트레이스 종반에 테러 사태를 맞은 2001년도 메이저리그는 배리 본즈Barry L. Bonds가 경신한 시즌 최다 홈런, 시애틀 매리너스 Seattle Mariners가 수립한 역대 최다승 타이기록 등을 통해 미국인의 상심을 적잖이 위로했다. 경기 내용과 승패를 떠나 프로야구는 그 자체로서 미국인의 자긍심을 고취하고 국민적 단결을 도모하는 데 크게 공헌한 것으로 보인다.

　　포스트시즌 경기 내내 7회 공격과 수비 교대 사이에는 '갓 블레스 아메리카'가 울려 퍼졌다. 특히 9월 11일 아침 세계무역센터에 게양되어 있다가 무참히 공격당한 성조기를 양키스 구장에 옮겨 놓고 진행된 월드시리즈 3차전에 조지 W. 부시 대통령이 직접 등판한 모습은 미국의 건재와 의지를 알리는 국가적 의식이었다. 게다가 부시 대통령이 던진 볼은 진짜로 스트라이크였다.

미국에서 야구는 사실상 국기國技다. 미국에서 봄의 첫날은 프로야구 개막일이며 겨울은 월드시리즈가 끝난 다음 날 시작된다. 남북전쟁과 산업혁명 이후의 미국 역사와 프로야구의 성장 과정이 겹치는 것은 결코 우연이 아니다. 우선 야구 경기에는 미국의 역사 및 문화적 특성이 깊이 용해되어 있다. 합리적 경기 규칙과 공정한 판정은 '법의 지배' 원칙과 상응하고, 두 팀 간 이닝 수의 제도적 양분은 '기회균등' 이념에 필적하기 때문이다.

또한 산업화 초기 과정의 노동자들에게 대중적 레저를 제공한 프로야구는 계급갈등을 순화했을 뿐만 아니라, 지역연고제에 기초한 스포츠 경쟁을 통해 남북전쟁 이후 국민적 단합을 증대시키는 데도 기여했다. 메이저리그에서의 흑백통합은 1960년대 말 민권운동이 본격화하기 20여 년 전에 이미 시작되었으며, '이민의 나라' 미국에서 프로야구는 미국 생활을 배우고 익히는 교과서 역할을 수행했다. 이 점에서 메이저리그는 자본주의와 민주주의의 가치를 선양하면서 미국 시민을 하나의 공동체로 연대하는 이데올로기에 가깝다.

미증유의 테러 충격을 극복하는 과정에서 이러한 자신의 사회적 기능을 새삼 부각시킨 메이저리그의 속 사정은 그러나 알고 보면 주름살로 가득하다. 최근 10년 가까이 야구장을 찾는 팬은 계속 감소해 왔으며 프로야구 중계방송의 시청률은 미식축구는 물론 농구에 비해서도 뚜렷이 낮아졌다. 경기 시간의 장기화, 지명대타제의 도입, 성가신 상업광고 등 구구한 원인 분석 가운데 역시 가장 핵심적인 것은 팀 간의 전력 우열이 처음부터 확연해 게임 자체가 싱거워지고 있다는 점이다.

이는 메이저리그 구단의 빈익빈 부익부가 초래한 당연한 결과이다. 예컨대 가장 부유한 팀과 가장 영세한 팀 간의 예산 차가 10년 전의 4 대 1로부터 2000년에는 20 대 1까지 늘었고, 소속 선수들의 평균 연봉이 7위 이하인 메이저리그 구단이 월드시리즈에 진출한 경우는 1995년 이후 한 번도 없었다. 결국 메이저리그가 '독점 자본주의'와 결합하면서 인기 침체를 자초하고 있는 것이다. 대안으로 최근 부쩍 활발해진 것이 메이저리그의 세계화다. 메이저리그의 '해외시장 개척'은 이제 전 지구촌을 겨냥하고 있으며 '양질 저가良質低價'의 수입 선수들이 제공하는 흥행과 수지 또한 결코 만만치 않다.[80]

그러나 미국 야구의 제국주의적 세계 지배가 궁극적으로 어떤 의미를 갖게 될지는 미지수다. 각국의 유능한 선수들을 메이저리거로 등용한 다음 이들을 통해 메이저리그를 세계 전역에

---

80 메이저리그 관중은 꾸준히 감소해 2017년에는 경기당 평균 3만 명 선이 무너졌다. 오늘날 미국에서 야구는 풋볼, 농구에 이어 3등 종목이다. 2019년 5월 말, 영국의 런던 스타디움에서 유럽 내 첫 메이저리그 경기가 열렸다. 유럽이라는 새 시장 개척을 위해 영국을 교두보로 삼겠다는 메이저리그의 '세계화' 전략이다. 메이저리그는 "야구의 기원은 영국"이라는 점을 강조했다.

'전파'하는 대가는 이미 '주변부' 지역 야구 시장의 위축과 황폐화로 치러지고 있기 때문이다. 물론 이는 메이저리그의 장기·구조적 재생산에 불리한 것이다. 애리조나 다이아몬드백스Arizona Diamondbacks의 막내 스타 '벼엉현 킴'의 치욕과 영광에는[81] 메이저리그의 빛과 그림자도 함께 실려 있다.

---

[81] 우리나라 김병현 투수의 미국식 발음. 이 당시 김병현은 자신의 전성기를 구가했다.

이혼도 많지만
재혼도 많다

동아일보
2001/11/28

　믿거나 말거나 미국에서 피자 배달 주문이 가장 많은 때는 추수감사절 전날이라고 한다. 음식 준비로 힘든 추수감사절 당일을 위해 하루 전에는 대개 '시켜 먹는' 것이다. 한국의 추석처럼 미국의 추수감사절도 모처럼 가족이 모이는 날이다. 비록 테러 사건과 여객기 추락 사고 이후 가족을 찾는 발길은 예년에 비해 무거워졌지만 가족을 찾는 마음만은 올해에도 달라지지 않았다.

　뜻밖에도(?) 미국인은 대단히 가족주의적이다. 미국인들이 인생의 행복을 무엇보다 가족에서 가장 많이 찾고 있다는 사실은 다양한 설문조사에서 변함없이 확인된다. 미국은 근대 산업국가들 가운데 결혼하는 성인 비율이 가장 높은 나라다. 법률혼이든 사실혼이든 관계없이 미국인들은 결혼을 통한 가족 구성에 대단한 집착을 드러내 보이고 있다. 이러한 경향은 신세대라고 해서 예외가 아니다.

　미국의 견고한 가족주의 문화는 흔히 이렇게 설명된다. 우선 청교도적 신앙공동체로부터 출발한 미국에서 공공정신과 시민의식이 점차 약화되는 동안 가족주의가 이를 대체하게 되었다는 주장이 있다. 소위 미국적 규범의 3대 지주, 곧 '하나님, 가정, 그리고 조국' 가운데 가정만 남게 되었다는 것이다. 짧은 역사 탓에 사회적 친교를 위한 연고주의가 별로 축적되지 않은 결과 가족에서 자기 정체성과 정서적 위안을 찾는 삶이 보편화되었다는 견해도 있다. 사실상 미국에서는 퇴근 이후 우리나라 술집과 같이 '날 오라고 부르는 즐거운 곳'이 거의 없다. 그저 '홈 스위트 홈home sweet home'인 것이다.

그렇다면 막상 미국 사회의 높은 이혼율은 어떻게 해석할 것인가. 현재 미국에서는 결혼하는 세 쌍 가운데 하나 정도가 파경으로 끝나고 있으며 머지않아 모든 혼인의 절반가량이 이혼으로 귀착될 전망이다. 하지만 높은 이혼율이 결코 가족주의의 붕괴를 의미하는 것은 아니다. 왜냐하면 이혼에 의한 가족 해체가 대부분 재혼을 통한 가족 재구성으로 이어지기 때문이다. 결혼에 실패한 사람들 가운데 약 70%가 재혼에 임하고 있으며, 재혼의 반가량은 이혼 후 3년 안에 이루어진다. 재혼을 예정하는 이혼은 가족제도 자체를 파괴하지 않는 것이다.

사실상 미국에서 이혼이란 별로 심각한 일이 아니다. 미국 최초의 이혼 기록은 1639년까지 올라가는데 당시 청교도들은 불행한 결혼이 신앙공동체 건설에 장애가 된다고 생각했다. 독립전쟁 무렵 토머스 제퍼슨Thomas Jefferson(미국 제3대 대통령)은 '자주와 행복'의 원칙을 들어 이혼의 자유를 옹호했고, 과부와 결혼한 앤드루 잭슨Andrew Jackson(미국 제7대 대통령)이 백악관의 주인이 된 것은

1832년의 일이었다. 20세기에 들어와 평균 수명의 증가 및 이혼 절차의 간소화에 따라 이혼율은 더욱더 높아지게 되었는데 1800 년대 후반 이후 지금까지 미국의 이혼율은 세계 정상의 자리에서 한 번도 내려온 적이 없다. 이혼을 '미국적 전통'으로 보는 것도 바로 이 때문이다.

높은 결혼율과 높은 이혼율, 그리고 높은 재혼율은 결국 미국에서 부부 단위의 가족생활이 차지하는 중요성을 일관되게 확인시켜 주는 것이다. 같은 가족주의 문화라고 해도 유교적 전통이 부자 중심이라면, 미국의 경우에는 다분히 부부 중심이다. 이때 가족 관계의 핵심적 요소는 당연히 성애性愛를 위주로 하는 로맨틱한 사랑이다. 가족을 대체할 만한 사회적 관계가 별로 없는 조건, 그리고 조기 자립 문화 및 광활한 영토 탓에 부모나 형제 등 다른 가족 구성원들과의 교분이 흔치 않은 상황을 가정해 보라. 로맨틱한 사랑의 소멸은 곧장 이혼으로 직진할 수밖에 없고 이혼은 즉각 재혼으로 유턴할 수밖에 없지 않겠는가.

혹시나 미국의 '자유분방'한 가족 문화를 여성 해방의 지표 내지 문명화의 척도로 간주한다면 크나큰 착각이 아닐 수 없다. 그것은 미국 나름의 역사적 전통과 사회 구조를 반영할 뿐 우리 사회의 이상적 모델이 되기는 어렵다. 게다가 잦은 이혼과 흔한 재혼이 초래하는 심리적 비용과 사회적 손실은 미국 내에서도 큰 고민거리다. 그럼에도 당장 미국인들이 자신들의 전통을 포기할 가능성은 거의 없다. 전통이 소중해서가 아니다. 대다수 미국인들의 인생에 있어서 이혼과 재혼은 초혼만큼 필요하고 절실하기 때문이다.

한인교회는
'작은 정부'

동아일보
2001/12/19

한국을 방문한 미국인들이 강한 인상을 받는 장면 가운데 하나는 서울 야경을 붉게 물들이고 있는 십자가 숲이라고 한다. 교회가 많기로 말하자면 미국 내 한인 사회도 마찬가지다. 10만 명이 조금 넘는 교포가 사는 이곳 시애틀 인근에도 한인교회의 숫자는 200개에 가깝다. 물론 교회의 많고 적음을 무슨 기준으로 판단할 수 있겠는가. 또한 고국을 떠나 외롭고 힘든 이국생활에서 같은 동포끼리 공유하는 종교생활을 누가 시비하랴. 하지만 '규모의 경제'에 미달해 존립이 불안한 한인교회가 적지 않은 현실 속에서 교회의 양적 성장이 계속되고 있다는 사실은 결코 예사로운 일이 아니다.

이 같은 현상을 불교나 천주교 등 다른 종교에 비해 유독 개신교 신자들이 미국 이민에 많이 몰린 결과로 해석하기는 어려울 것이다. 또한 그것이 입교 절차가 비교적 간소하고 교회의 신규 설립도 상대적으로 용이한 개신교의 특성 때문이라는 주장도 피상적일 뿐이다. 신자 확보를 위한 치열한 상호경쟁이 빚어질 정도로 한인교회가 양적으로 늘어나게 된 진정한 까닭은 대다수 미국 교민들의 일상적 이민 생활 자체로부터 연유하는 것으로 보인다.

사실 교회를 비롯한 각종 한인 종교단체는 단순한 신앙공동체의 역할에 머물지 않는다. 공항 영접에서부터 거주지 알선 혹은 취업 주선에 이르기까지 이민자들의 초기 정착 과정을 부모처럼 돌보는 경우가 많을 뿐만 아니라, 교민 2~3세들에게 한국어를 보급하고 한국 문화를 전수한다는 점에서 모국 정부가 해야 할 일을 대신 수행하기도 한다. 또한 미국의 입장에서도 마이너리티 교회는 소수인종을 미국 사회에 동화시키면서 동시에 간접적인 통제까지 기대할 수 있는 제도적 장치가 된다. 이런 점에서 교회를 중심으로 하는 미국 내 한인 교민사회는 중세 봉건제를 연상시키기도 한다. 미국 정부가 행사하는 속권俗權과 한인교회가 발휘하는 교권敎權이 공존하고 있다는 뜻에서다.

그러나 한인교회가 수적으로 번창하는 또 다른 이유는 한국 사람끼리 '마음 놓고 떠들며 폼과 무게를 잡을 수 있는' 일종의 해방구가 제공되기 때문일 것이다. 기왕 이민까지 온 처지에서도 한국 사람들이 한국적인 것에 배타적으로 집착하는 것에는 확실히 유별난 대목이 있어 보인다. 예컨대 한국 슈퍼에서 한국 소주나 맥주까지는 팔 수 있다고 치자. 하지만 생수 혹은 심지어 양주까지 국산을 고집하는 교민이 결코 적지 않다는 사실은 알다가도 모를 일이다. 그러니 그들의 입장에서 볼 때 무엇보다 자기를 '알아주고 받들어 모시는' 한글·한인 전용의 한국교회는 당연히 필요하지 않겠는가.

흥미로운 것은 미국물을 마시고 미국 말에 능숙한 전문직 종사자들에게도 한인교회는 나름대로 중요하다는 점이다. 미국에서 유능한 의사나 교수, 혹은 변호사로 평가받는 한국인들은 너무나 많다. 그리고 그들 스스로가 자부하는 정체성은 당연히 그들의 직업이나 직장에 연관된 것이다. 그러나 한 개인의 대표적 지위는 결코 당사자의 선택이 좌우하는 것이 아니다. 따라서 그들이 직업 세계로부터 벗어나는 순간, 의사나 변호사의 지위로부터 동양인이나 한국인의 신분으로 '전락'할 개연성은 매우 높다. 만약 이때 그들에게 한인사회나 한인교회가 없다면 새로 구입한 고급 승용차나 최근에 맞이한 예쁜 며느리를 도대체 어디에서 유감없이 자랑한단 말인가.

이처럼 한인교회는 주중이 아닌 주말, 노동이 아닌 여가의 영역을 중심으로 교민사회에 상징적 의미와 이면적 질서를 부여한다. 그리고 현재 속한 교회 사정이 이래저래 여의치 않을 경우, 교회의 '핵분열'이 쉽게 진행되는 것은 하등 이상한 일이 아니다. 제사보다 젯밥에 대한 관심이 더 클 수 있기 때문이다. 이러한 모습은 교민사회의 각종 단체장 선거에서도 반복된다. 미국에 이민 와서 수십 년 동안 열심히 노력한 결과 수영장 딸린 저택에 살면서 자식을 아이비리그 대학까지 보내기는 했지만, 정작 자신의 '허전한 명함'을 달랠 길 없어 무슨 한인회장, 무슨 협회 회장, 무슨 동문회장 자리에 그토록 안쓰럽게 목을 맬 수밖에 없는 것과 똑같은 이치의 발현인 셈이다.

에필로그

1

조숙하게도 나는 초등학교에 다닐 때부터 칼럼이라는 지면紙面에 눈을 떴다. 딱히 처음부터 칼럼에 매력을 느낀 것은 아니고, 집에 신문 이외에는 달리 읽을거리가 없었기 때문이다. 넉넉하지 않은 집안 사정에 동화책은 그림의 떡이었고, 그 무렵만 해도 동네 도서관이나 학교 도서관이랄 것도 신통찮았다. 그때 신문은 국한國漢 혼용이었다. 하지만 동네 이집 저집 문패를 보며 한문을 익혔기에 칼럼의 내용을 약간은 짐작할 수 있었다. 어린아이 눈에 칼럼은 신문 전체 지면 가운데 무언가 특별대우를 받는 것처럼 느껴졌는데, 나중에 어른이 되면 꼭 칼럼을 써보고 싶다는 생각도 그 때문이었을지 모르겠다. 30대 중반을 전후하여 과분하게도 내 꿈은 실행되기 시작했는데, 물론 그것은 나의 능력 탓이 아니었다. 대신 칼럼을 게재하는 신문이나 잡지 등의 숫자가 내 어린 시절에 비해 크게 늘어났기 때문일 것이다.

어떻든 요즘은 '칼럼의 홍수' 시대다. 그런데 칼럼 자체는 양적으로 확연히 흔해졌지만 칼럼니스트는 도리어 귀해졌다는 것이 내 생각이다. 칼럼을 쓰는 사람은 늘어났지만 칼럼니스트라고 부를 만한 사람은 옛날만큼 눈에 띄지 않는다는 말이다. 하긴 아직 우리나라에는 전업專業 칼럼니스트로 살아가는 사람이 거의 없다. 생각건대 이는 '글의 시대'에서 '말의 시대'로 세상이 바뀌는 추세와 무관하지 않을 것이다. 인터넷 등 새로운 매체의 활성화에 따라 '종이 신문'이 퇴조하는 것도 전통적 칼럼니스트의 위상을 약화시켰을 것이다.

2

나는 칼럼을 쓴다고 해서 곧 칼럼니스트는 아니라고 생각한다. 필요와 능력에 따라 누구나 칼럼란에 글을 싣는 기회를 가질 수는 있다. 그리고 그 가운데 주옥珠玉 같은 칼럼이 결코 없는 것은 아니다. 그러나 정기적으로 그리고 지속적으로 칼럼을 쓰는 일은 별개의 문제다. 언젠가 「동아일보」 김학준 전前 회장은 사석에서 칼럼은 그 자체로서 문화 활동의 독립적 장르로 인식되어야 한다고 말한 적이 있는데, 나는 그 뜻에 동감한다. 좋은 칼럼은 좋은 신문과 더불어 한 나라의 품격과 수준을 대변하기 때문이다. 좋은 칼럼니스트가 많은 나라는 대개의 경우 선진국이고 민주주의 국가다. 그리고 좋은 칼럼과 더불어 그 나라의 모국어도 성장한다.

3

지난 30년 가까이 나는 더도 말고 덜도 말고 한 달에 한 번 정도 칼럼을 써 왔다. 칼럼 쓰기는 지금까지 대학교수로서 내가 해왔던, 혹은 내가 할 수 있었던, 거의 유일한 '외도外道'였다. 물론 매번 산고産苦가 고통스럽기는 했지만 솔직히 말해 '창작의 고통'을 즐긴 측면이 더 많다. 또한 내 칼럼을 읽어주는 독자가 그럭저럭 존재해 왔다는 것도 참으로 고마운 일이 아닐 수 없다. 무엇보다 칼럼 쓰기는 나를 항상 시대와 세상에 대해 '깨어 있게' 만들었다. 언제나 '쓸 거리'에 배고픈 상태였기 때문이다.

이 책은 나의 두 번째 칼럼집集이다. 하지만 이번에는 간판을 칼럼선選으로 바꾸었다. 부끄러운 것들이 너무나 많았기 때문이다. 첫 번째 칼럼집 이후 내가 썼던 칼럼들 가운데 일부를 추리는 과정에서 또 다른 고민거리가 나타나기도 했다. 그림 구석에 작게 쓴 'do'라는 사인 때문에 'do 화백'으로 널리 알려진 '국민 삽화가' 김도원 선생의 말 때문이었다. 언론 인터뷰에서 그는 이렇게 말했다. "스크랩하지 마십시오. 그저 하루살이 그림, 하루 보고 버려 주십시오.(조선일보 2019.06.08.)" 나는 움찔했다. 일간지에 실렸던 글을 떠나보내지 않고 다시 주워 모은다는 게 괜한 미련이나 욕심이 아닐까 하는 생각 때문이었다.

주제 파악을 못하는 과욕의 창피는 전부 내 몫으로 돌리면서도 몇 군데 감사의 인사만은 꼭 하고 싶다. 우선 내 칼럼의 첫 독자이자 냉철한 검열관인 처, 오진숙이 그 대상이다. 신문사에 송고하기 직전 초고를 반드시 읽혔는데, 그때마다 나는 담임 선생

님으로부터 시험 답안지를 되돌려 받는 초등학생 꼴이 된다. 그
녀의 단골 지적은 글에서 독기를 뺄 것, 나와 다른 의견에 다시
한번 마음을 열어 볼 것, 그리고 실명 거론을 자제할 것 등이다.
출판을 선뜻 맡아준 기파랑에게도 크게 빚졌다. 이미 다른 지면
에 또한 오래 전에 실렸던 칼럼들임에도 불구하고 나름 온기와
생기를 되찾을 수 있었던 것은 오로지 기파랑 편집부 손혜정씨
의 역량 덕분이다.

2020년 1월

북한산 비봉 아래에서

현사(玄史) 전상인